国家社科基金一般项目“中非农业合作发展模式研究”（14BGJ056）最终成果
浙江越秀外国语学院研究基地 2021 年度委托课题（2021FZDH03）最终成果

中非农业合作发展模式研究

张　哲　著

U0806738

上海交通大学出版社
SHANGHAI JIAO TONG UNIVERSITY PRESS

内容提要

本书为国家社科基金一般项目“中非农业合作发展模式研究”（14BGJ056）的最终成果。本书是作者在非洲实地调研的基础上完成的，主要内容是回顾中非农业合作发展60多年来取得的丰硕成果，总结在不同的历史时期，中非农业合作发展重心转移及其原因，并对未来中非农业合作发展的有效性提出相关建议。此外，本书也总结了发达国家和新兴经济体国家对非农业合作发展的一些方法和案例，以期从对比的角度来分析中非农业合作发展模式。

本书适合研究非洲的学者、学生，以及对中非合作感兴趣的普通读者阅读使用。

图书在版编目(CIP)数据

中非农业合作发展模式研究 / 张哲著．—上海：上海交通大学出版社，2024.6 -- ISBN 978-7-313-31072-9

Ⅰ. F32；F125. 54

中国国家版本馆 CIP 数据核字第 2024G4M524 号

中非农业合作发展模式研究
ZHONGFEI NONGYE HEZUO FAZHAN MOSHI YANJIU

著　　者：张　哲
出版发行：上海交通大学出版社　　地　　址：上海市番禺路 951 号
邮政编码：200030　　电　　话：021-64071208
印　　制：江苏凤凰数码印务有限公司　　经　　销：全国新华书店
开　　本：710mm × 1000mm　1/16　　印　　张：12.75
字　　数：227 千字
版　　次：2024 年 6 月第 1 版　　印　　次：2024 年 6 月第 1 次印刷
书　　号：ISBN 978-7-313-31072-9
定　　价：78.00 元

版权所有　侵权必究
告读者：如发现本书有印装质量问题请与印刷厂质量科联系
联系电话：025-83657309

前　言

笔者对中非农业合作模式的研究最早源于国家开发银行的课题，而随着调研的深入，笔者对中非农业合作的研究愈发感兴趣，之后，又承担了刚果（金）、纳米比亚、莫桑比克、苏丹、毛里求斯等非洲国家的农业国别研究课题，随着手里的资料越来越多，遂有出书之念。

本书分为 7 章。第一章主要是对中非农业合作进行了全面回顾，2000 年中非合作论坛召开后，该论坛已经成为中非农业合作的政策沟通平台。第二章和第三章主要介绍主要发达国家和新兴经济体国家对非农业合作。以上 3 章基本为平行章，希望读者能够大致了解主要国家对非农业合作的状况。第四章和第五章对未来中非农业合作趋势及合作目标进行系统分析。第六章作为本书的重点，在前期调研及资料收集支撑下，总结中非农业合作发展模式，为今后中非农业合作实施主体提供切实可行的操作模式。第七章是针对政府层面、企业层面、金融层面提出完善中非农业合作的建议，以期多方协作，促进中非农业合作。

从最初在非洲调研到今日书稿的完成，前前后后已有近 8 个年头，早期调研的一些案例已发生较大变故，而随着中非农业合作的推进，近些年又涌现出一些新的典型性案例，由于书稿已成，不能穷尽，对于笔者个人而言既是遗憾，也是继续研究的动力。

书末要感谢多年来一直合作的机构和企业，感谢中国开发银行、中非基金、中国农业部外经中心、联合国粮农组织、国际竹藤组织等，感谢这些机构多年的信任与支持，这些机构在非洲的平台，使笔者受益颇深；同时，感谢浙江华友钴业、中地海外、山东外经、中国农垦坦桑尼亚剑麻农场、湖北农垦、中非棉业、联禾非洲、新疆北新集团、越美集团等，感谢这些企业在非洲默默前行的员工，正是因为这些企业及其员工在非洲的奋斗与坚守，才让研究人员有了可观察和研究的对象；此外还要感谢中国援助坦桑尼亚、刚果（金）、莫桑比克等国的农业示范中心；最后，感谢在非洲给笔者提供帮助的每一个中国人和非洲人，回望时备感温暖。

人生有涯，非洲研究无涯，愿有涯的人生可以看更多非洲的风景。

张　哲
浙江越秀外国语学院非洲大湖区研究中心
2023 年 11 月 22 日

目　录

CONTENTS

第一章
中非农业合作发展现状及特点

中国早期对非农业援助的主要目标，是帮助非洲国家实现独立自主与粮食安全。这一时期，非洲国家大多学习借鉴苏联的农业合作化和国营农场模式，因此，中国在这一阶段将自己的“农业学大寨”经验介绍到非洲，在毛里塔尼亚、坦桑尼亚、马里、乌干达、尼日尔等国无偿援建了大量农场。

1978 年党的十一届三中全会召开之后，随着国内农业政策的重大调整，中国对外合作的相关政策也开始相应调整。这一阶段的中非农业合作在援助的基础上开始引入市场机制，这一务实的合作机制一直持续到 20 世纪 90 年代中期。2000 年 3 月，全国人大九届三次会议期间，“走出去”策略正式提出，鼓励包括农业企业在内的企业走向海外。在这期间，除了传统的援助模式，也鼓励有实力的中资企业在非洲进行农业商业投资，鼓励援助资金与贸易、合作资金结合使用的新的中非合作模式。

伴随着 2000 年中非合作论坛机制的建立，中非农业合作的广度和深度都有所增加，农业援助、农业贸易和农业投资都得到前所未有的扩展，逐渐确立了农业援助、农业贸易和农业投资三大领域，更加体现出中非之间互利合作的原则。

第一节　中非农业合作发展的现实意义

中国是世界上最大的发展中国家，中国政府一直高度关注粮食安全问题。非洲是发展中国家最集中的大陆，也是全球缺粮最严重的地区，同时也是接受粮食援助最多的地区。中国和非洲国家面临的共同任务是促进农业发展、保障经济社会稳定和维护粮食安全。中国自改革开放以来，农业迅速发展、人民生活水平迅速提高，中国用极少的土地养活了众多的人口，许多非洲国家的领导人对此深表钦佩。同为发展中国家，中国在发展和减贫方面所取得的巨大成就更得到非洲各国的重视。目前，大多数非洲国家政府在同中国进行经贸合作谈判时，都首选农业经济技术合作项目，并表现出强烈的合作发展愿望和积极性。这足以显示中非农业合作发展在双边交流合作中的重要意义。

非洲农业总体生产力水平低下、加工能力有限、附加值低，多个国家粮食不能自给，同时，非洲的农业发展潜力巨大，未开发可耕地占全球的 50%，灌溉耕地比例只有 6%，市场需求也在急剧增长，人口总量和城市化快速发展，预计到 2030 年非洲粮食价值可超 1 万亿美元，而目前仅有 3230 亿美元。[①] 中国是农业大国，以小农为主，历史上经历过与当前非洲农业类似的发展阶段，通过数十年的探索与改革，中国成功实现了农业经济转型，摆脱了饥饿，保障了粮食安全，满足了日益增长的农产品需要，同时积累了丰富的农业发展经验。随着中非合作的推进，中国的发展经验在非洲取得了良好效果，日益受到非洲国家的重视。

一、中非农业合作发展有利于提高中国在非洲的地位

农业在非洲国民经济中占有重要地位。虽然非洲各国地理环境和气候因素不同，但农业是非洲各国经济收入的主要来源，并且为超过三分之二的劳动力提供了就业机会。在大多数非洲国家中，超过三分之一的产值来自农业部门，农产品出口占全部出口量的 40%，甚至在某些国家可以达到 70%，因此，这些非洲国家的经济增长都紧密依靠农业产业。

农业通常是刺激非洲国家其他产业增长的主要因素。非洲农业近年来经历了重大政策的调整和改革，但生产力水平依然相对较低，农业投资严重缺乏，农业的滞后发展造成了粮食匮乏和大范围内的贫困，从而影响了非洲经济的整体发展。特别是国际粮价持续上涨重创了非洲经济，值此时刻更突显中非

---

① 德里克·柏恩里:《非洲可打造万亿美元粮食市场》，http://opinion.people.com.cn/n/2013/0318/c1003-20820925.html，访问日期：2023 年 11 月 18 日。

农业合作发展的重要性。加强中非农业合作发展，发展非洲农业，成为非洲经济发展迫切需要解决的问题之一。中国具有农业快速发展的经验，适应非洲国家农业发展的农业技术，而且中国在推进中非农业合作发展项目时，不会干涉非洲国家的内部事务，这种合作方式更容易被非洲国家所接受。在全球化浪潮中，国际组织也十分关注非洲的农业发展问题，非洲的农业问题成为大家关注的重点。新形势下，中国企业要抓住机遇，加强与非洲各国开展务实的农业合作。

当前，中非关系正处于历史上最好的时期，中非双方都希望进一步巩固和发展传统友好关系，扩大和深化互利合作。中国政府希望通过农业合作进一步推动中非关系长期稳定发展，使中非双方互利合作不断迈上新的台阶。此外，中国和非洲国家的共同关注点日益增多，在推动建立公平、公正、合理的国际政治经济新秩序方面有着共同的利益和目标。加强中非农业合作发展，帮助非洲复兴，对中非双方来说都具有十分重要的战略意义。为了使中非政治、经济合作能持续扩大和发展，实现互利共赢、共同发展，中国和非洲必须为农业持续发展制定长远目标，在发展双方友好关系的同时加强农业方面的合作。如果中国用适用的农业技术和生产方式，帮助到非洲国家农业的发展，则能在今后把中国经济发展的更多经验推广到非洲去，助推非洲经济的进一步发展。

二、中非农业合作发展有利于实现非洲国家粮食自给

农业是中国最基本的产业。农业作为国民经济中最基本的产业，对经济和社会发展的作用与贡献，是其他产业无法取代的。此外，中国有 14.1 亿人口，其中 6.89 亿在农村 ，这是我国的基本国情。尽管我国已全面建成小康社会，但农业是国民经济基础的地位没有变。国以民为重，民以食为天。农业稳，则百业兴；农村稳，则全局稳。如果农业粮食生产出了问题，则整个经济社会发展的全局就要受到严重影响。农业的基础地位，决定了各国政府都不会放弃本国的农业生产，农业问题不仅会给经济发展、社会稳定、人民生活带来影响，而且会直接影响到一个国家的繁荣富强。同时，粮食作为战略物资，不可能完全依赖国际市场，而且目前世界上的其他国家也并未按照比较优势的资源禀赋来进行粮食生产，尤其是发达国家给予农业生产的补贴居高不下，在这

种情况下，中国更应该帮助非洲解决粮食安全问题。

2001 年中国正式加入世界贸易组织以来，为全面提高农业国际竞争力，中国政府开始着重解决农业结构的战略性调整问题，并投入财力物力，加快农业的科技进步、科技创新及农产品的产业化经营进程，积极实施农业“走出去”战略。长期以来，中非双方在农业合作发展上达成共识，都把同对方的农业合作发展放在双边交流的首要地位。中国农业快速发展，在畜牧、农业技术、化肥、机械等方面积累了丰富的经验；同时，非洲为实现农业全面发展，需要在人才、资金、设备、技术、基础设施等方面与其他国家进行国际合作。中国和非洲国家之间的农业合作发展互补性很强；另外，中国同非洲国家同属发展中国家，在国际事务中有许多相同或相近的立场及共同利益。中国人民与非洲人民之间由于有着摆脱殖民统治的共同经历，所以一直有着近乎天然的好感。过去近 70 年里，中国对非洲国家提供资金援助，并不附加任何政治条件。中非之间进行农业合作发展，可以积极帮助非洲国家发展农业生产，并逐步实现粮食自给和丰富农副产品市场，加快实现非洲经济的全面发展。同时，中国企业到非洲开发农业，也有利于帮助中国企业“走出去”。可以说加强中非农业合作发展，是在实现互利双赢的基础上发展起来的友好合作。

三、中非农业合作发展有利于实现双方粮食安全

非洲拥有极为丰富的土地资源，撒哈拉以南可耕地面积 1.66 亿公顷，[①] 且大部分地区自然条件适合农业发展。此外，非洲绝大多数国家属农业国，农业是非洲最重要的经济部门之一。根据联合国粮农组织 2022 年发布的《全球粮食危机报告》，全球 8.5 亿饥饿人口中约有三分之一在非洲。特别是非洲之角正在经历有记录以来最长、最严重的干旱，该地区约 2100 万人处于饥荒之中。[②]

然而，非洲农业长期发展缓慢，粮食短缺问题持续得不到有效解决，粮食安全形势一直非常严峻。特别是 2007 年世界粮食危机和随后的 2008 年金融危机，致使非洲粮食安全状况进一步恶化。当前，非洲稻米消费中的 80% 和小麦消费中的 45% 依赖进口，是世界上唯一的粮食纯进口大陆，许多非洲国

① 李小云、郭占锋、武晋：《中国农业发展对非洲的启示》，《西亚非洲》2011 年第 8 期。

② 邹松：《非洲努力谋求粮食安全》，《人民日报》2023 年 2 月 14 日第 17 版。

家的粮食自给率在 50% 以下。[①] 54 个非洲国家中，需要粮食援助的有 22 个，非洲每年花费在进口粮食上的支出近 20 亿美元。在撒哈拉以南非洲国家中，有 35 个国家粮食不能自给；有 2 亿多人口营养不良；每年有 2300 到 2800 万人需要粮食救济。[②] 在 2023 年新发布的 44 个低收入缺粮国家中，非洲国家所占比例仍然高达 77.27%。[③] 与此同时，中国农业的发展取得了令世人瞩目的成就。大多数的非洲国家开始关注中国发展农业的经验，希望与中国合作，借助中国农业发展的成功经验，解决非洲国家粮食安全问题。

中非农业合作发展既要关注当下急需解决的问题，也要考虑中非农业长远发展的目标。中国在对非进行农业合作发展时，应考虑到农业是投资规模大、回报周期长、风险高的产业，因而要从政策和资金方面予以倾斜，鼓励有实力的国营企业、民营企业及个体农民到非洲去进行相关农业生产的投资。同时，把中国执行几十年的惠农政策和经验、实用农业技术、种植养殖技术、循环经济技术等介绍到非洲国家去，并通过中国在非洲国家的农技推广站和农业示范园区，把适合非洲农业发展的技术和农机设备推广到非洲农村基层去，加强双方在合作中的互动，推动中非农业合作的持久、全面和深入发展。非洲农业生产的发展，有助于调节国际粮价，非洲粮食的增产将成为平衡世界粮食市场的一个缓冲器。同时，随着中国经济的快速发展以及中国人口的增长和耕地面积的逐步减少，中国同样面临潜在的粮食安全问题，因而，维护粮食安全也是中非面临的共同任务。加强中非农业合作发展既顺应当前形势，也符合中非之间现实和长远利益。

第二节　中非农业合作发展历史回顾（1959—2000 年）

中国政府历来重视对非农业合作发展。1959 年中国向几内亚政府提供的

① 何晨青:《政党外交搭建中非农业合作之桥——中非农业合作论坛侧记》,《当代世界》2010 年第 9 期。

② 许孟水:《后金融危机时代的中非经贸合作》,《国际经济合作》2010 年第 4 期。

③ https://www.fao.org/countryprofiles/lifdc/zh/，访问日期：2023 年 6 月 3 日。

无偿粮食援助，可视为与非洲进行农业合作发展的起点。① 此间，中非农业合作发展的历程及模式可归纳如下：第一阶段是无偿援助模式，时间跨度从1959年到20世纪70年代末；第二阶段是从单向对非农业援助转变为双向农业合作发展，时间跨度从20世纪70年代末到20世纪90年代中期；第三阶段从20世纪90年代到2000年，这一时期中非农业合作发展开始进入了全面深化阶段，中国政府鼓励援助资金与贸易、合作资金结合使用，推行政府优惠贴息贷款援助的中非农业合作模式。

一、纯援助阶段的中非农业合作发展

中国对非洲国家的农业合作发展始于1955年万隆会议。万隆会议后，中国外援开始从亚洲扩展到部分非洲国家。1959年，中国向几内亚政府提供了无偿粮食援助，② 1961年底和1962年初，中国向马里派出7名农业专家，帮助其成功试种茶叶和甘蔗。③ 由于长期的殖民统治，非洲基本上都是农产品生产单一的农业国家，以可可、咖啡、茶、腰果、烟草、橡胶等农产品生产为主，尽管非洲国家的可耕地较多，但大多缺乏灌溉，靠天吃饭，农业生产落后，因此，中国对非洲的农业援助对改善这些国家的经济状况十分重要。1971年，中国在亚非拉各国的帮助下恢复了在联合国的合法席位，为报答各国的帮助，同时为了支援刚刚获得民族独立的非洲国家建设，塑造中国在第三世界的国际地位，中国将对非洲援助定位为“大国的义务”，开始将对非援助扩大到18个国家，并强调将对非农业援助视为一项严肃的政治任务。④ 对非农业援助的主要目标是帮助非洲国家实现独立自主与粮食安全。几乎每一个受援助的非洲国家都有中国援建的农业项目，如坦桑尼亚姆巴拉利水稻农场、几内亚的甘

---

① 程伟华:《中国对非洲智力援助：理论、成效与对策》，博士学位论文，南京农业大学经济教育与管理，2012，第72页。

② 程伟华:《中国对非洲智力援助：理论、成效与对策》，博士学位论文，南京农业大学经济教育与管理，2012，第72页。

③ 李小云、武晋:《中国对非援助的实践经验与面临的挑战》,《中国农业大学学报》(社会科学版) 2009年第4期。

④ 唐丽霞、李小云、齐顾波:《中国对非洲农业援助管理模式的演化与成效》,《国际问题研究》2014年第6期。

蔗农场、加纳的水稻和棉花农场、乌干达的奇奔巴农场和多禾农场等。这些援助的项目提高了受援国的粮食单位产量和农业生产水平，受到非洲国家的普遍欢迎。

20 世纪 50 年代末至 80 年代初期，中非农业合作发展主要是以中国向非洲国家提供纯援助的方式进行。中国先后帮助几内亚、坦桑尼亚、马里、刚果（布）、索马里、塞拉里昂、尼日尔、多哥、扎伊尔［现名刚果（金）］、乌干达、毛里塔尼亚等国家建设 87 个农业项目，种植面积 4.34 万公顷，包括农业技术试验站、农业技术推广站和一些规模较大的农场；建设水利项目 16 个，受益面积 7.1 万公顷。① 中国主要以无偿赠予或无息贷款的方式对非洲这些项目提供成套项目援助。

中国在非洲援建的工业领域和农业相关的项目主要有：纺织厂共 7 个，总规模为 16.5 万纱锭，5700 台织布机；在马里、坦桑尼亚、几内亚、卢旺达、塞拉利昂、马达加斯加、多哥和刚果（布）种植甘蔗，建设糖厂，先后援建糖厂 11 家，日榨甘蔗能力为 5400 吨；② 援助建设水利项目 16 个，并先后向 20 多个国家派出了打井队，钻井 4000 多眼，受益面积达 7.1 万公顷，③ 解决了非洲生产用水和生活用水短缺的问题；同时，帮助许多非洲国家建立鱼苗繁殖中心，结束了非洲没有淡水鱼养殖业的历史。

此阶段的中非农业合作发展具有以下三个特点：

（1）从合作形式上看，主要以技术援助为主。中国农业部门派遣农业技术专家，通过援助项目，把中国水稻、玉米、茶叶、烟草、甘蔗、蚕桑、棉花等农作物的种植技术、畜牧业繁育技术、淡水鱼养殖、农产品初级加工技术等输出到非洲国家，帮助非洲国家提高了农业生产率，填补了一些非洲国家农业的空白。

（2）在管理模式上，援助项目主要由国务院统一部署，农业部负责组织各省农业厅进行项目的实施，这一阶段的援助带有明显计划经济的特点，缺乏

① 郧文聚：《中非合作开发农业的战略选择》，《中国软科学》1998 年第 12 期。

② 舒运国：《试析中非经贸关系的特点（1949—2000 年）》，《上海师范大学学报》（哲学社会科学版）2001 年第 4 期。

③ 李嘉：《加强中非农业合作发展的若干思考》，《世界农业》2005 年第 5 期。

对非洲受援国农业实际发展需求的考虑。

（3）从援助模式看，这一阶段中国向非洲国家提供的是纯项目援助，这种援助模式忽视了援助项目后期的经营管理和对非洲人员的培训，援助项目建设无一例外地获得了先期成功，但移交非洲管理后就普遍出现经营下滑，甚至失败，普遍缺乏可持续性。这些援助项目虽然没有给中方带来什么经济上的实惠，但一定程度上起到了农业示范作用和传播先进农业种植技术的作用，尽管移交后因为管理方面的原因，没有持续下去，但在当时还是受到非洲国家的欢迎和好评。

二、经济调整时期的中非农业合作发展

20 世纪 70 年代末，中国开始实行改革开放政策，在此背景下，中国对外援助政策和经济援助项目的管理体制也发生了调整。从 1980 年开始对部分经济援助项目实行投资包干制，改变了由行业部门负责、项目费用实报实销的预决算制。① 1984 年随着改革开放进一步深入，中国政府调整了对外援助政策，由单一的纯援助方式，改为多种援助方式相结合，开始对经济援助项目试行承包责任制，把竞争机制引入援外项目中，加强了技术经济责任制；1986 年起，中国开始参与国际多边援助计划，为非洲 42 个国家提供水稻种植、蔬菜栽培、淡水养殖、农业机械等培训。②

与此同时，非洲国家在新的国际发展理念推动下，也面临着调整国内经济结构的压力。这一时期，外来援助资金被压缩，非洲政府自身对农业的投入减少，农业市场化改革成为一个不可回避的选择。因此，非洲国家对中国援助有了新的要求，希望中国在技术和管理、市场经营等方面给予援助指导。比如非洲一些国家政府提出要对过去中国援建的农场进行改革，实行双方合资经营的想法。

在此时期，由于中国一些部委和一些省市可以直接接受中央政府的农业援非任务，原来由农业部直接负责的农业项目减少，单个项目的资金支持力度也大幅下降，有的农业项目只有几十万元人民币，除支付援外人员补助费外，

---

① 郧文聚：《21 世纪的中非农业合作》，《西亚非洲》2000 年第 5 期。

② 徐鸣：《基于“资本三要素”视角的中非农业合作发展分析》，《国际经贸探索》2010 年第 9 期。

基本再无资金搞研发和技术推广工作，农业项目基本处于维持状态。[①] 这个阶段政策调整给中非农业合作发展带来了一定消极影响：

（1）这一时期对非农业援助项目大量减少，原有部分农业项目由于缺乏再投入资金，处于勉强维持的局面。

（2）出现了大量纪念碑式的援助项目，更加挤压了在农业援助方面的资金投入，援助资金所发挥的示范作用日趋有限。

（3）以援助带动中非双方投资合作的设想迟迟未能实施。

但与此同时，这一时期的中非农业合作发展也出现了一些积极的变化：

（1）农业合作发展强调双方受益，虽然这一时期仍以中方提供无偿援助为主的方式进行双边合作，但在项目实施过程中，加强了对援助项目的管理和责权利的统一，注重项目本身的经济效益。

（2）把竞争机制引入项目管理机制中，加强了农业技术责任制，注重项目的示范效应和经济效益，在提高项目实施单位的积极性的同时，更促进了项目的可持续性发展。在援外资金的使用上，实行项目投资包干制，改变了以往由行政部门负责，项目费用实报实销的预决算制。

（3）推行国际经济合作的通行规则，中国援外体制开始与国际惯例接轨，中非双方在平等互利的基础上，进行技术合作、代管经营、管理合作、租赁经营等多方面的援助与合作。

（4）将援助与环境保护、人类发展等国际上关注的问题结合起来，在农业合作方面开拓新的合作领域，如农村新能源建设项目等，使农业合作发展项目的效果更加突出。

三、市场经济体制下的中非农业合作发展

进入 90 年代后，随着中国社会主义市场经济体制的建立与完善，中非农业合作发展进入了一个新时期。1995 年起，中国在援外政策层面上进一步明确了中非双方互利合作的方针；在援外模式上，中国政府鼓励国内有实力的企业参与实施援助项目，并鼓励援助资金与贸易、合作资金结合在一起使用，将资

① 施勇杰：《中非农业合作模式创新研究》，博士学位论文，石河子大学经济贸易学院，2009，第 85 页。

金投入非洲国家有资源、有市场的农业生产性项目，确保项目的可持续性发展。中国政府还明确了企业是实施援助项目的主体，对援助资金推行优惠贴息贷款。

在这一时期，中国农垦（集团）总公司（下文简称为“中国农垦”）和中国水产（集团）总公司等国有大型企业在中非农业合作发展领域扮演着重要的角色。在非洲，中国农垦与十多个非洲国家有农业合作发展项目，[①] 如加纳可可豆加工、赞比亚友谊农场、加蓬木薯加工项目、尼日尔棉花种植、坦桑尼亚剑麻项目等。中国水产总公司在非洲 13 个国家有 23 个渔业合作项目，渔船 200 多艘，劳务人员近万名，年产量达 30 多万吨，产值 1 亿多美元。[②] 这些农业合作发展项目，一方面使中国企业积累了在境外开展投资合作的经验，为将来企业进一步开拓国际市场做准备，另一方面促进了非洲当地经济的发展。

在中非合作的众多领域中，农业合作发展的投资项目、规模和总额都相对单薄，[③] 其主要特点如下：

（1）对非洲渔业资源合作开发成果显效。中非渔业合作已经形成规模生产，基本覆盖了西非、南非和东非的渔场，中国水产总公司通过《洛美协定》，把非洲渔产品直接销售到欧洲市场。

（2）中国企业独资开发进行买断式经营。1990 年，在原外经贸部的支持下，中国农垦在赞比亚投资 30 万美元购买了中赞友谊农场，中方土地使用权期限 99 年，该农场占地 667 公顷，其中耕地 630 公顷。在经营管理方式上，中国农垦实行自主经营、自担风险、自负盈亏、自我发展，管理人员全部由中方派出。农场以种植业为主，兼顾养殖业，6 年共盈利 100 万美元，等于赚回购买时两个农场的资金。1994 年中国农垦集团又投资 60 万美元，购买了位于赞比亚首都以北 50 公里处的 5 万亩土地，并投入流动资金 20 万美元，创办了赞比亚中垦农场。中垦农场一期工程主要是畜牧业，生产规模为年产猪 2000 头、肉鸡 30 万只、肉牛奶牛 500 头。建成后，中垦农场 3 年累计实现利润

① 张忠祥:《中非合作论坛框架下的农业合作发展——兼论“中国海外屯田说”》,《国际农业》2009 年第 2 期。

② 刘晓燕:《论中非农业合作发展》,《沧桑》2009 年第 5 期。

③ 刘少鲁:《中非农业合作发展的探索与思考》,《农业经济》2007 年第 10 期。

26万美元，形成固定资产180万美元。[①] 2000年中国农业投资有限责任公司从中垦集团购买了中垦农场和友谊农场。

1959—2000年的中非农业合作发展主要呈现三个特点：①双方受益。中国在向当地传授农业技术的同时，也从非洲学到不少农业技术和经验，并引进、试种了一些有价值的非洲当地作物。例如，从赞比亚引进剑麻品种；派出农业技术人员去摩洛哥学习先进的柑桔栽培技术，在南方适合种植的地区大力推广，取得了显著的经济效益；从喀麦隆、卢旺达引进咖啡良种；向埃及、多哥派出农业技术组，学习棉花种植技术；等等。②成绩显著。中国先后帮助非洲国家建设了农业技术推广站、农业技术试验站和一些规模较大的农场，实施了约200个农业项目，[②] 对促进非洲受援国农业经济发展，提高生产技术水平和农产品产量，改善当地农产品供需状况发挥了重要作用。③项目缺乏可持续性发展。由于没有及时总结先期中非农业合作发展项目的经验教训并将其应用到后面的农业合作发展实践中，导致项目缺乏可持续性。

第三节　中非合作论坛机制下的农业合作发展

随着2000年中非合作论坛的成立，中国与非洲国家在政治、经济等领域的合作不断加强。中非合作论坛的创建是中非农业合作史上具有划时代意义的大事，推动中非农业合作机制化和经常化。论坛每三年就会出台深化中非农业合作的新举措，对推动中非农业合作全面、快速地发展意义重大。经过20多年的发展和完善，随着“中非合作论坛后续机制程序”的确立，每届论坛的“中非合作论坛后续行动计划”中都有中非农业合作的新举措，这一合作机制已日趋成熟和稳定。

一、中非合作论坛机制下的农业合作发展现状

进入21世纪，中非合作论坛的创立为中非农业合作提供了快速发展的新契机，几乎历届中非合作论坛部长级会议都将农业合作发展写入后续行动计划

---

① 郧文聚：《中非合作开发农业的战略选择》《中国软科学》1998年第12期。

② 郧文聚：《21世纪的中非农业合作》,《西亚非洲》2000年第5期。

中。在2006年北京中非合作论坛上，中非农业合作发展被列入中非合作的重点领域之一，并明确了中非农业合作发展主要集中于“种植业、畜牧业、渔业、农业机械、农产品加工、动植物卫生与食品安全和检疫疾病防治”等领域的交流和合作[①]；2015年约翰内斯堡峰会上，结合“走出去”战略，重视发挥中国企业在非洲开发农业合作发展项目，指出“中方将鼓励并支持中国企业在非洲开展农业投资，在粮食种植、仓储、卫生和植物检疫、畜牧养殖、农产品加工、林业、渔业等领域实施合作项目”。[②]与此同时，几乎每届论坛都将继续向非洲国家提供农业领域的无偿援助和技术示范作为后续行动计划。历届中非合作论坛项下的中非农业合作领域及工作重点如表1–1所示。

表1–1 历届中非合作论坛项下的中非农业合作领域及工作重点

时间、地点	合作领域	工作重点
2000年 北京	农业发展	为非洲培训农业专业人才
2003年 亚的斯亚贝巴	土地和水资源管理、农业基础设施建设、种植和养殖、加强粮食安全、农业实用技术交流和转让、技能转让、技术援助、农用机械生产、农副产品加工	继续通过金融等优惠政策，支持和鼓励有实力的中国企业在非洲开展农业合作项目
2006年 北京	种植业、畜牧业、灌溉、渔业、农业机械、农产品加工、动植物卫生与食品安全和疫病防治；农业基础设施建设	在非建立10个有特色的农业技术示范中心，鼓励和支持中国企业扩大对非农业投资
2009年 沙姆沙伊赫	农业技术示范中心、农业基础设施建设、粮食生产、养殖业、农业实用技术交流和转让、农产品加工和储运	支持中国在联合国粮食及农业组织“粮食安全特别计划”框架下，与非洲国家开展南南合作
2012年 北京	农业职业教育培训、农业技术人才培训、农业发展规划和体系建设、农产品加工和农机推广；农业种植、农产品加工、畜牧业养殖、渔业捕捞和养殖；粮食种植、储存、加工和流通、农业技术示范中心	鼓励中国金融机构支持中非企业开展农业，积极支持联合国粮食及农业组织在非洲开展的农业发展项目
2015年 约翰内斯堡	农业政策磋商、规划设计合作、农田水利设施、粮食种植、仓储、卫生和植物检疫、畜牧养殖、农产品加工、林业、渔业；农产品贸易、贸易政策、促进农产品贸易的方式、农业科研	鼓励中国企业在非开展农业投资，营造农业投资及贸易良好环境

① 《中非合作论坛——北京行动计划（2007—2009年）》，http://www.focac.org/zywx/zywj/200909/t20090917_8044 399.htm，访问日期：2022年8月11日。

② 《中非合作论坛——约翰内斯堡行动计划（2016—2018年）》，http://www.focac.org/zywx/zywj/201512/t20151224_8044410.htm，访问日期：2022年8月11日。

续表

时间、地点	合作领域	工作重点
2018 年 北京	农业现代化、农业升级、农业基础设施、农业产量和农产品附加值、粮食安全保障能力、人道主义粮食援助、农产品加工、棉花、蔗糖业、人力资源合作	支持非洲实现农业现代化，提高农业产量和农产品附加值，提升粮食安全保障能力
2021 年 达喀尔	粮食安全、渔业领域、中非农产品电商孵化培育中心、农业产业园、菌草、杂交水稻、杂交谷子、青年农业科研领军人才培养、可持续农业、节水灌溉、粮食减损、农业气候应变、人道主义粮食援助	支持中国企业在非投资建设农业产业园，农业合作向全产业链延伸

资料来源：中非合作论坛，http://www.focac.org/chn/。

（一）2006 年北京中非合作论坛

2006 年 1 月 12 日中国政府首次正式发表的《中国对非洲政策文件》明确提出，在农业合作发展方面，继续开展多层次、多渠道、多形式的合作与交流。在 2007 年 5 月中旬，受商务部委托，农业部组织了由 51 位专家组成的考察团，对 14 个拟建立农业技术示范中心的非洲国家进行可行性考察和评估。通过近 1 个月的考察，5 个考察团先后完成了项目建设地点选址和确定示范专业领域等工作，完成了 14 个援非国家农业技术示范中心的考察报告和项目可行性报告，[①]为14个援非国家农业技术示范中心后期实施提供了翔实的材料。

2006 年 11 月中国领导人同 48 个非洲国家的元首、政府首脑和代表团团长在北京举行中非合作论坛峰会，会议通过了《中非合作论坛北京峰会宣言》，宣言指出，中非“加强互利合作，拓展合作领域，鼓励和促进相互贸易和投资，探索新的合作方式，重点加强在农业、基础设施建设、工业、渔业、信息、医疗卫生和人力资源培训等领域合作，实现优势互补，造福双方人民”。同时，《中非合作论坛——北京行动计划（2007—2009 年）》明确表示：“鼓励和支持中国企业扩大对非农业投资，进一步参与非洲农业基础设施建设、农机生产和农产品加工业。”此次会议还提出“向非洲派遣 100 名高级农业技术专家；在非洲建立 10 个有特色的农业技术示范中心。加强与非洲在农业实用技

① 蒋和平：《中非农业合作的思路与政策建议》，《农业科技管理》2008 年第 6 期。

术和农业人力资源开发方面的合作；加强与非洲国家在联合国粮农组织项下的‘粮食安全特别计划’框架内的合作”。[①] 时任国家主席胡锦涛代表中国政府宣布了旨在加强中非务实合作、支持非洲国家发展的8项政策措施。在此背景下，会议成立了“中非农业合作发展协商工作机制”，商务部与农业部共同制定了援非农业技术示范中心项目总体工作方案、实施规划以及援非农业专家派遣实施方案。

2007年6月设立了中非发展基金，作为落实对非务实合作八项举措之一——设立专门基金，为农业合作发展项目提供必要的资金支持，该基金重点支持农业和制造业。中非发展基金自正式运营来，资金规模由首期的10亿美元已增加至50亿美元，全部由国家开发银行出资承办。（2015年的约翰内斯堡峰会上，习近平主席又提出为中非发展基金增资50亿美元，目前资金规模一共是100亿美元。）在国家开发银行的支持下，中非基金以市场化方式服务国家对非经贸合作，鼓励和支持中国企业“走进非洲”，投资非洲国家亟需发展的产业，目前，该基金已成为中国企业对非投资的主力平台。

（二）2009年沙姆沙伊赫中非合作论坛

在2009年第四届部长级会议上通过的《中非合作论坛——沙姆沙伊赫行动计划（2010—2012年）》指出“中国将继续通过金融等优惠政策，支持和鼓励有实力的中国企业在非洲开展农业合作发展项目”。同时，温家宝总理宣布中国政府对非合作新8项举措，提出“进一步加强农业合作发展，把中国在非洲国家援建的农业示范中心增至20个，向非洲派遣50个农业技术组，为非洲国家培训2000名农业技术人才，提高非洲实现粮食安全的能力”。[②] 上述举措已逐步落实，目前已有104名中国农业技术专家在33个非洲国家工作，15个农业技术示范中心全部开工建设，后期又增加了10个，详见表1-2。示范领域以水稻、玉米、小麦等主要粮食作物种植为主，旨在将我国优质作物品种和先进的生产技术向受援国其他区域扩散。示范内容不仅包括粮食作物生产，同

① 《中非合作论坛——北京行动计划（2007—2009年）》，http://www.focac.org/zywx/zywj/ 200909/t20090917_8044399.htm，访问日期：2022年8月11日。

② 《中非合作论坛——沙姆沙伊赫行动计划（2010—2012年）》，http://www.focac.org/zywx/zywj /200911/t20091112_7875842.htm，访问日期：2022年8月11日。

时还有菌草种植和淡水鱼养殖，如卢旺达和赞比亚项目示范了菌草种植技术，乌干达和南非项目示范了淡水鱼养殖技术。

表 1-2　中国在非洲援建的农业示范中心

序号	国别	实施单位	进展情况	试验和示范品种
1	莫桑比克	湖北联丰公司	商业化运营	水稻、玉米、蔬菜
2	苏丹	山东外经集团	商业化运营	棉花、玉米、小麦、油葵、蔬菜
3	利比里亚	湖南隆平高科公司	商业化运营	水稻、玉米、蔬菜
4	贝宁	中国农业发展集团	商业化运营	玉米、蔬菜、蛋鸡
5	刚果（布）	中国热带农业科学院	商业化运营	木薯、蔬菜、玉米、蛋鸡
6	赞比亚	吉林农业大学	商业化运营	大豆、玉米、小麦、食用菌
7	津巴布韦（1）	中机美诺公司	商业化运营	小麦、玉米，农机使用
8	多哥	江西华昌国际公司	商业化运营	水稻、玉米、蔬菜
9	坦桑尼亚	重庆中一种业公司	商业化运营	水稻、玉米、蔬菜、香蕉、蛋鸡
10	卢旺达	福建农林大学	商业化运营	菌草、稻谷、桑蚕
11	南非	中国农业发展集团	技术合作	鲶鱼、罗非鱼
12	喀麦隆	陕西海外投资公司	技术合作	水稻、玉米、木薯、蔬菜
13	埃塞俄比亚	广西八桂公司	技术合作	玉米、高粱、蔬菜、肉牛、鸡
14	乌干达	四川华侨凤凰集团	商业化运营	淡水鱼
15	马里	江苏紫荆花纺织有限公司	停工	水稻、玉米、肉牛
16	毛里塔尼亚（种植）	黑龙江燕林庄园科技公司	技术合作	水稻、玉米、肉牛、蛋鸡
17	毛里塔尼亚（农业）	宁夏金福来羊产业公司	技术合作	奶牛、肉牛
18	安哥拉	新疆北新建设工程公司	基础设施建设	水稻、玉米、蔬菜
19	马拉维	青岛瑞昌棉业有限公司	技术合作	水稻、玉米、棉花
20	刚果（金）（1）	中兴能源有限公司	技术合作	水稻、玉米、蔬菜、饲料
21	中非	山西国际公司	战乱暂停实施	水稻、玉米、蛋鸡
22	赤道几内亚	江西赣粮实业有限公司	技术合作	水稻、玉米、蔬菜
23	尼日利亚	中地海外公司	技术合作	渔业、畜牧业、菌草种植
24	刚果（金）（2）	浙江华友钴业公司（拟）	待可行性研究	
25	津巴布韦（2）	安徽农垦集团（拟）	待立项建议书	

资料来源：中华人民共和国商务部网站，http://www.mofcom.gov.cn/。

2009 年，中国向联合国粮农组织捐款 3000 万美元，设立信托基金，进一步促进中非双方在粮食安全特别计划项下的南南合作。[①] 2009 年中国对非农业投资约 3000 万美元，仅占当年中国对非直接投资流量 14 亿 3887 万美元的 2%，[②]这个比例近年来有所微升，但仍不显著。活跃于非洲大陆的中国农业发展集团有限公司、中国农垦（集团）总公司，并不在中国最大的 30 个海外投资公司的名单中，而该名单中虽有从事农业商务贸易和加工的，却没有从事农业生产的，从这个指标也能看出，农业投资仍然不在中国大企业海外投资的优先考虑中。因此，在中非农业合作发展中，企业投资领域的空间巨大。

截至 2023 年 4 月，中非发展基金累计已实际投资 50 亿美元，其中农业投资项目涉及棉花、皮革加工、剑麻、制糖、农业机械组装销售等多个领域。[③] 中非基金创新投资模式和方法，带动中国农业企业“走出去”，投资非洲“大农业”产业链，推动了当地农业产业升级与发展。

（三）2012 年北京中非合作论坛

2012 年 7 月在北京召开的中非合作论坛第五次部长级会议上，中国承诺向非洲提供 2000 亿元人民币（约合 200 亿美元）的信贷，用于支持各种开发项目，包括基础设施、农业、制造业和中小企业。这与之前论坛相比有了大幅度的增加，突显了中国对非洲长期投资的决心。为鼓励中非两地的贸易和投资，中国承诺会对来自最不发达国家的非洲产品提供零关税待遇。在零关税待遇的鼓励下，非洲向中国的出口大幅增长，尤其是农产品和矿产。

2012 年，非洲对中国的农产品出口总值约为 25 亿美元，相较于 2011 年的 18 亿美元增长了近 40%。咖啡、茶叶和坚果的出口增长尤为明显。例如，2012 年，肯尼亚对中国的茶叶出口增长了 50%，对中国的花卉出口增长了 60%。科特迪瓦是全球最大的可可生产国，同样受益于优惠政策，2012 年该国对中国的可可豆出口增长了近 70%。埃塞俄比亚是非洲最大的咖啡生产国，

---

① 《外交部非洲司司长谈对非旱灾粮援和中非农业合作发展》，http://www.fmprc.gov.cn/chn/pds/wjdt/sjxw/t848889.htm，访问日期：2012 年 8 月 11 日。

② 《外交部非洲司司长谈对非旱灾粮援和中非农业合作发展》，http://www.fmprc.gov.cn/chn/pds/wjdt/sjxw/t848889.htm，访问日期：2012 年 8 月 11 日。

③ 吴丛司:《中非发展基金已累计对 39 个非洲国家决策投资超 66 亿美元》，http://www.yidaiyilu.gov.cn/p/02ST40J7.html，访问日期：2023 年 8 月 16 日。

2012 年，其对中国的咖啡出口量增长了 50% 以上。更多的咖啡合作社开始与中国的进口商建立直接的业务关系。以上非洲国家农产品的出口不仅为当地农民提供了更多的就业机会，增加了当地农民和国家的外汇收入，同时也带动了中国企业在非洲的投资与合作。例如，随着中国市场的扩大，一些中国的花卉进口商如“中花”公司开始在肯尼亚设立采购中心；中粮集团在内的几家大型中国食品公司开始在科特迪瓦寻求直接采购可可豆的机会。

此外，零关税政策还鼓励了其他非洲国家寻求与中国的贸易机会，包括乌干达、坦桑尼亚和尼日利亚等。总之，2012 年的零关税政策为非洲国家打开了中国这一巨大的市场，促进了非洲农产品的出口增长，为非洲农民带来了实实在在的经济利益。

《中非合作论坛北京峰会宣言》中也提到加强中非双方在粮食安全方面的深度合作，继续推进农业职业教育培训、农业技术人才培训、农业发展规划和体系建设、农产品加工和农机推广；农业种植、农产品加工、畜牧业养殖、渔业捕捞和养殖；粮食种植、储存、加工和流通、农业技术示范中心建设等。

（四）2015 年约翰内斯堡中非合作论坛

2015 年 12 月召开的中非合作论坛约翰内斯堡峰会是继 2006 年北京峰会后的第二次中非峰会，也是首次在非洲大陆举行的中非峰会，会议审议通过了《中非合作论坛约翰内斯堡峰会宣言》和《中非合作论坛——约翰内斯堡行动计划（2016—2018 年）》。约翰内斯堡峰会提出推进中非产能合作和助力非洲工业化进程，将是今后一段时期中非合作的重要内容，并提出围绕非洲最紧迫的加快工业化和农业现代化两大任务，着力破解基础设施滞后和人才不足两大瓶颈，重点帮助非洲国家构建工业化、粮食安全和公共卫生防控三大体系，相应解决就业、吃饭和健康三大问题。

在农业合作方面，中国继续向非洲国家派遣高级农业专家组，提供农业职业教育培训；在非洲实施农业示范项目的同时，鼓励与引导中国农业科研单位、企业等同非洲国家共同开展农作物优质高产试验示范，建立中非农业科研机构“10+10”合作机制，重点推动在育种制种、植物保护等领域开展联合研究，提高非洲国家粮食、棉花和其他重点农作物的产量和质量。中方在加大援助的同时，鼓励并支持中国企业在非洲开展农业投资，鼓励农产品贸易，完善贸易政策，扩大中非农产品贸易规模。

（五）2018 年北京中非合作论坛

2018 年 9 月中非合作论坛北京峰会的开幕式上，国家主席习近平在发表主旨讲话时表示，“中国愿以打造新时代更加紧密的中非命运共同体为指引，在推进中非‘十大合作计划’基础上，同非洲国家密切配合，未来 3 年和今后一段时间重点实施‘八大行动’”，中国将同非洲共同实施产业促进、设施联通、贸易便利、绿色发展、能力建设、健康卫生、人文交流、和平安全“八大行动”，全方位规划了中非合作的优先领域和重点方向。

中非农业合作的主要内容为产业促进行动和绿色发展行动。其中产业促进行动主要包括支持非洲在 2030 年前基本实现粮食安全，同非洲一道制定并实施中非农业现代化合作规划和行动计划，实施 50 个农业援助项目，向非洲受灾国家提供 10 亿元人民币紧急人道主义粮食援助，向非洲派遣 500 名高级农业专家，培养青年农业科研领军人才和农民致富带头人。对于绿色发展行动，中国决定为非洲实施 50 个绿色发展和生态环保援助项目，重点加强在应对气候变化、海洋合作、荒漠化防治、野生动物和植物保护等方面的交流合作；推进中非环境合作中心建设，加强环境政策交流与对话以及环境问题联合研究；开展中非绿色使者计划，在环保管理、污染防治、绿色经济等领域为非洲培养专业人才；建设中非竹子中心，帮助非洲开发竹藤产业；开展环境保护宣传教育合作，走绿色低碳循环发展之路，帮助非洲转变增长模式和实现可持续发展。

《中非合作论坛——北京行动计划（2019—2021 年）》详细解释并说明了今后 3 年中非农业合作的方向与重点，中方将支持非洲实现农业现代化，帮助非洲推动农业升级，改善农业基础设施，提高农业产量和农产品附加值，提升粮食安全保障能力；实施 50 个农业援助项目，向非洲派遣 500 名高级农业专家，向非洲受灾国家提供 10 亿元人民币紧急人道主义粮食援助；利用可再生能源和节水系统，降低生产成本，提高气候变化适应力；双方将共同努力完善粮食安全风险管理体系并建立应急反应机制；支持非洲建立“生产—加工—营销”等农业全产业链；中方将加强与非洲棉花、蔗糖等领域的合作；中非共同推动农业领域合作机制化，建立中非绿色农业发展研究中心。

2019年12月，由中国农业农村部与海南省人民政府共同主办了首届中非农业合作论坛，来自中国和39个非洲国家以及9个国际组织的500余名代表参会。中国农业农村部部长韩长赋在论坛上发表主旨演讲指出，中国愿与非洲各国一道，共同落实习近平主席与非洲国家领导人在中非合作论坛北京峰会期间确定的“八大行动”涉农成果，全面深化中非农业合作，为构建更加紧密的中非命运共同体做出更大贡献。截至2018年底，中国企业在非洲投资存量150多亿元人民币，投资500万元人民币以上的农业项目有115个，遍布非洲三分之二以上国家。中国与非洲12个国家的农业科研机构进行合作，在19个非洲国家建成农业技术示范中心，每年为非洲培训近万人次。在非洲10个国家实施农业南南合作项目，开展300多项农业技术试验示范活动，推广了一大批先进适用技术和装备。① 同时会议强调中国愿积极分享粮食生产方面的经验做法，把提高非洲粮食综合生产能力作为中非农业合作的重点领域，支持非洲在2030年前基本实现粮食安全。论坛最后通过《中非农业合作三亚宣言》，此外，中国农业农村部与非洲联盟委员会、非洲绿色革命联盟等共同签署了《中华人民共和国农业农村部与非洲联盟委员会关于农业合作的谅解备忘录》。相关政府部门、国际组织、科研单位和企业签署了11项务实合作协议。在经贸合作方面，签署协议启动了4个项目，包括碧桂园集团、袁氏种业有限公司马达加斯加农业产业园项目，将投资5000万美元在马达加斯加建设农业产业园，形成年产4000吨杂交水稻种子产能；青岛易邦生物工程有限公司埃塞俄比亚生物科技产业园项目，将投资5000万美元在埃塞俄比亚研发生产口蹄疫疫苗；中铁七局塞内加尔农业开发项目，将投资3000万美元在塞投资扩建一处榨油厂，促进中塞花生及花生油贸易，预计年对华出口花生5万吨，花生油2万吨；合肥燕庄食用油有限公司、中垦锦绣华农武汉科技有限公司埃塞俄比亚芝麻国际订单农场合作项目，预计年对华出口芝麻1万吨以上，为埃塞俄比亚年创外汇超1700万美元。②

---

① 《首届中非农业合作论坛在三亚召开》，http://www.gjs.moa.gov.cn/gzdt/201912/t20191211_6333118.htm，访问日期：2020年10月12日。

② 《首届中非农业合作论坛成果丰硕》，http://www.moa.gov.cn/xw/zwdt/201912/t20191212_6333166.htm，访问日期：2021年5月18日。

（六）2021 年达喀尔中非合作论坛

2021 年 11 月国家主席习近平在北京以视频方式出席中非合作论坛第八届部长级会议时指出，作为《中非合作 2035 年愿景》首个三年规划，中国将同非洲国家密切配合，共同实施“九项工程”。其中涉及中非农业合作的主要有两项，一是减贫惠农工程，二是贸易促进工程。中国将积极参与非洲农业综合发展计划（CAADP），支持非洲增强出口能力，加强与非洲国家农产品、食品检验检疫合作，加快推动检疫准入程序，扩大进口非洲非资源类产品；持续扩大双向投资。截至 2035 年，中国将新增对非投资 600 亿美元，把重点支持非洲农业放在第一位，支持有实力的中国在非经贸合作区升级为中非产业链供应链合作示范区，农业合作向全产业链延伸。同时，中非在海洋资源增值和可持续利用方面开展广泛合作，支持非洲在做好海洋生态保护的基础上合理开发利用海洋资源。

《中非合作论坛——达喀尔行动计划（2022—2024 年）》提出，中国继续派遣农业专家，在华设立一批中非现代农业技术交流示范和培训联合中心，鼓励中国机构和企业在非洲建设中非农业发展与减贫示范村，支持在非中国企业社会责任联盟发起“百企千村”活动。支持开展市场化的对非农业投资，支持中国企业在非投资建设农业产业园，推动涵盖农产品种植、加工、销售等环节全产业链合作。并且，中国将为非洲农产品输华建立“绿色通道”，扩大非洲优质特色农食产品进口，继续加强协作共建中非农产品电商孵化培育中心。

二、中非合作论坛机制下的农业合作发展特点

长期以来，中国和非洲各国政府都高度重视农业领域的交流与合作，随着中非政治和经贸关系的深化，中非之间的农业合作也在不断加强，双方农业人员交流日益频繁，合作领域覆盖了农业援助、农产品贸易和农业投资等各个方面，形成了多领域、深层次、全方位的农业合作发展格局。2006 年北京中非合作论坛召开，中方承诺大幅提升对非优惠信贷额度至 50 亿美元，成为中非合作深入的一个重大标志。2015 年中非合作论坛约翰内斯堡峰会上，在中国承诺的 600 亿美元资金的支持下，中非农业合作得以迅猛发展，主要与非洲

进行农业产能合作和非洲农业发展脱贫合作，中非愿意在“非洲提出、非洲同意、非洲主导”的原则下与各方开展形式多样的三边、四边和多边合作。2021年达喀尔中非合作论坛上，中国承诺至2035年将新增对非投资600亿美元，将重点支持非洲农业，支持有实力的中国在非经贸合作区升级为中非产业链供应链合作示范区，农业合作向全产业链延伸。在历届中非合作论坛会议和中非合作论坛机制推动下，形成如下中非农业合作发展特点：

（一）农业技术援助力度和人力资源开发培训力度不断加大

2000年中非合作论坛成立后，中国对非农业援助大幅增加，2006年中非合作论坛中，中国承诺的援非农业举措有：大幅提升对非优惠信贷额度至50亿美元，并加大技术援助力度，承诺在2007—2009年间在非洲建立10个农业技术示范中心（后来实际执行中增至14个），并派遣100名高级农业专家，[①] 以及为非洲培养1500名各类人才（含农业技术人才）等。2009年在中非合作论坛第四届部长级会议上，中国政府承诺在2010—2012三年时间内向非洲派遣50个农业技术组，为非洲国家援建的农业技术示范中心增至20个，为非洲国家培训2000名农业技术人员，为非洲国家援建100个沼气、小水电、太阳能等小型清洁能源项目和小型打井供水项目等。

之后的历届中非合作论坛都将派遣农业专家组和为非洲国家培训农业技术人员作为中非农业合作的重点，2018年和2020年的中非合作论坛后续行动计划则更加关注和推动为非洲培养青年农业科研人才，见表1–3。

表1–3 中非合作论坛行动计划下的对非农业援助

行动计划	时间	农业援助行动
北京行动计划（2007—2009年）	2006年	向非洲派遣100名高级农业技术专家；在非洲建立10个有特色的农业技术示范中心；加强与非洲在农业实用技术和农业人力资源开发方面的合作；加强与非洲国家在联合国粮农组织“粮食安全特别计划”框架内的合作

① 援非百名专家派出国家：摩洛哥、几内亚、马里、塞拉利昂、纳米比亚、贝宁、埃及、中非、乌干达、布隆迪、赤道几内亚、苏丹、安哥拉、多哥、几内亚比绍、尼日尔、科特迪瓦、坦桑尼亚、塞舌尔、埃塞俄比亚、佛得角、赞比亚、厄立特里亚、莱索托、吉布提、科摩罗、马达加斯加、加纳、毛里塔尼亚、津巴布韦、博茨瓦纳、加蓬。

续表

行动计划	时间	农业援助行动
沙姆沙伊赫行动计划（2010—2012年）	2009年	向非洲国家派遣50个农业技术组；为非洲国家培训2000名农业技术人员；为非洲国家援建的农业技术示范中心增至20个；继续办好已经建立的援非农业技术示范中心；落实好向联合国粮农组织捐款3000万美元设立信托基金的工作，积极利用上述信托基金支持中国在联合国粮食及农业组织“粮食安全特别计划”框架下，与非洲国家开展南南合作
北京行动计划（2013—2015年）	2012年	继续向非洲国家派遣农业技术组，加强非洲农业技术人员培训；向非洲国家派遣农业职业教育培训教师组，帮助非洲建立农业职教体系；增加援非农业技术示范中心，继续发挥援非农业技术示范中心的功能和作用，共同开展生产示范和技术推广；在粮食种植、储存、加工和流通领域，帮助非洲国家提高自主发展能力，并提供技术支持；积极支持联合国粮食及农业组织在非洲开展的农业发展项目，在联合国粮农组织“粮食安全特别计划”框架下与非洲国家和地区组织开展粮食安全相关合作
约翰内斯堡行动计划（2016—2018年）	2015年	在非洲100个乡村实施“农业富民工程”；派遣30批农业专家组赴非洲；建立中非农业科研机构“10+10”合作机制；高度关注非洲多个国家受厄尔尼诺现象影响致粮食歉收，将向受灾国家提供10亿元人民币紧急粮食援助
北京行动计划（2019—2021年）	2018年	与非洲共同制订并实施中非农业现代化合作规划和行动计划，实施50个农业援助项目，向非洲受灾国家提供10亿元人民币紧急人道主义粮食援助，向非洲派遣500名高级农业专家，培养农民致富带头人；支持非洲增强高科技粮食生产、农产品加工等农业生产能力，帮助非洲应对粮食安全挑战以及粮食短缺问题；帮助非洲加强能力建设，通过开展专家交流向非方进行技术转移，开发新的农业研究成果，包括分子级别植物疾病检测与识别、病虫害分析、种子检测认证、生物安全级别高危物质隔离检疫等；深化中非农业领域人力资源合作和农业科研机构“10+10”合作，帮助非方培养青年农业科研领军人才
达喀尔行动计划（2022—2024年）	2021年	进一步加强粮食安全合作，充分发挥中国非盟共建“一带一路”合作工作协调机制作用，用好南南合作援助基金，聚焦非盟需求和中方优势，以粮食产后减损等为试点，帮助非洲国家在既有生产能力条件下提高粮食供给保障能力；充分发挥在非已建农业技术示范中心作用，加强人员培训交流和农业技术试验示范，加速符合非洲国家农情的技术成果集成，开展菌草、杂交水稻、杂交谷子等技术开发和利用合作；向非洲国家派遣500名农业专家，开展规划制定、政策咨询、技术示范、现场教学和能力培训，支持建设农民学校，在华举办非洲乡村发展带头人等专题能力培训，助力当地乡村发展带头人培养，为非洲农业农村发展做好人才储备；继续实施非洲青年农业科研领军人才培养计划，在华设立一批中非现代农业技术交流示范和培训联合中心

资料来源：中非合作论坛，http://www.focac.org/chn/。

在此背景下，中非农业方面的合作得以迅猛发展，目前这些举措已基本落实到位，并初显成效。2007 年 2 月，中国援建的第一个农业技术示范中心在莫桑比克首都马普托的农业科学院正式启动；2008 年 1 月，中国与喀麦隆在雅温得签署《关于中国政府援助喀麦隆建设农业技术示范中心的合作议定书》，喀麦隆为中国农业示范中心无偿提供 100 公顷土地；2008 年 5 月，中国与刚果（布）政府签署合作议定书，中国将援建刚果（布）农业技术示范中心；2008 年 6 月，由湖南省农科院承建的马达加斯加杂交水稻示范中心正式建立。[①]《中非合作论坛北京峰会后续行动落实情况》显示，“中国在 14 个非洲国家建立农业技术示范中心的考察和设计工作进展顺利，于 2008 年下半年开工，2009 年底前全部建成”。[②]

2009 年 11 月在中非合作论坛第四届部长级会议上宣布，将援建非洲国家的农业技术示范中心数量增至 20 个，派遣 50 个农业技术组，为非洲培训 2000 名农业技术人员等。2010 年 8 月中非农业论坛北京宣言承诺继续落实中非合作论坛第四届部长级会议推出的中非合作新八项举措的重要步骤，强调“呼吁中非企业加强在农业发展领域的互利合作。为此，中非双方政府应为企业间合作提供良好的投资环境，考虑设立专门基金为农业合作发展项目提供必要的资金支持。”

与此同时，中国与非洲国家开展了形式多样的农业人力资源培训。中国每年都要专门为非洲国家举办多期农业技术培训班和政府农业官员研修班，培训内容涉及种植业、畜牧业、农业管理等众多领域。由浙江农业大学承担援助喀麦隆雅温得第一大学所建立的微生物实验室，成功地从当地生产的木薯中提炼出酒精酿造啤酒及用当地水果酿造果酒。喀麦隆人极爱喝啤酒，但过去饮用的啤酒主要从欧洲进口，每年为此花费不少外汇。啤酒试生产成功后，在喀麦隆产生了很好的社会和经济效益。[③]南京农业大学每年都要举办为期 3 周的非

① 张忠祥:《中非合作论坛框架下的农业合作——兼论“中国海外屯田说”》,《国际展望》2009 年第 2 期。

② 《中非合作论坛北京峰会后续行动落实》，http://www.focac.org/chn/hxxd/fhhxxd/t459447.htm，访问日期：2012 年 7 月 11 日。

③ 陆庭恩:《关于深入开展中非农业投资与合作的几点看法》,《西亚非洲》2003 年第 1 期。

洲国家农业官员高级研修班，培训课程包括土地产权制度改革、生物有机肥对农业可持续发展的作用、农产品供应链管理和转基因与生物安全等。课程期间还会安排非洲学员到中国科研机构、农业基地和乡镇企业实地参观，尽可能为非洲国家解决实际问题提供可借鉴的参考与经验，使得农业和农村发展方面的技术、知识交流更有实效和持续性，而不是“暂时性”的。2013 年南京农业大学与肯尼亚埃格顿大学合建孔子学院，这是我国在全球的第一家以农业技术培训为主的孔子学院，直接在当地进行农业职业技术培训等方面的工作，在当地取得良好社会声誉。

（二）中非农业合作发展机制不断完善

中非合作论坛自 2000 年以来已经成为中非农业合作的重要机制和政策沟通平台，陆续实施的“八大行动”“九大工程”中都涉及中非农业合作领域，论坛机制的不断完善加速提升了中非农业合作的制度化和规范化水平。2018 年第七届中非合作论坛北京峰会中将“共同推动中非农业领域合作机制化”写入行动规划，率先提出“建立中国—非盟农业合作委员会，定期举办中非农业合作论坛”，体现了中非双方将农业合作机制化建设纳入中非机制的重要决心。2021 年达喀尔计划中充分强调要发挥中非农业合作机制作用，提早规划第二届中非农业合作论坛和召开中国—非盟农业合作联委会第一次会议。

为落实中非合作论坛北京峰会期间达成的成果共识以及涉农领域的目标任务，2019 年 12 月首届中非农业合作论坛通过了《中非农业合作三亚宣言》，并签署了《中华人民共和国农业农村部与非洲联盟委员会关于农业合作的谅解备忘录》；在中非科技合作方面，中国热带农业科学院与国际热带农业研究所签署了《中非农业生物多样性保护利用合作谅解备忘录》；中国热带农业科学院与刚果（布）农牧渔业部、联合国粮农组织、国际农业发展基金和世界粮食计划署签署了《木薯价值链提升五方合作谅解备忘录》。中国已与近 20 个非洲国家签署了农业合作谅解备忘录或议定书。同时，中国与 23 个非洲国家及地区组织建立农业合作机制，签署多边农业合作文件 72 项。[①] 截至 2021 年，同中国建交的 53 个非洲国家中，有 52 国以及非盟委员会已经同中国签署共建

---

① 安春英:《中非粮食安全共同体的应然逻辑与实践路径》,《中国非洲学刊》2022 年第 3 期。

"一带一路"的合作文件。

此外，中国农业部已与埃塞俄比亚、南非、埃及、苏丹等 10 多个非洲国家签署了农牧渔业合作协议，并与苏丹、南非、埃及建立了农业工作组或议定书执行委员会机制，定期举行会议，讨论和确定双边农业合作发展优先开始的领域和工作执行计划，并互派技术交流团组。[①] 建立中非农业合作发展定期交流机制，可以使中非农业合作发展更加富有成效，这些合作机制明确了中非在农业合作发展中各自的责任，确保双方有计划、有重点地开展农业合作发展。

（三）多边框架下的中非农业合作

中国政府高度重视利用国际多边平台与发展中国家开展农业合作，与联合国粮农组织、世界粮食计划署、国际农业发展基金、联合国开发计划署及国际研究磋商小组等国际组织建立了长期稳定的农业多边合作关系，签订了多个合作协议，并以中非合作论坛为平台，与 44 个非洲国家签署合作文件，开展农业合作。合作内容广泛，包括种养业发展、农产品加工和贸易、育种及良种繁育、农业管理人员能力建设、农技人员培训、农业技术示范等领域。

中国与非洲在联合国粮农组织（FAO）"粮食安全特别计划"框架下的南南合作表现尤为突出。2008 年和 2014 年，中国政府先后向联合国粮农组织捐赠两期共计 8000 万美元的南南合作信托基金。目前，中国已成为联合国粮农组织南南合作项目的最大伙伴国和支持国，截至 2022 年已经为非洲国家实施的 25 个项目提供支持，这些国家包括刚果（金）、纳米比亚、埃塞俄比亚、马拉维、利比里亚、马里、塞内加尔、塞拉利昂、尼日利亚和乌干达等。乌干达是接受南南合作项目最多的非洲国家，迄今为止，中国已在乌干达开启了三期南南合作项目，前两期受到乌干达政府及项目地农民的高度评价，目前开展的是 2022—2024 年南南合作项目。

（四）中非农业合作的顶层设计不断完善

中非共建"一带一路"、中非合作论坛上的"八大行动""九项工程"等一系列成果与非盟《2063 年议程》以及非洲各国农业发展战略高度契合，体现中非农业合作顶层设计的不断完善。在《中非合作论坛——北京行动计划

① 徐继峰、秦路:《中非农业合作的现状、问题和建议》,《世界农业》2011 年第 8 期。

（2019—2021年）》中，中方承诺与非洲共同制定并实施中非农业合作规划和行动计划，这是中方与非洲首次从顶层设计出发共建农业现代化进程。

2021年《中非合作论坛——达喀尔行动计划（2022—2024）》将《中非合作2035年愿景》和中国2035年愿景、联合国2030年可持续发展议程和非盟《2063年议程》等宏观目标有效对接，明确了中非农业合作的发展方向。这些顶层设计将有效支持中国对中非农业现代化合作计划、非洲农业全面发展项目等规划的实施，展现了中国融入非洲农业现代化进程的决心。

（五）以农业援助带动企业投资合作

在中非合作论坛行动计划下中国对非农业援助一直是重中之重，早期的援助项目由政府主导，参与的主体较为单一，主要以大型国有农业企业参与为主，经济效益差且缺乏可持续性。随着中国援助非洲项目的增加，更多的中国企业参与到对非援助项目的实施中。中国在非援建的23个示范中心中，有20个进入商业化运营和技术合作期，其中17个示范中心的承建单位为企业。一些企业在援助项目的实施过程中，在非洲找到了更多的投资机会。

非洲的农业资源优越且大多尚未开发，而且非洲各国都普遍重视粮食生产安全，在农业投资政策上也相当优惠，因此，农业领域蕴藏着巨大的商机，中国企业投资非洲农业预期获得比较好的回报。在这一过程中，中国政府加强了政府主管部门与项目实施单位之间、非洲驻中国使馆与中国驻非洲使馆之间、中方与非方的沟通与协调，积极为中方实施单位争取非洲受援国的各种优惠待遇和条件，为农业援助项目、农业示范中心的可持续发展以及中国企业在非洲当地的投资提供了有力的政策支持和资金扶持。借助于国家农业援助项目，实行国家农业援助项目与企业投资相结合的农业合作发展模式，有利于农业援助项目发挥更大效果，有利于农业援助项目的可持续发展，也有利于推动中资企业在非洲农业领域的投资。

2003年《中非合作论坛——亚的斯亚贝巴行动计划（2004至2006年）》还只是“支持和鼓励有实力的中国企业在非洲开展农业合作项目”，但从2006年《中非合作论坛——北京行动计划（2007—2009年）》开始，就取消了“有实力”的企业限制，“鼓励和支持中国企业扩大对非农业投资”，因而，越来越多的民营企业以独资、合资、参股等多种形式从事对非农业开发与合作，见表

1-4，涉及粮食与蔬菜种植、畜禽养殖、农产品加工等众多领域。随着农产品原料市场的竞争日益激烈，拓展与投资非洲农产品生产基地成为部分中国国内企业的战略性选择。

表 1-4　中国对非农业投资企业

企业类型	企业名称	投资国别	投资领域	占地规模	投资金额
民营企业	袁氏种业（湖南）	马达加斯加	种子培育、生产：水稻种植、加工	1200 公顷（订单农业）	1100 万元
	万宝（湖北）	莫桑比克（2011 年至今）	水稻等种植与初加工（万宝莫桑农业园）	2 万公顷（农场生产 + 订单农业）	2 亿美元
	禾丰（湖北）	莫桑比克（2012 年至今）	水稻等种植与初加工	6000 公顷（农场生产 + 订单农业）	640 万美元
	友豪恒远（四川）	乌干达（2014 年至今）	农业产业园	400 公顷	2.2 亿美元
	金丰裕（上海）	坦桑尼亚	水稻种植、蛋鸡养殖、农产品贸易与服务	2600 公顷（收购当地企业）	—
	新疆五征（山东）	乌干达（2016 年至今）	农业示范园	200 公顷	—
	江洲农业（江苏）	安哥拉（2014 年至今）	大豆、玉米等种植与初加工	1 万公顷	6000 万美元
	赣粮实业（江西）	赤道几内亚（2014 年至今）	木薯和水稻等种植与初加工	—	5.4 亿美元
混合所有制企业	山东外经	苏丹（2012 年至今）	棉花种植：农业产业园	6700 公顷（订单农业）	5300 万美元
	中地海外（与隆平高科、华大农业等合作）	埃塞俄比亚（2014 年至今）	畜牧加工园、水稻种植、种子培育	2000 公顷	—

数据来源：中国对撒哈拉以南非洲农业投资企业及项目数据库。（截止日期：2019 年末，有缺失。）

（六）中非农产品贸易与投资持续增长

中国和非洲国家在农业技术、农业资源和农产品市场等方面具有很强的互补性，因此，双方农产品贸易发展潜力巨大。2000 年以来，中非合作论坛的召开和中非新型战略伙伴关系的建立，助推了中非之间的农产品贸易。中国积极扩大非洲农产品市场准入，目前已有 350 余种非洲农产品和食品可对华出口，越来越多绿色、优质非洲农产品进入中国市场。2000 年至 2020 年，中国和非洲农产品贸易额由 6.5 亿美元增长到 75.9 亿美元，年均增长 13%，其中中国至非洲农产品进口额由 1.9 亿美元增至 42.6 亿美元，年均增长 16.8%。非洲的柑橘、芝麻、可可已占到中国同类产品进口量的一半以上。① 中国对非洲最不发达国家实行的零关税政策，将推动中非贸易规模继续扩大。

中国对非农业投资合作也不断推进，中国农业农村部国际合作司与中国农业对外经济合作中心 2019 年联合发布的《中国境外农业合作报告》显示，截至 2018 年中国在非洲投资成立农业企业超过 120 家，对非农业投资存量约 12.7 亿美元。② 中国企业一直看好非洲农业发展前景，即使是在新冠肺炎疫情背景下，2020 年中国对非农业投资仍同比增长了 3.4 倍。③ 中国对非农业投资领域主要包括粮食作物和经济作物的种植与加工。如中国农业发展集团目前在坦桑尼亚、加蓬、赞比亚、几内亚、加纳等多个非洲国家实施投资开发项目，已开垦的耕地面积达 1.6 万公顷，主要种植玉米、水稻、小麦等粮食作物以及剑麻、可可等经济作物，还发展了一定规模的畜禽养殖业。④

第四节　中非农业合作发展模式典型案例及其效果评价

一、纯援助项目模式及效果评价

（一）几内亚金迪亚农业技术实验推广站项目

几内亚金迪亚农业技术实验推广站项目是中国 1979 年援建的，并于 1982 年建成后移交几内亚方面管理。1989—1992 年中国方面又提供资金，进行了改建。中方选派农业技术专家驻站指导，到 1999 年已经连续执行了四期技术

① 《中非农产品贸易额 20 年增长超 11 倍》，https://baijiahao.baidu.com/s?id=1712063685524651791&wfr=spider&for=pc，访问日期：2021 年 10 月 1 日。

② 王淼：《中地海外：探索中非农业合作新路径》，《中国投资》2020 年第 Z2 期。

③ 《中非农产品贸易额 20 年增长超 11 倍》，https://baijiahao.baidu.com/s?id=1712063685524651791&wfr=spider&for=pc，访问日期：2022 年 10 月 1 日。

④ 徐继峰、秦路：《中非农业合作的现状、问题和建议》，《世界农业》2011 年第 8 期。

合作任务，驻站专家累计达 20 位。[①]

由于几内亚推广站示范种植面积十分有限，几内亚农业部也没有农业技术推广总体计划，因此，种植作物也仅限于玉米、水稻和西瓜等。在双方合作期间，仅向推广站附近的农民传授一些种植技术，并未开办正规技术培训班。中国专家根据试验撰写了技术资料并提交几内亚方，对方也没有积极反馈。1999 年 9 月份项目到期时，中方不再投入资金继续支持，随着中国专家的撤离，这个已经有了 20 年历史的农业合作项目结束了。

（二）加纳阿菲菲水稻农场项目

加纳阿菲菲水稻农场项目是由中国 1983 年建成移交的“交钥匙工程”，主要内容包括水库、灌排工程和 878.8 公顷农田开发，以及工程管理和农业技术培训。项目建成后，在中国技术专家的指导下，工程运行状态良好，水稻生产也连年获得大丰收。但是，在中国专家撤离后，农业生产就出现了问题。加纳方面将之前的农田分配给 700 多户农民耕种，稻田切割得很小，原来设计的机械化生产工具无法使用。加纳农业部的官员在评价这个项目时说，这种搞大型水利工程的做法不符合加纳的实际情况，国家要保证 10 个管理人员的工资和工程维修、运行费用，但水费却收不上来，加之加纳财政紧张，就没有足够的资金保证工程的正常运营。[②]

（三）纯援助项目模式效果评价

援建农场、试验站和技术推广站是中国最早向非洲提供农业援助的方式，主要单纯依靠中方专家和中方资金，而非洲受援国本身无资金投入，因而大部分农场和试验站一旦移交非洲受援国政府后，如非洲受援国没有足够的资金支持，其经营管理及可持续发展就容易出现问题，同时，有些中国援非农业项目脱离实际，目标定位太高。非洲受众体多为文盲、半文盲，很难有效传授中国的现代农业技术，导致项目不能扩大影响。因此要改变农业援助项目“建设—移交—中断—再投入—再移交—再中断”的运行过程。

---

① 施勇杰:《中非农业合作模式创新研究》，博士学位论文，石河子大学经济贸易学院，2009，第 89 页。

② 郧文聚:《从国际援助的发展看中国对非农业援助》,《西亚非洲》2000 年第 2 期。

二、“援助项目 + 后期中国企业租赁承包”模式及效果评价

（一）多哥阿尼耶制糖联合企业

多哥阿尼耶制糖联合企业是中国于1979年援建多哥的项目，该项目1979年正式动工，1985年1月建成并投入试生产，所建甘蔗种植园面积为1200公顷，并建有一座1200万立方米蓄水量的水库，一条长19公里的水渠，一个日榨甘蔗500吨、日产酒精6000升的糖厂。1987年1月该项目正式移交多哥政府。但该糖联企业投产后即出现亏损，此时正逢多哥政府推行私营化政策，多哥政府提出，要求中方有关公司租赁该企业，租赁期10年。在此情况下，为了该项目的可持续发展，中国成套设备进出口集团租赁了阿尼耶制糖联合企业，1996年到期后又续租10年。2007年中国成套设备进出口集团股份有限公司又在多哥注册了全资子公司——中多公司，多哥政府同意继续将阿尼耶制糖联合企业交由中多公司来租赁经营，租赁期为20年。为进一步加强阿尼耶制糖联合企业的可持续发展能力，在本租赁期内，中多公司计划投资500多万美元用于农业和工业设备的技术改造。自开始租赁起，中多双方履行各自义务与责任，使阿尼耶糖联企业得到了健康发展。每年上缴多哥财政2.6亿西非法郎（约47.4万美元），解决了当地600~1600人的就业，且企业生产能力得到提高，日榨甘蔗达600吨，年产蔗糖近8000吨，酒精1200立方米，企业所在地阿尼耶也由当初几百人的小村庄，逐步发展成为一个几万人的城镇。这一项目促进了当地经济发展，取得了良好的社会和经济效益。

（二）塞拉利昂马格巴斯制糖联合企业

塞拉利昂马格巴斯制糖厂是中国20世纪80年代援助塞拉利昂的生产型项目，该项目于1979年3月开工，1981年1月正式投产，1982年2月移交塞拉利昂自主经营。所建甘蔗农场的种植面积为1000公顷，年产甘蔗6万吨，并设有相应的农田水利工程；援建糖厂总建筑面积为15668.75平方米，共有设备591台，生产能力为日处理甘蔗400吨，日产酒精6000公升，平均年产白砂糖6500吨，占塞拉利昂年白砂糖进口量的1/4，改变了塞拉利昂食糖完全依赖进口的局面。塞拉利昂马格巴斯制糖厂是塞拉利昂唯一的制糖企业，从糖厂建成到1996年塞拉利昂内战爆发，一直由中国政府为其提供技术援助。2002

年塞拉利昂内战结束后，中国成套设备进出口集团公司于 2003 年 1 月与塞拉利昂政府签订租赁协议经营马格巴斯糖厂项目，租赁期 30 年。2005 年 2 月又正式投产，重建后的糖厂日榨糖 800 吨，是历史记录的两倍之多。

（三）“援助项目 + 后期中国企业租赁承包”模式效果评价

多哥阿尼耶制糖联合企业和塞拉利昂马格巴斯制糖联合企业援助项目都是在移交之后不久，便出现经营状况不佳、难以持续下去的状况。在此情况下，中国企业适时以租赁的方式参与到后期的经营及管理中去，既可以帮助中国政府完善援助项目，扩大在非洲受援国的影响力；又可以帮助非洲受援国政府有效经营和管理项目，惠及普通百姓；同时，企业在实施经营的过程中也获得了正常的利益。三方利益的共同驱使，使本来的援助项目经济效益和社会效益达到最大化。

三、中国援非农业技术示范中心模式及效果评价

（一）中国援非农业技术示范中心建立的背景

2006 年 11 月北京中非合作论坛峰会上，中国政府宣布了支持非洲国家发展的八项举措，其中在农业领域的举措有：帮助非洲国家建立有特色的农业技术示范中心，向非洲国家传授农业技术，改良种子，为当地培训农业生产技术及管理人员队伍，帮助非洲国家提高农业自主发展能力。

自 2006 年以来，中国政府已分两批在非洲国家建设了 25 个农业技术示范中心。农业技术示范中心建设费用及项目建成后前 3 年的运营费用由中国政府援助，如良种繁育、生产加工示范、人员培训、技术推广、农机展示等运营成本。项目运行 3 年后，农业技术示范中心将由人员培训、技术推广逐步转向以企业为主体的市场化规模经营。中方实施企业以农业技术示范中心为基础，采用灵活方式与当地企业或机构开展合作，投资扩建商业性农场，进行产业化多种经营和本土化生产，企业将自负盈亏。该经营模式兼顾了中方政府、非方政府和中非企业三方利益，在市场作用下保证项目发展的可持续性。

（二）中国援非农业技术示范中心基本情况

中国农业示范中心以政府引导、企业主体、科技支撑、市场运作为指导原则，分基本建设、技术合作和商业化运营 3 个阶段。我国政府援款先行投

入，用于建设基础设施和开展为期 3 年的技术合作；实施企业自主投资进行商业化运营，依托示范中心与受援国开展产业化合作。商务部、农业部负责制定示范中心可持续发展指导意见，审定实施企业申报的一揽子实施方案，并进行监督管理，指导项目可持续发展。地方人民政府按照“1 省—1 国对口负责制”，推荐地方农业龙头企业、农业科研机构或具有对外合作经验的企业承办示范中心，协助开展属地化监管工作。实施企业采取总承包方式，一揽子承担示范中心考察设计、工程建设、技术合作和商业化运营。受援国负责无偿提供土地，提供配套优惠政策，并以两国政府间示范中心农业合作议定书规定。合作有效期 10 ~ 20 年。

目前，我国在非洲建设的 25 个农业技术示范中心分两批，第一批 14 个，已基本完成建设并进入可持续发展期，包括赞比亚、坦桑尼亚、喀麦隆、刚果（布）、卢旺达、贝宁、多哥、利比里亚、埃塞俄比亚、苏丹、莫桑比克、乌干达、南非、津巴布韦农业示范中心；第二批 11 个，包括刚果（金）（2 个）、安哥拉、马拉维、马里、毛里塔尼亚（2 个）、中非共和国、赤道几内亚、尼日利亚、津巴布韦农业示范中心，其中，除马里、中非农业示范中心因国家内乱暂时停止项目建设外，其他示范中心项目处于不同筹建阶段，如表 1–5 所示。

表 1–5　中国援非农业技术示范中心实施国别及实施单位

国别	实施单位	进展情况
莫桑比克	湖北农垦集团	商业化运营
苏丹	山东外经集团	商业化运营
利比里亚	湖南隆平高科公司	商业化运营
贝宁	中国农业发展集团	商业化运营
刚果（布）	中国热带农业科学院	商业化运营
赞比亚	吉林农业大学	商业化运营
津巴布韦（1）	中机美诺公司	商业化运营
多哥	江西华昌国际公司	商业化运营
坦桑尼亚	重庆中一种业公司	商业化运营
卢旺达	福建农林大学	商业化运营
南非	中国农业发展集团	技术合作
喀麦隆	陕西海外投资公司	技术合作

续表

国别	实施单位	进展情况
埃塞俄比亚	广西八桂公司	技术合作
乌干达	四川华侨凤凰集团	商业化运营
马里	江苏紫荆花纺织有限公司	停工
毛里塔尼亚（农业）	黑龙江燕林庄园科技公司	技术合作
毛里塔尼亚（畜牧业）	宁夏金福来羊产业公司	技术合作
安哥拉	新疆生产建设兵团	基础设施建设
马拉维	青岛瑞昌棉业有限公司	商业化运营
刚果（金）(1)	中兴能源有限公司	技术合作
中非	山西国际公司	战乱暂停实施
赤道几内亚	江西赣粮实业有限公司	技术合作
刚果（金）(2)	浙江华友钴业探讨	待可行性研究
尼日利亚	中地海外	技术合作
津巴布韦（2）	安徽农垦集团	待提交项目建议书

资料来源：商务部网络。

（三）中国援非农业技术示范中心主要成效

中国援非农业技术示范中心的成效主要有以下几点：

1. 促进受援国农业发展

农业技术示范中心通过试验研究、技术培训和示范推广工作，在所示范领域有效提升了受援国的农业技术水平，在促进东道国农业农村经济发展方面起到了积极作用。通过试验研究工作，示范中心筛选了一大批适合在受援国生产的粮作、经作、蔬菜、畜禽品种和配套生产技术，一些品种已通过受援国审定并开始释放，与当地品种对比增产效果十分显著。同时，通过技术培训工作，农业技术示范中心向超过 7000 名农业生产者、农业技术人员或基层农业官员等传授了农业生产技术，编制的各类培训教材也成为在受援国开展农业生产的技术规范。[1] 农业技术示范中心将高产优质品种以及中国先进实用的育

① 贾焰、徐继峰、秦路、杨易：《有关境外农业援助项目的监测评价分析与建议》,《世界农业》2015 年第 9 期。

苗、耕作、植保、施肥、灌溉、收获等配套农耕技术推广到农业示范中心周边区域和受援国各重点农区，一些品种和技术已在受援国广泛应用，对受援国农业生产水平的提升作用逐步显著。如苏丹示范中心引进转基因抗虫棉种“中国1号”，推广面积126万亩，占苏丹全国棉花种植面积的90%以上，平均亩产增加3.3倍，农民净收入增长5.2倍，使得苏丹急剧萎缩的棉花产业快速复苏，被苏方誉为“棉花种植业的技术革命”。

2. 配合经济外交工作

援非农业技术示范中心项目的实施受到受援国政府的高度评价，受援国高层领导关注示范中心的建设和进展情况，示范中心的试验研究和推广工作也得到了受援国政府主管部门的充分肯定。我国驻受援国媒体和当地主流媒体均突出报道示范中心取得的积极成效，相关国际组织/机构对示范中心的相关工作也高度关注，项目的政治外交效果明显。

3. 带动对外农业合作

援非农业技术示范中心项目累计推动60多家国内企业赴境外开展农业开发合作，带动国内化肥出口2000余吨、种子出口约500吨、农药出口20余吨、农机具及实验设备出口5000多套。此外，一些农业技术示范中心项目承担单位已开展产业化经营，积极探索可持续发展的模式和途径，对农业“走出去”的带动作用正逐渐显现。如莫桑比克农业技术示范中心已成功带动湖北8家农场和企业赴莫桑比克进行大规模水稻种植和仓储加工等产业化开发；津巴布韦农业技术示范中心已开展农机销售，并筹划带动北大荒集团、广东农垦、新疆生产建设兵团赴津巴布韦开发烟草、马铃薯等。同时，农业技术示范中心还利用项目平台，收集了大量宝贵的热带种植资源，据不完全统计，目前第一批援非农业技术示范中心已在非搜集种植资源300余份，对于改善我国作物品种具有重要战略意义。

（四）在建中国援非农业技术示范中心存在的主要问题

商业化运营困难是援非农业技术示范中心亟待解决的问题，农业示范中心大多未能建立涉农产业链，在市场调研、土地商业化开发、寻找投资合作伙伴以及投资合作等方面进展缓慢。实施企业没有将自身经营与农业“走出去”战略有效结合起来。同时，部分实施企业只享受优惠政策的便利，没有明确、合理、长远的发展规划，没有认识到可持续发展的重要性和紧迫性，致使帮助企业实现可持续商业化运作的目标未能完全实现。还有的企业自我封闭，实行作坊式管理，与受援国缺乏有效沟通，未能调动当地企业和民众参与合作、分享发展红利的积极性，自我矮化为受援国中资企业的蔬菜供应基地，对外造成不良影响。

此外，海外农业项目投资风险高、前期投入大、回报期长，而我国农业企业整体实力不强，国际化经营经验和人才不足。同时，援非农业技术示范中心还受到受援国行政效率低下，优惠政策难以落实到位，部分地方政府对示范中心重视程度不够，未形成政策扶持的困扰。

（五）中国援非农业技术示范中心带动企业对非农业投资改进措施

1. 明确农业技术示范中心定位

农业技术示范中心要结合“政府援助 + 企业投资”的发展方向，既充分考虑示范中心在技术示范、技术推广、带动受援国农业发展、补足补强受援国农业产业链等方面的公益性援助属性，又要明确农业技术示范中心是培育我国农业企业走出去的“孵化器”，树立农业样板企业的商业化功能定位，体现“企业投资在前、援款支持在后”的刚性约束措施。

2. 集中破解农业技术示范中心市场化运营瓶颈

主要从以下几个方面考虑：第一，将已经在受援国投资农业开发并已取得较好成效，作为未来设立示范中心投标企业的必备要件；第二，从制度设计层面提高示范中心实施资格，以近 5 年在受援国用于农业领域投资不少于 1000 万元人民币作为准入门槛，突出市场化导向，清除无主动意愿、无有效作为、无长远商业化开发合作计划的企业；第三，对于支持示范中心发展的具体援助项目，确定示范中心技术援助总体实施方案，按有关规定审核后立项，明确可能出现的独立标段工作内容、与总体援助方案的关联关系和具体实施模式，由商务部国际经济合作事务局对农业示范中心进度、质量和安全以及投资控制进行整体监管和协调，其他援外项目管理机构予以配合；第四，落实属地化监管责任，对于不能兑现属地化监管责任和配套措施的地方人民政府，实施处罚之日起两年内不再采信地方人民政府出具的其他示范中心技术援助实施企业投标支持意见函。

3. 构建农业技术示范中心立体式援助方案

围绕农业示范中心，从制度设计上设立开展农业规划、派遣农业专家顾问、农田水利建设、提供农资、粮食援助、三方合作、民间组织援助、“走出去”与“请进来”培训等一揽子综合立体式施援方案，提升农业技术示范中心总体援助效应。

（六）中国援非农业技术示范中心案例：苏丹农业技术示范中心项目

中国援非农业技术示范中心项目是中国政府落实 2006 年中非合作论坛北京峰会的八项举措之一，2007 年商务部确定了苏丹农业技术示范中心项目，并交由山东对外经济技术合作集团（以下简称“山东外经”）和山东省农业科学院承担。2008 年 1 月，在商务部、农业部的组织下，山东对外经济技术合作集团与山东省农业科学院组成联合考察组，对苏丹农业现状进行了全方位考察，签订了中苏两国政府合作协议，确定了援建苏丹农业技术示范中心的建设地址。农业技术示范中心项目位于苏丹法乌镇，距首都 260 公里，占地面积 63 公顷，此外苏丹方面还在首都附近提供了 29 公顷企业用地。2008 年 3 月，山东外经集团与省农科院鲁研公司联合成立了“援苏农业技术示范中心项目部”，组建了项目部专职机构与人员队伍，具体负责示范中心项目的具体实施和之后在苏丹的农业产业开发。

为了尽早发挥农业技术示范中心的作用，展示中国农业生产技术水平，项目承担单位山东外经自筹资金，提前进行了农作物良种试验与高产示范田的工作。2008 年 3 月，在国内有关科研单位征集优良农作物品种；7 月份由山东省农业科学院派出农业专家组，携带国内优良农作物种子，在苏丹进行了农作物良种试验。试验地点共计选择了 5 个，主要分布在尼罗河流域的农业主产区；9 月山东省农业科学院与苏丹国家农业科学院签订了双边技术合作协议，共同在苏丹开展农业科研合作工作，为援苏农业技术示范中心提供相关技术支持。

为保证项目的可持续性，项目实施单位提出了起步阶段的基本运营思路：高科技和充分发挥政策资源优势。高科技是指以山东省农科院的科研力量与科技成果为后盾，向苏丹市场输入高科技成果，获取高利润。政策资源优势是指充分利用中国和苏丹政府方面所给予的优惠政策，如苏丹政府的优惠关税政策及 29 公顷企业用地和 1 万公顷农业用地，以及中国政府与国有银行援非资金政策及山东省政府的资金支持政策等。援苏丹农业技术示范中心以种植玉米、棉花和蔬菜为主，在前期的种植实验上，中方示范中心的作物在抗虫性和产量上均优于当地品种，受到了苏丹农业部和当地农民的好评，双方决定在农业示范的基础上扩大合作，于 2015 年 12 月在中非合作论坛约堡峰会期间，山东外经和苏丹农业部签署了苏丹农业开发区合作项目协议，双方将在棉花、甘蔗种植、牲畜养殖、农产品加工方面进一步合作开发。

经过示范中心多年努力，苏丹的棉花、玉米、花生单产均提高了2至3倍。示范中心研发的棉花品种“中国 1 号”“中国 2 号”极大提高了苏丹棉花的抗虫性和棉株的成材率。援苏丹农业技术示范中心成为苏丹全国性育种基地，种植面积连续多年占苏丹棉花种植总面积的 90% 以上，累计种植面积达到 1000 多万亩。2018 年，山东国际经济技术合作有限公司在苏丹的棉花自主种植及合作种植面积达 21 万亩，每年带动当地 5000 户农户脱贫，并解决了 5 万多名当地剩余劳动力的就业问题。①

援助苏丹农业技术示范中心项目带动了农业开发区的建立，推动了中国高产优质新品种、农业机械“走出去”，并推广了种植新技术；培训了苏丹农民与技术人员，全面提升了苏丹农业生产技术水平及农作物产量，促进了苏丹农业乃至非洲农业的快速发展。

（七）中国援非农业技术示范中心模式效果评价

援非农业技术示范中心的建设，为中国企业投资非洲农业项目起到了架设桥梁、搭建海外农业平台的作用，此平台带动更多企业去非洲投资农业，推动中非农业合作发展。但农业示范中心要实现可持续发展，政府对农业的引导与扶持不可或缺。农业需要政府的引导，但更需要扶持，农业是一个高风险、低收益的弱质产业，而且生产周期长、对自然条件高度依赖，同时又是关系国际民生的重要产业，它的弱势性和重要性决定了政府对农业支持与保护的必要性。中国援建的农业技术示范中心，从前期来看，大多效果很好，但随着政府资金援助结束，不同的农业示范中心将面临不同的结局，以企业为援助实施体的农业示范中心，适应市场的能力在某种程度上要优于以科研院所为实施体的

① 苏航:《中企对苏丹农业技术援助每年带动当地 5000 户农户实现脱贫——“只要辛勤劳动，就能过上幸福生活”》,《人民日报》2019 年 7 月 24 日第 3 版。

农业示范中心。农业示范中心的可持续性将是双方政府要考虑的问题。中国政府在充分认识农业属性的基础上，要对中非农业合作发展有一个长期的可持续性的发展规划；非洲各国政府在援助内容及援助过程中要尽力配合，不能报着单独依靠中心的想法，要找准本国农业生产的区位优势，与中方合作，以点带面，深化农业产业发展。

中非农业合作虽然是政府行为但同时也是经济行为，因此，必须遵照市场经济规律办事，才能实现资源的优化配置，达到企业目标与国家目标的融合，最终保持项目的可持续发展。市场化运作有利于激发企业的潜能，缓解资金投入不足，促进企业专业化和规模化生产，提高生产率，实现效益最大化。在以企业为项目经营主体的同时，要依托国内科研院所的技术力量，进行农业技术示范中心的承建和管理。在此过程中，企业作为援非农业技术示范中心的经营主体，充分发挥要素组合、管理优势，引入现代经营管理手段，形成自我积累、自我发展的良性循环机制；而科研院所作为示范中心的技术支撑单位，为示范中心培育改良品种，培训当地农业科技人才和农民，使其掌握基本的农业生产技术，再由这部分受过培训的人在当地开展更大规模的培训，以此提高非洲地区农民的生产技能。同时，农业示范中心还发挥自身的人才和技术成果的优势，与非洲国家农业大学和农业技术研究机构合作，共同推进援非农业技术示范中心的可持续发展。

表 1-6　项目模式及典型项目

项目模式	典型项目
纯援助项目模式	几内亚金迪亚农业技术实验推广站项目、加纳阿菲菲水稻农场项目
“援助项目 + 后期中国企业租赁承包”模式	多哥阿尼耶制糖联合企业、塞拉利昂马格巴斯制糖联合企业
农业技术示范中心模式	苏丹农业技术示范中心项目

第二章
部分发达国家对非农业合作发展

非洲国家独立前，大部分国家是英国和法国的殖民地，在20世纪20年代以前，非洲殖民地的经济价值没有受到这些国家的重视，他们很少提供资金和技术来开发这片土地。第一次世界大战之后，在带动就业、促进经济发展、巩固殖民帝国等需求的作用下，英国开始制定开发型的殖民政策。农业开发是英国殖民者开发非洲殖民地的重要内容之一。这些活动一定程度上对非洲农业发展起到积极作用，如通过农业开发活动，一些地区的交通设施得到了改善；殖民地农业研究为非洲农业的发展提供了一些保障等。但总体而言，由于英国完全是从利己的角度出发决定开发殖民地农业的，其行动对非洲农业发展产生诸多破坏性的影响，很多影响持续至今。其一，大量白人移民涌入殖民地导致极为严重的土地问题；其二，英国将非洲作为初级产品和原材料供应地，导致非洲产品单一。在殖民地农业开发过程中，英国政府和殖民地政府都将白人移民农民的利益放置于首位。这表现在殖民地农业开发的各项政策是以白人经济利益为核心制定的，白人移民大量占有和掠夺非洲土地。殖民地商品农业的发展造成非洲经济结构单一、严重依赖于国际市场。在殖民主义框架下的农业开发不利于非洲农业获得良性发展。

随着非洲国家的独立，英国对非农业政策发生重大转变，援助重点仅针对英联邦非洲国家。随着英国的退出，美国加大对非农业援助，其对非洲农业援助政策根据自身利益也在不断调整。美国拜登政府上台以来，将开展大国战略竞争作为美国全球战略的核心。基于此，拜登政府积极对非洲开展粮食安全合作、涉农基础设施投资合作以及粮食外交、气候外交，旨在重塑美国在非形象，在大国战略竞争中赢得非洲支持，与中国、俄罗斯竞争对非影响力。美国不仅将非洲视为重要的地缘政治角色，更是将非洲作为其维持全球领导地位、与其他大国进行战略博弈的竞技场。

以西式价值观和国家治理模式改造非洲国家，一直是美国对非政策的重要内容，以粮食安全合作为牵引，推进非洲“民主化”，也是拜登政府国际战略的重要方向。美国国际开发署、千禧年挑战公司等发展机构的很多粮食投资和援助项目都是以非洲国家进行“民主改革”为前提，是“价值观驱动”的合作，其中一些协议的条款甚至违背受援国国内法。在实际操作中，美国一边向非洲提供粮食安全援助，一边向他们推广各类“民主化倡议”。拜登政府相继提出了“非洲民主和政治转型”倡议、“总统民主复兴倡议”、“改造数字空间体现女性民主原则”倡议等，投入近6亿美元，拉拢非洲国家参加“民主峰会”，支持非洲“民主政治”转型。

本章旨在介绍美国、英国、法国等发达国家对非农业合作发展的主要政策、措施及具体项目、案例，为我国对非农业合作发展提供启示。

第一节　美国对非农业合作发展

一、美国对非农业合作发展政策调整

（一）杜鲁门政府至克林顿政府期间美国对非农业政策

1949年，美国总统杜鲁门（Truman）推出了“援助落后地区经济开发计划”，该计划明确了对非洲农业援助的整体目标与基本政策，主要通过对非洲农业技术及粮食援助，帮助非洲国家减贫，并促进其农业产量增长，进而为美国建立全新的非洲市场。[①] 通过该计划，美国从1949年开始向非洲各国提供农业技术援助及物资支援，帮助非洲国家发展农业经济及建立国内市场体系。1961年，美国总统肯尼迪（Kennedy）签署了国会通过的《对外援助法案》，这个法案是美国对外援助的基本法律依据，也是美国对非洲农业援助的基本

---

① 周琪：《新世纪以来的美国对外援助》，《世界经济与政治》2013年第9期。

法。1962 年依据此法案，美国政府成立了美国国际开发署（USAID），专门负责执行美国对外援助活动，是美国政府对外援助的主要机构。1949—1970 年，美国对非农业援助主要是以粮食援助、农业技术援助、资本援助为主要方式。到 1970 年，美国援助非洲的方式开始多样化，不仅包括食物与营养方面的援助，还包括农村教育、人力资源开发与扶贫，侧重于提升非洲农民的内生发展力。80 年代，美国开始按照市场化机制来重塑非洲各国的农业市场。越来越多的美国非政府组织加入对非农业援助体系中，援助项目的规模也不断扩大，从单个项目扩展到大型的农业综合性项目。1996年，美国总统克林顿（Clinton）签署了《非洲成长与机会法案》（AGOA），确立了新的对非农业援助政策，对撒哈拉以南非洲各国向美国出口的各类商品，特别是农产品实施关税减免政策，以此来提升这些国家的外汇收入。1998 年，美国通过《非洲希望种子计划法案》，提出通过发展非洲农业来支持非洲食品安全。同年，美国又启动了《非洲粮食安全计划》，宣布两年内出资 6100 万美元，旨在促进美国对非洲的农业投资和贸易，农作物防虫抗病以及提升农业技术等。

（二）布什政府至特朗普政府期间美国对非农业政策

2004 年，小布什（Bush Junior）政府按照国会的授权，成立了千禧年挑战公司（MCC），千禧年挑战公司是独立于美国国际开发署以外的援助机构，也是专门负责对非洲实施农业援助的机构。2005 年，美国延长了《非洲成长与机会法案》的有效期，将该法案延续到 2015 年。同时确立了美国与非洲各国政府的会晤机制，即每年举行一次 AGOA 论坛。同年，非洲国家根据“非洲发展新伙伴关系”，制定了非洲农业综合发展项目。美国国际开发署根据非洲农业综合发展项目及时制定和调整了相关政策和援助项目。

同期，美国国际开发署计划在 2006—2010 财政年度间，实施总计 2 亿美元的援助项目。这些项目与非洲农业综合发展项目的重点领域是一致的，而且与美国总统的“停止非洲饥饿倡议”的精神也是一致的。它们主要包括以下内容：

（1）建立可以促进农业繁荣的经济管理机制和评价体系，以加强非洲的受援国使用国内和国际发展资源的责任感；

（2）通过政府与私人部门（包括农民组织）的合作，来促进私人部门和农业企业对非洲农业领域的投资；

（3）通过农业贸易自由化和能力建设，运用国内的、地区的和全球的市场力量，来影响非洲的农村社区和家庭，并使非洲可以直接享受到参与全球农业贸易协议的利益；

（4）通过科学和技术手段，支持小规模的农业生产者，并刺激农业领域的就业和投资；

（5）满足营养需求，帮助穷人增加其参与经济增长过程的能力；

（6）扩大可持续的土地和水源管理体制，以便更好地支持农业发展。

2009 年八国集团（G8）峰会上，美国代表八国集团承诺在三年内提供 200 亿美元，其中美国承诺出资 35 亿美元，帮助非洲在内的发展中地区实现粮食安全。该计划旨在通过向小型农场主提供新技术以及购买种子、化肥和农具的资金，来协助非洲国家解决粮食供给问题。

2012 年奥巴马（Obama）政府期间将农业作为援助非洲发展的新领域。2015 年，奥巴马政府再次将《非洲成长与机会法案》的有效期延长 10 年，将该法案延续到 2025 年。奥巴马在 IMF 年会上寻求为“全球粮食安全基金”筹措 10 亿美元资金，帮助非洲国家实现农业现代化。与此同时，奥巴马政府发起了一项“未来粮食保障”（Feed the Future）的全球倡议，以应对全球饥荒和粮食不安全。应 2016 年美国通过的《全球粮食安全法案》的要求，“未来粮食保障”计划在特朗普政府上台后，升级为美国“全球粮食安全战略”（Global Food Security Strategy）。在 2011—2019 年期间，美国共计拨款 35 亿美元用于资助全球 21 个国家（其中非洲国家占 14 个）的粮食安全问题。

2018 年 12 月特朗普（Trump）政府提出“繁荣非洲”倡议，旨在支持美国在非洲大陆的投资，推动非洲中产阶级的发展，改善整个非洲的营商环境。尽管特朗普上台后大幅削减对外援助，但 2019 年美国为非洲提供的官方发展援助仍达到 112 亿美元。[①]

（三）拜登政府期间美国对非农业政策

2021 年美国提出“重建更美好世界”倡议，承诺在 2035 年前向非洲等发

① 张春、赵娅萍:《美国对非洲政策的战略指向及未来走势》,《西亚非洲》2021 年第 2 期。

展中国家投资 40 万亿美元。2022 年 8 月美国国务卿布林肯（Blinken）访问南非、刚果（金）和卢旺达三个非洲国家。在访问南非期间，布林肯就拜登（Biden）政府的撒哈拉以南非洲新战略发表演讲，白宫也随即公布了美国新的对非战略文件。美国对非新战略提出了四大目标：在非洲培育开放社会、传递民主和安全红利、促进疫情后恢复和经济发展、支持生态保护应对气候变化和能源转型。美国在新战略中又向非洲做出了许多承诺，如要在基础设施、气候变化、农业开发、数字经济等领域加大对非资金投入，但是这些承诺却没有具体的实施方案、资金数额和时间表。

2023 年 2 月美国、非洲联盟、联合国粮农组织（FAO）与私营部门和研究机构共同合作通过了“适应作物和土壤愿景”（Vision for Adapted Crops and Soils，简称 VACS）计划，该计划旨在使农作物适应气候变化，建立更加安全可靠的非洲粮食供应体系。为了将投资引向对非洲至关重要并且能够在非洲土壤中良好成长的传统农作物，VACS 计划将采取以下措施：确定非洲联盟五个次区域中最重要和最有营养价值的农作物；评估气候变化对这些农作物的营养价值和社会经济影响；通过植物育种和其他投资，调动公共和私营资源用于改造农作物；收集、绘制和分析土壤数据，确定如何改善土壤质量和增加农作物产量。5 月 19 日在罗马举行的一次研讨会上，VACS 计划召集了农户以及营养、农业和气候专家，他们根据营养价值、育种潜力、市场适销性、地理和土壤类型等因素，选出了大约 60 种候选作物。他们会对为该计划选择的最终作物进行进一步分析，包括对未来 30 年预期气候影响进行建模。

美国已承诺为 VACS 计划提供 1 亿美元的初始资金，用于绘制健康、肥沃的土壤图，这些土壤能够保持水分、抵抗干旱、产出更有营养的作物。这项投资还将有助于确定能够更好地抵御气候影响的作物品种，包括具有对更高温度、极端天气和更严重的病虫害的抗压能力。

二、美国对非洲农业合作发展的主要项目

美国对非农业合作发展的主要方式是援助，美国国际开发署的官方网站资料介绍，美国对非洲农业援助的目的在于减少饥饿、减少农村贫困、促进经济增长以及保护环境。为此，美国国际开发署实施了以下项目：

（一）“结束非洲饥饿倡议”计划

由联合国粮农组织、联合国非洲经济委员会、世界粮食计划署和非洲联盟委员会 2023 年共同发布的一份报告显示，非洲有超过 10 亿人无法负担健康的饮食，近三分之一的儿童因营养不良而发育迟缓。报告警告称，78% 的非洲人口无法获得健康饮食，其中包括许多生活在极端贫困线以上的群体；而在全球层面，这一比例为 42%。报告称，五分之一的非洲人（近 2.82 亿人）患有营养不良，这一数字比新冠疫情之前增长了 25%。研究表明，在 2022 年，五岁以下的非洲儿童中有三成发育迟缓。报告作者希望，这些令人震惊的数据能够让人们关注非洲面临的前所未有的粮食安全以及营养不良危机，进而为非洲农业粮食体系转型创造新动力，使其变得更包容、更有韧性且更可持续。因此，建议尽快采取有力措施来实现“结束非洲饥饿倡议”计划，促进撒哈拉地区的农业发展、增加农民收入。根据“结束非洲饥饿倡议”，美国国际开发署实施的地区农业援助项目主要关注 3 个主体：

（1）小农生产者和粮食加工者——他们已经实现了商业化，且有较大发展潜力；

（2）脆弱的农村家庭——它们有一定的资产，且可以从多样化的粮食和畜牧体系中获利；

（3）政策制定者——他们需要更加注重市场调研，以及改善该地区农村人口的生活状况。

美国国际开发署的农业项目既注重普通的粮食生产，也注重经济作物的生产。同时，还关注这两大类作物的市场调研、技术使用、生物技术研究、生产率变化、产销网络、企业活动等情况。

根据这一倡议，美国国际开发署开展了相应的活动. 对该地区的技术、培训、市场和贸易、管理、环境、现有机构等给予了投资或支持。目前这些活动主要在非洲的东部、西部和南部进行，覆盖的国家主要有加纳、肯尼亚、马里、莫桑比克、尼日利亚、南非、乌干达和赞比亚。

（二）刚果盆地森林伙伴（CBFP）项目

刚果盆地的森林生态系统横跨整个中非，从大西洋的几内亚湾直达东边坦噶尼喀湖附近的艾伯丁大裂谷，覆盖了非洲 6 个国家的 7O 万平方公里的土地，是世界上仅存的第二大热带森林。该地区拥有1万多种植物、1000多种鸟类、400多种动物，以及世界3/4数量的大猩猩。同时，它也是2400万人口的家园，其中很多人以森林资源为生。为了保护这一全球最大的生物多样性宝库和水源地，40多个国家的政府、非政府组织和国际机构，于2002年发起了刚果盆地森林伙伴（CBFP）倡议。美国于2003—2004年担任该项目的主办国，并对与之有关的中非地区环境项目（CARPE）提供援助。

（三）“粮食换和平”（FFP）项目

“粮食换和平”项目起源于1954年美国国会通过的“农业和贸易发展与援助法”。该法案的第二款是美国国际开发署实施海外粮食援助的依据。

1. 美国在东非的“粮食换和平”项目

美国在东非地区使团位于肯尼亚的内罗毕，其在东非地区的“粮食换和平”项目，取得了如下成果：

（1）“非洲之角”的粮食安全。有“非洲之角”之称的肯尼亚、索马里、埃塞俄比亚因为自然灾害频繁，粮食安全受到严重威胁。2007年美国国际开发署为索马里提供了4.8万吨、价值3500万美元的粮食援助。

（2）建立了第一座非洲粮食仓库。2007年美国援建的粮食仓库在吉布提建成，该仓库可以容纳2.5万吨粮食，可以缩短在该地区实施粮食紧急援助的时间。该仓库主要储存麦类、玉米、豆类、植物油等食品，专供东非地区的紧急援助。

2. 美国在西非的“粮食换和平”项目

美国在西非的地区使团位于加纳的阿卡拉。截止到2008财政年度，美国国际开发署为该地区提供了13.5万吨的粮食．价值为1.7亿美元。其中，70%的食品用于紧急援助，30%则用于非紧急援助。这些援助的大部分分配给了乍得、尼日尔、布基纳法索、毛里塔尼亚。大约有150万人得到了非紧急粮食援助，其中大部分是妇女。其中，对布基纳法索的援助项目得到了该国政府颁发的最高荣誉奖章。

（四）农业技术援助项目

20世纪50年代起美国就在非洲国家建立农业示范中心，美国派遣本国的农业技术专家，前往非洲国家的农业示范中心向当地传播农业技术。60年代，美国农业部开始与非洲各国的农业研究机构合作，帮助非洲开发新的农业技术与新品种，促进了非洲农村减贫与农业产量的提升。90 年代以来，美国农业跨国巨头相继进入非洲，开展农业技术投资，并承担了部分技术援助工作。如孟山都公司在尼日利亚开展的孟山都（非洲）农业投资公司，成立了专门的研究机构，承担美国政府的技术援助工作，开发水稻、玉米、高粱等新品种，并为尼日利亚培养了大量的技术人才。[①]

（五）“非洲教育倡议”（AEI）计划

截至2015年11月，非洲各国依然有超过80万的儿童不能进入学校就读，[②]在非洲农村地区，这种局面更为突出，限制了农业技术援助的效果，不利于非洲农村转型与发展。2000 年，美国发起了“非洲教育倡议”（AEI）计划，2002—2010 年间，美国为此项目投资了 16 亿美元，主要为非洲农村地区提供教育资金，用此资金为非洲国家培训教师、提供教科书及学习用具，同时，为农村弱势家庭的儿童特别是女孩提供奖学金，使得农村越来越多的边缘群体进入学校，由此极大地提升了学龄儿童的入学率，为今后农业技术的传播储备了基础人才。

（六）“美国—非洲艾滋病”项目

由于气候原因，非洲农村地区疟疾盛行，同时，非洲各国农村也是艾滋病的高发区，对此非洲各国政府缺乏足够的应对能力和基本的医疗保障。20 世纪 80 年代中期美国国际开发署在对非人道主义援助中，设立了“美国—非洲艾滋病”项目，为非洲农村社区提供医疗援助计划，提供药品，派遣医疗队、卫生专家等前往非洲农村，帮助和教育非洲农民开展艾滋病等重大疾病的预防及应对工作，改善了非洲农民的医疗条件，取得了不错的效果。

（七）支援管理体系与信息网络的建设

为了提高非洲政府决策和管理的能力，美国国际开发署参与了战略分析和知识支持系统的建设。该系统及时地收集、编集和向有关国家与组织发送有关非洲经济发展的资料和分析工具，避免信息或研究的重复。该系统的目标是建立一个对非洲援助的联盟，并帮助非洲采取新的政策，从而改善其农业生产

① 曹文芳：《美国对非洲农业援助的发展历程、特点及经验》，《世界农业》2018 年第 7 期。

② 宋懿琛：《美国对外教育援助的战略与实践》，《世界教育信息》2009 年第 10 期。

状况并提高农民收入。

三、美国对非洲农业援助案例

美国对非洲援助的历史没有欧洲国家那么悠久，而且也存在不少的问题和争议，但由于规模较大、范围较广，因此也有一些案例可供我们参考。以下案例是根据美国国际开发署网站资料整理出来的。

（一）乌干达：玉米出口大幅增长

1995 年，乌干达在国际农产品市场上遭到了惨败，只出口了 1 万多吨低质量的玉米，换回外汇仅有 725 万美元。乌干达谷物商贸有限公司的领导解释：这主要是由于病虫害、潮湿、发霉、损害等质量原因。虽然乌干达有 500 万农民，但是，其中 80% 的农民拥有的土地不足 5 公顷。他们主要种植玉米、豆类和稻米。由于这些农民处于分散、无组织的状态，加上他们缺乏资金以及现代技术和工具，因此，他们的产品质量不高，很难找到买主。因此，在 2001 年当地市场出现危机的时候，很多小农户因为无法还贷而失去了他们的土地。

为了帮助这些数以万计的小农户提高产量，美国国际开发署实施了示范项目，向农民宣传联合生产的优点，同时还帮助农民把玉米拿到当地市场上销售。尽管玉米只占乌干达农产品总量的 15%，但是它却占据了当地人民食物需求的 80% 份额。

在美国国际开发署的支援下，乌干达重组了乌干达谷物商贸有限公司，重组后的乌干达谷物商贸有限公司包括了 16 家当地的谷物生产协会，拥有 150 名当地雇员，建立了粮食仓库，用来存放乌干达的种子和出口的粮食。在美国国际开发署的援助下，乌干达谷物商贸有限公司与当地质检机构合作，在农场的门口进行粮食检验，并教育农民如何减少病虫害和粮食的水分等。粮食质量标准的提高促进了粮食市场的稳定，乌干达的各种农作物的出口都获得了增长，1995 年全国农产品出口为 1100 万美元，2004 年就达到了 3400 万美元。美国国际开发署帮助指导了 3000 多农民，其中 60 多人是妇女。现在乌干达农民不仅可以向本国人民提供优质的粮食，而且可以向世界粮食项目提供部分粮食援助。

（二）安哥拉：小额贷款帮助农民

经过近 30 年的屠杀和战乱，安哥拉农村地区的居民开始重新安顿下来，并从事小型农场的生产，但他们几乎还是沿用葡萄牙殖民统治时期采用的自给自足的生产方式。

在安哥拉农业的鼎盛时期，它曾经是主要的咖啡和棉花的出口国。但现在这块土地则遍布地雷和毁于战火的城镇。虽然面临严重饥饿，但是很多农民却没有合格的粮食种子，没有能力生产更多的粮食，也没有可能获得农业贷款。为此，美国合作联盟（CLUSA）在美国国际开发署的资助下，对安哥拉洪帕塔（Humpata）省的小农户和农产品市场给予了援助。美国合作联盟给当地的一家金融机构提供贷款担保，帮助小规模农业生产者获得贷款。

项目实施后，已有 500 多户农民得到了土豆种子、化肥、水泵、水管、杀虫剂、喷雾器等农资，总价值约为 23.2 万美元。经过三轮贷款之后，现在偿还率达到了 98.5%。由于美国国际开发署支付相关的管理费用，因此，当地的金融机构可以给农民 10%的年回报率。这足以抵消该地区的通货膨胀。

此外，美国国际开发署为了帮助受到战乱影响的人民达到自给水平，采取了市场化指向的干预。比如，帮助产量低的农民尽快达到可以有剩余粮食的水平；帮助小农户提高在市场的占有率；帮助农民减少对外国粮食援助或项目援助的依赖等。种植土豆的农民可以向市场提供高质量的本地土豆，严重依赖土豆进口的市场得以被打破。此外，得到美国国际开发署专家帮助的本地农民还可以向市场提供品质良好的胡萝卜、洋葱、西红柿和柿子椒等产品。

总之，由于得到了农业贷款，洪帕塔省的很多小农户得以购买优良种子、灌溉设备等，他们向市场提供了 27.9 万吨土豆、2000 吨胡萝卜和若干吨的绿叶蔬菜，年收益为 22.3 万美元，在纳税和还贷之后的净收入为 7.9 万美元。这是安哥拉金融机构第一次给小农户发放贷款，并且获得了成功。

（三）博茨瓦纳：畜牧业农民获得了更高收入

在博茨瓦纳农村，饲养家畜是一项重要的产业，据估计，20%～25%的农村家庭都在从事家畜饲养或相关工作。

2005 年，美国国际开发署帮助家畜饲养者成立了一个全国性的协会，以便代表家畜饲养者的利益。该协会在美国专家的帮助下，向政府提出了提高家畜收购价格、放松出口管制、取消国有肉类加工企业的垄断权等方面的建议。博茨瓦纳农业部对此做出了回应，政府将重新审视其家畜产业的价格政策，并且不排除在将来进一步提高收购价格的可能。经过一年多的努力，博茨瓦纳家畜生产者协会已经成为该产业农民利益的代言人，并且被该国政府认为是一个主要的合作伙伴。

（四）埃塞俄比亚：小农户变成了出口商

在埃塞俄比亚，每天都有妇女和儿童把嫩绿的四季豆装入菜筐，倒入柳条箱，然后被运走、分级、包装、出口，几天后它们就会出现在欧洲商场的货架上。但就在不久以前，埃塞俄比亚的农民还分散在各自的小块土地上耕作，然后以每公斤大约 12 美分的低价在当地市场上销售自己的产品。与此同时，该国最大的农产品出口企业却因为无法收购到足够的四季豆而遭受损失。

针对这种情况，美国国际开发署帮助农民建立了合作组织，改善了灌溉系统，生产专供出口的高质量的四季豆——农民获得的收入比在当地市场出售要高出 4 倍。结果，不仅农民的收入增加了，而且出口企业的出口也增加了。

通常，小农户往往无法满足国际市场的需求，因为他们缺乏有关的知识、技术、管理和运输手段。但是，美国国际开发署帮助这些农民克服了这些困难。在五年多的时间里，该合作组织的农民增加到了 155 人，耕种的土地达到了 170 公顷，粮食、咖啡和甘蔗的销售收入，从当初的 100 万美元增加到了 2000 万美元。

（五）肯尼亚：技术改变了当地农村妇女的生活

肯尼亚的罗达赫·基布齐（Rodah Kibuchi）是一位 66 岁的寡妇，她有十个孩子，耕种着一小块干旱的贫瘠的土地。加入了美国国际开发署在肯尼亚中部地区的一个资助农民的项目之后，她的生产和生活都发生了很大变化。该项目建立了三个农业示范点，向农民传授土地整理、移植、轮作、滴灌、田地卫生、有害物辨别和控制等一整套的园艺农业技术，以及商业管理、会计、成本分析和市场联系等课程。基布齐与 470 个农民在这里听取了专家的讲课。

过去，她只种植甘薯和咖啡，一旦咖啡价格下跌，她便一筹莫展。现在，她像其他农民一样，实行了种植多样化。她种的有四季豆、香蕉、圆白菜、西红柿和洋葱。这些给她带来了新的收入。她还投资 280 美元购买了滴灌设备。

2006年她每月平均收入达到了200美元。

（六）马达加斯加：稻米增加了农民收入和知名度

马达加斯加群岛由于长期与世隔绝的独特环境，是世界上屈指可数的生物宝库。它拥有很多奇特的动植物，其中80%都是世界其他区域所没有的。因此，在马达加斯加，即便是损失1公顷的土地，对全球生物多样性都是一个巨大的灾难。但是，由于该国人口的80%都以农业为生，生物的多样性已经受到了威胁。

为此，美国国际开发署资助了克卢哈雷纳（Koloharena）国民协会，该组织的成员包括农民、地区和国家机关的代表。这个组织帮助农民采用特殊技术，种植一种叫作“红稻”（Red Rice）的作物，在有效地提高产量的同时，并不需要毁坏森林。

同时，为了扩大出口，该协会在美国国际开发署的帮助下，把农民的产品推向国外，甚至送到了瑞士去展销。欧洲的消费者在品尝了红稻的同时，也了解了马达加斯加的生态环境。于是，两者结成了直接的“产销”伙伴关系。由于减少了中间环节，马达加斯加的农民可以得到更多的收益。这种红稻的生产和销售，不仅提高了马达加斯加农民的收入，而且宣传了该国独特的生物多样性。这种稻米的生产技术不仅有利于农民，也有利于环境保护。

（七）马里：荒漠变绿洲

阿卜杜拉赫曼·丰多（Abdrahamane Fondo）是一位农民，住在科伊萨（Koissa）地区，和该地区的很多年轻人一样，当1989年这一地区出现饥荒的时候，丰多曾经被迫移民到邻国尼日尔。他在尼日尔打了十年的零工，并攒下了一点钱。但是，他不能负担孩子的学费，更不可能对家庭的未来做出规划。

2001年，他儿时的一位朋友当时负责科伊萨地区的事务，写信劝他回国，因为他原来居住的村庄正在发生变化——灌溉农田出现了。这个灌溉农田是在美国国际开发署资金援助下，由一个名为“全球景象”的非营利机构完成的。

这一项目始于1998年，美国国际开发署投入了1180万美元用于这一灌溉项目，它覆盖了18万马里农民拥有的5万公顷的土地，帮助尼日尔河流域的农民实现农业发展和粮食自给的目标。为了保证项目的可持续性，合同写明了：本地区灌溉农田的农民必须向管理委员会支付回报，这些收入将用于购买煤气和维修水泵。从 2002 年起，栋戈梅（Dongome）和科伊萨地区已经完全实现了自主管理。

现在，丰多的收入远远大于他过去在尼日尔打工的收入。他现在距离自己的家更近，可以照顾年迈的双亲，可以让自己的孩子上学，还可以享受到正规的医疗服务。他还积极地参加了本地区的政府活动和社会活动。

（八）坦桑尼亚：农民协会添新香

2001 年，西班牙的一家大型香料生产和加工企业在坦桑尼亚建立了分公司，便于收购红辣椒。坦桑尼亚的伊芬加（Ifinga）和鲁伍马（Ruvuma）地区被挑选出来，作为小农户增收的试点。按照规划，这两个地区将每年为西班牙总公司提供 2000 吨红辣椒。不过，虽然这里的农民都希望能够增加收入，但是项目进展缓慢。因为很多农民不懂得市场，而当地的分公司也缺乏人力对农民进行生产技能培训。到了 2003 年，这两个地区只提供了不到 200 吨的红辣椒。

为了帮助坦桑尼亚的农民了解市场，掌握新的生产技术，美国国际开发署同当地分公司合作，建立了农民协会，美国的专家直接对私人农户进行指导。迄今为止，一共建立了 30 个农民协会，拥有了 4400 个成员，已有大约 1000 多农民接受了红辣椒的生产技能训练，还有 1000 多农民将在以后的种植季节接受同样的训练。2004 年红辣椒的生产比上一年增长了两倍。这两个地区农民的总收入达到了大约 40 万美元，减少了农村地区的贫困。

第二节 英国对非农业合作发展

一、英国对非农业合作发展政策调整

（一）殖民后期至 20 世纪 70 年代英国对非农业合作政策

英国对非农业援助是其整体对非援助政策中的一部分，随着对非整体政策变动而变动。1895 年上台的英国殖民大臣张伯伦（Chamberlain）推动了英国殖民地政策的转变，英国承认有责任推动殖民地的发展。这一时期对非农业援助表现为临时性援助，提供赠款和紧急粮食救援。1929 年英国通过《殖民

地发展法案》，标志着传统的殖民地援助政策由短期临时性向长期稳定性转变。1940 年，英国又通过了《殖民地发展与福利法案》，宣称帮助殖民地国家解决内部社会发展和民众福利等问题。1947 年英国成立殖民地发展公司和海外食品公司，主要援助区域为撒哈拉以南的非洲国家。1960 年被标志性地称为“非洲年”，也是英国对非洲政策的转折点，这一时期，英国和非洲关系处于“从热到冷”的发展态势，这也影响英国对非农业政策的变动。英国主要对英联邦非洲国家——博茨瓦纳、莱索托、马拉维、斯威士兰和冈比亚等实施援助。1965 年英国颁布了发展援助白皮书，指出援助符合英国长期利益。

（二）20 世纪 70—90 年代英国对非农业合作政策

1973 年，英国加入欧共体，其外交政策首要关注点聚焦于欧洲和美国，对非农业政策也有所改变。1975 年英国发布了《对外援助政策重点的变化：为最贫穷国家提供更多帮助》白皮书，最贫穷国家成为英国优先的援助对象，且援助规模有所增加。[①] 20 世纪 80 年代，英国对非洲援助的重点是支持非洲国家的结构调整计划和减贫计划，英国开始关注受援国的社会问题和民生问题，如志愿者组织、预防艾滋病、环境保护、紧急救灾行动等，但援助的政治目的和商业捆绑性特征依然十分明显。

90 年代初冷战结束，英国在总体上增加了对非洲的援助金额，以减少贫困为主要目标，主要关注环境保护、紧急救援、政府治理等内容，注重推动英国和非洲国家经贸关系的发展，英国希望通过对非洲的农业援助，减少贸易阻碍，促进英国对外贸易的增长。英国对非洲受援国农业的援助注重商业效益，而非帮助受援国提高独立发展或在国际市场上参与竞争的能力。英国对非农业援助在这一时期更多是服务于自己的经济利益，对受援国农业的可持续发展贡献小。

（三）1997 年—21 世纪英国对非农业合作政策

1997 年英国大选，以布莱尔（Blair）为首的工党上台执政，布莱尔担任首相期间（1997—2007 年），非洲被明确列为英国外交政策的重点，非洲的战略地位得到提升。1997 年，英国成立了国际发展部（Department of International

---

① 孙同全、周太东:《对外援助规制体系比较研究》，社会科学文献出版社，2015，第 98 页。

Development），同年发表了国际发展白皮书《消除世界上的贫困：21世纪面临的挑战》，并大幅提升了对非洲的援助力度。2000年英国宣布对外援助将完全不附加任何条件，2002年英国通过新的《国际发展法案》，规定任何发展援助规划和项目必须推动受援国经济可持续发展，在此背景下，英国对非农业援助也以可持续农业战略为导向，重点关注减少受援国贫困人口和改善他们的生存状况，关注农业发展。2004年英国成立了"非洲委员会"（Commission for Africa），其宗旨是推动国际社会共同努力构建一个"繁荣和强大的非洲"。该委员会提出了帮助非洲发展的一揽子计划，被称为"非洲马歇尔计划"。①

2005年，英国国际发展署出台了新的农业援助政策，明确列出了七项优先目标：①为支持农业制定政策；②更有效地利用援助；③应对市场失灵的挑战；④弥补财政的缺口；⑤传播新技术；⑥增强土地的可获取性并保证财产安全；⑦减轻国际市场中不稳定因素的影响。② 这一时期，英国对非农业援助强调受援国政府治理，约有70%的农业援助用于行政管理，主要涉及经济部门政策的制定，同时也涉及经济作物开发和环境保护等内容。③

二、英国对非洲农业合作发展措施

（一）在农业领域提供资金援助和金融培训

英国长期致力于为非洲提供金融援助，特别是在农业领域。这些援助的目标不仅是直接的农业生产活动，还涉及种子研发、农业教育、农村基础设施和农产品市场开发等方面。2017年英国提供3000万英镑用于坦桑尼亚农业技术项目，此项目注重技能培训和种子研发。2018年英国向加纳可持续农业项目提供资助2000万英镑，该项目旨在通过农作物轮作和有机农业方法，提高农地的产出，同时减少对化学农药和化肥的依赖。2019年，英国向乌干达提供援助5000万英镑，为乌干达的小农户提供现代化的农业技术和培训，从而

① 李靖堃：《"全球英国"理念下英国对非洲政策的调整》，《西亚非洲》2019年第2期。

② DFID, DFID's 2005 Agriculture policy: An Interim Evaluation, http://www.oecd.org/derec/unitedkingdom/39369464pdf，访问日期：2019年7月6日。

③ 于若颖：《中英两国政府对非洲农业援助的比较研究》，硕士学位论文，上海社会科学院国际问题研究所，2017，第25页。

提高他们的农业生产能力和收入水平，同时建设农村地区的灌溉系统，帮助农民应对周期性的旱季。2020 年英国为马拉维农业教育与研究提供资金 1000 万英镑，资助当地大学和研究机构，支持马拉维的农业教育和研究项目，促进农业相关的科学研究和技术创新。农业金融对于农业现代化和市场化至关重要，2019 年英国的金融专家与埃塞俄比亚的银行和金融机构合作，提供农业金融产品的设计和推广培训，为农民提供更好的金融服务。

（二）加大农业基础设施合作项目

农业基础设施是支持农业生产、提高农业效率和促进农村发展的关键要素。英国在农业基础设施方面提供了一个全面的支持体系，帮助非洲国家面对当前和未来的农业挑战，一定程度上反映了其对非洲农业持续发展的承诺。

稳定的水源是农业生产的基石。2014 年英国在非洲启动灌溉系统项目，资助莫桑比克建设一个大型灌溉系统项目，覆盖了莫桑比克的几个主要农业区。该项目旨在通过建设持久且易于维护的灌溉系统，使农民免受旱季的影响，并提高粮食安全性。有效的粮食储存和加工设施可以减少农产品的损失并增加其价值，而非洲缺乏相应的设施。2016 年英国在坦桑尼亚投资建立了一个农产品加工园区，为坦桑尼亚的农民提供储存、加工和包装设备，使他们能够更好地保存和销售他们的产品，并进入更大的市场。农村道路对于农产品的运输和市场准入也至关重要，而非洲农村普遍缺乏道路基础设施。2017 年英国资助了布隆迪的一个农村道路建设项目，连接布隆迪的主要农区和市场，从而提高农民的市场准入和产品价格。随着技术的进步，农业信息与通信技术基础设施变得越来越重要，2018 年英国支持了加纳的农业信息与通信技术基础设施项目，旨在为加纳农民提供移动通信设备及相关培训，帮助他们获取农业信息、市场价格和天气预报，从而做出更明智的农业决策。

（三）多层次多方位技术转移

技术转移是发达国家与发展中国家合作的重要方面，特别是在农业领域。英国凭借其在农业科学和技术研发方面的长期积累，已与非洲多国展开深入的技术合作和转移。英国在种子技术方面，特别是在制种、遗传改良和适应性研究方面具有先进的研发能力。2016 年英国的罗斯农业研究中心与肯尼亚的基苏木（Kisumu）农业研究所合作，研发了一种适应当地气候和土壤的高产玉米种子。这种种子能够在低水和低肥的条件下生长，帮助农民应对气候变化的挑战。对于农业而言，土壤管理是确保高产和可持续性生产的关键，2018 年英国与尼日利亚共同启动了一个土壤管理项目，重点是为当地农民提供培训和指导，如何在不使用化学肥料的情况下，通过自然和生物方法增加土壤的肥力。此外，农业现代化离不开机械化的支持，2017 年英国的农机制造商与坦桑尼亚政府合作，提供了大量的现代农机，如拖拉机和播种机，并为当地技术人员提供了操作和维护的培训。随着全球对环境和气候变化的关注，生态农业技术越来越受到重视，2020 年英国环境和农业研究机构与马达加斯加合作，推广有机农业和生物多样性保护的技术和实践，以提高农业的环境效益。

（四）双方建立一系列合作机制

英国与非洲之间的农业合作并不仅限于金钱和技术的注入。在过去的几十年中，双方建立了一系列的伙伴关系和合作机制，以共同面对农业发展的挑战。2015 年英国与南非建立了双边农业合作委员会，该委员会定期召开会议，讨论和规划双方在农业领域的合作项目和活动。这类委员会的建立确保了双方在农业政策、项目执行和经验交流方面的持续对话与合作。科学研究是农业发展的关键，英非在这方面的合作也日益增加。2016 年英国的皇家农业学会与尼日利亚的农业研究机构合作，共同进行作物病虫害的研究，帮助当地农民对抗这些病虫害。此外，英国和非政府组织合作，专重于在基层和社区促进农业发展。2017 年英国一家农业非政府组织与肯尼亚的农民合作社建立伙伴关系，为当地农民提供技术培训和销售策略。英非还开展多边农业合作论坛，通过这些论坛，英国与多个非洲国家讨论和协调农业发展策略。2018 年英国与赞比亚、坦桑尼亚和乌干达等多国开展农业合作论坛，在这个论坛上，参与国家共同探讨了如何应对气候变化对农业的挑战，以及如何利用新技术提高农业生产力。

（五）重视培训与能力建设

随着技术和方法的进步，培训和能力建设成为推动非洲农业发展的关键组成部分。英国在这方面与非洲国家有着丰富的合作经验，英国的农业专家和学者定期在非洲开展各种培训项目，分享现代农业技术和最佳实践。2015 年英国农业学者与赞比亚农业大学合作，为当地农民提供关于现代农业技术的培训，包括高效灌溉、土壤管理和害虫防制。除了农业技术外，农业企业管理和市场化也是培训的关键项目。2016 年英国与卢旺达合作，为农业合作社的领导提供了农业企业管理培训，帮助他们更好地管理和运营合作社，提高产品的市场竞争力。鼓励非洲农民和研究者进行农业创新是另一个重要领域。女性在非洲农业中起着关键作用，因此，英国设定了针对女性农民的培训项目。2017 年英国在尼日尔支持了一个为期两年的项目，专门为女性农民提供技术和管理培训，帮助她们提高生产能力和市场参与度。

三、英国对非洲农业合作发展案例

以下为英国与非洲在农业领域合作的案例。

（一）肯尼亚的茶叶产业

肯尼亚是世界上最大的茶叶出口国之一，英国作为其重要的贸易伙伴，在技术、市场和资金方面都为其茶叶产业提供了关键的支持。英国的农业研究机构与肯尼亚的茶叶研究所建立了长期的合作关系，专注于种子改良、病害控制和气候适应性研究。2011 年英国资助了肯尼亚一个茶叶研究项目，旨在研发更适应气候变化的茶叶品种，该项目成功培育了数种能够在更热、更干燥条件下生长的茶树品种，确保肯尼亚茶叶产量的稳定。

英国不仅是肯尼亚茶叶的重要消费国，还帮助肯尼亚茶叶建立了品牌并扩大其国际影响力。2013 年英国的市场营销专家与肯尼亚的茶叶生产者合作，开展了一系列的国际品牌推广活动，如茶叶品鉴会和文化交流活动，成功提高了肯尼亚茶叶在英国和其他欧洲市场的知名度，并成功吸引英国的私人和公共部门在肯尼亚茶叶产业中投资。2015 年英国的一家大型投资基金投资了几百万英镑，与肯尼亚合作建立了一个现代化的茶叶加工厂，该厂使用了最新的加工技术，该项目增加了肯尼亚茶叶的产量和出口量，而且成功进入了英国和其他欧洲市场，扩大了销量。

（二）马拉维的鱼类养殖项目

鉴于马拉维的地理位置和多湖特点，鱼类养殖业对于该国的食物安全和经济发展具有关键性的作用。英国对马拉维的鱼类养殖行业提供了多方面的支持，帮助它应对过度捕捞、技术滞后和商业化的问题。

2015 年英国资助了马拉维的一个鱼类养殖项目，这个项目致力于鱼类繁殖技术的研究与推广，为马拉维培育了多种高产、病害抗性强的鱼种，并通过培训和宣传活动将这些技术推广给当地的渔民。对于湖泊过度捕捞的问题，在项目推广过程中，2016 年英国又与马拉维的非政府组织合作，启动了一个项目，旨在教育渔民如何进行可持续的捕捞，确保鱼类资源不会被耗尽。鱼类产品的新鲜和质量对于市场价格至关重要，2017 年英国资助了马拉维一个冷链建设项目，包括购置冷藏车辆和冷藏库。这极大地提高了鱼类产品的保存期和质量，帮助马拉维渔民更好地进入城市和国际市场。2018 年英国的一家银行与马拉维的农业合作社合作，为鱼民提供了低息贷款和金融管理培训，帮助他们扩大生产规模并实现商业化运营。2019 年英国支持了一个针对女性渔民的项目，女性在鱼类养殖业中扮演了重要角色，但她们往往受到社会和文化因素的制约。该项目为女性提供技术培训、市场策略和领导力培养，确保她们在这个行业中获得平等的就业机会和地位。

（三）塞内加尔的农业教育项目

塞内加尔，作为非洲的一个重要农业国家，对农业技术和管理人才的培养有着迫切的需求。英国与塞内加尔在农业教育方面开展多项合作项目，旨在提升该国农业生产效率和可持续性发展。

2013 年英国资助塞内加尔建立了一个农业技术学院，专门培训农业技术人员。该学院设有先进的实验室和实践基地，结合理论教学和实践操作，培养学生的综合技能。2014 年英国与塞内加尔的一所大学合作，启动了一项农业管理与创新硕士课程。这个课程不仅教授农业技术，还重点培养学生的创新和管理能力，使他们能够在农业领域进行创业和领导。鉴于塞内加尔农业教育领域教师的短缺，2015 年英国资助了一个培训项目，邀请英国的农业专家为塞内加尔的农业教师提供培训和进修机会。2016 年英国与塞内加尔的多所农业学校建立了合作关系，每年为学生提供国际交流的机会。这不仅使学生受益于英国的先进农业技术和理念，还扩大了他们的国际视野。2017 年英国的农业研究机构与塞内加尔的相关单位合作，共同开展农作物病虫害、土壤肥力和气候变化适应性等方面的研究。此合作不仅提高了塞内加尔的农业研究能力，还为其农业生产提供了科学指导。2018 年英国为塞内加尔的农民提供了关于现代农业机械操作、智能农业技术和有机农业生产等方面的培训，以确保他们能够充分利用现代农业技术提高产量和效益。

（四）乌干达的有机农业推广

面对全球有机食品市场的增长，英国助力乌干达发展有机农业。2017—2021 年英国通过培训和技术援助，帮助乌干达农民转向有机农业，提供有机农业认证，并开发有机产品市场，使乌干达成功地将一部分农产品出口到英国的有机食品市场，为当地农民带来了更高的收益。

随着全球对有机食品需求的增加，乌干达作为非洲的一个重要农业生产国，有巨大的潜力将其丰富的农产品转化为有机商品。英国与乌干达合作，在多个层面推进乌干达有机农业发展。2017 年英国启动有机农业认证培训项目，帮助乌干达农民了解并获得国际有机农业的认证，满足国际有机生产的严格标准。2018 年英国资助乌干达的一些农业研究机构，研发适合当地气候和土壤的有机种子，并通过各种渠道将这些种子推广给农民。2019 年英国的农业专家组织了多次研讨会和工作坊，向乌干达农民和技术员传授有机农业的最佳实践，如天然害虫控制、有机肥料的制备和使用等。2020 年英国又帮助乌干达建立有机农产品的供应链和分销网络，确保这些产品能够顺利进入英国和其他国家的市场。此外，还多次组织了乌干达有机产品的展销活动，提高了乌干达有机产品的知名度。2021 年英国支持乌干达农民合作社，为它们提供管理和运营培训，确保它们能够更好地为农民提供服务，如有机认证、市场信息和技术支持。2022 年英国与乌干达的环境保护机构合作，推广有机农业与生态保护的整合，确保有机农业的发展能够与乌干达的生态保护相得益彰。

第三节　法国对非农业合作发展

一、法国对非农业合作发展政策演化

（一）殖民时期对非农业合作政策（19 世纪中期—1960 年代）

19 世纪中期，随着法国在非洲的殖民扩张，大量非洲土地被用于种植咖啡、可可和棉花等出口作物。1905 年为了鼓励非洲种植出口作物，法国制定

了《殖民地农业发展法案》。这项法案提供了税收优惠、土地租赁和低息贷款等激励措施，以鼓励在非洲种植咖啡、可可和棉花。1930 年代，为了满足法国国内需求，殖民地的农业生产被进一步加强。1947 年，为了更好地管理西非殖民地的农业生产，法国通过了《西非农业现代化法案》。这项法案旨在引入现代农业技术和提高生产效率，规范和增强对殖民地的农业控制。1950 年代到 1960 年代一些非洲国家开始争取民族独立，法国在非洲国家农业上的直接控制开始减弱。

（二）非洲国家独立后对非农业合作政策（1960 年代—1980 年代）

20 世纪 60 年代许多非洲国家获得独立，法国开始与这些国家建立新的合作关系，法国总统戴高乐（de Gaulle）颁布政策，宣布支持非洲殖民地的独立进程，随后与新独立的非洲国家签订了一系列经济合作协议，其中包括 1962 年制定的《非洲经济合作协议》，该协议为非洲国家提供技术援助、贷款和培训，以帮助新独立的非洲国家建立自己的农业部门。从 1973 年开始的法非首脑会议推动双方的对话逐渐定期化，1973 年法国总统蓬皮杜（Pompidou）推动创建了法非合作基金，专门为非洲农业项目提供资金支持。1975 年非洲农业发展银行成立，法国为其主要的资金提供者之一，旨在为非洲农业项目提供贷款。1978 年法国成立了非洲农业援助基金，专门为非洲的农业项目提供贷款和援助。1981 年密特朗（Mitterrand）继任法国总统，对外援助方式上，改变了原来的以双边援助为主的方式，通过国际机构以多边援助的方式进行。

（三）希拉克政府至萨科齐政府期间法国对非农业政策

1992 年法国外交部推出了“新非洲倡议”，其中包括农业技术转移、农业研究合作以及农业教育和培训的计划。1995 年希拉克（Chirac）总统执政后，提出了“法国新非洲政策”，把传统的“托管式”法非关系定位为“新型合作伙伴关系”，采取“援助”与“合作”相结合的经济政策，改变单方面援助的做法，代之以平等的互利合作。① 1996 年为了促进非洲绿色农业，法国与非洲联盟共同推出了“绿色非洲”计划。该计划旨在鼓励非洲有机农业、农业循环经济以及传统农业的发展。1997 年法国支持非洲农业组织成立，提供技术

① 赵慧杰:《法国对非洲政策的调整及其战略构想》,《西亚非洲》1999 年第 1 期。

和经济支持。1999 年总统希拉克推动了与非洲的多边农业合作，并为此提供了新的资金援助。2000 年在法非合作峰会上，法国宣布将为非洲提供 3 亿欧元的援助，以支持非洲农业现代化和农产品加工项目，法国与多个非洲国家签署农业合作协议，重点关注有机农业和生态农业。2007 年法国总统萨科齐（Sarkozy）宣布了一项新的农业援助计划，其中包括为非洲提供 5 亿欧元的无息贷款，用于农业研究、灌溉项目和农产品加工。2008 年法国总统萨科齐提议设立一个非洲农业发展基金，旨在为非洲农业项目提供长期的资金支持，这个基金特别关注水资源管理、种子技术和农产品加工。

（四）奥朗德政府至马克龙政府期间法国对非农业政策

2010 年法国发起非洲农业创新伙伴关系计划，推动非洲农业技术创新。2013 年法国总统奥朗德（Hollande）访问西非期间宣布了一系列新的农业援助措施，其中包括为非洲提供农业机械、支持农产品加工和推动有机农业的发展，并宣布了一系列新的农业援助计划，这些措施推动了法非农业合作进一步深化。2015 年奥朗德总统在法非合作峰会上宣布，法国将为非洲的可持续农业和农村发展提供 10 亿欧元的援助。2019 年法国总统马克龙在法非合作峰会上提出了一项新的非洲农业合作计划，其中包括提高非洲农产品在国际市场上的竞争力、推广绿色农业以及促进非洲农业教育和研究，并承诺在未来五年内为非洲农业提供 5 亿欧元的资金支持。这一计划特别关注非洲的小农户，目标是帮助他们提高生产效率和产品质量。2020 年法国与非洲联盟签署新的农业合作协议，进一步加强双边农业合作。

二、法国对非洲农业合作发展措施

（一）法非农业创新伙伴关系项目

随着全球农业领域面临的挑战日益加剧，如气候变化、土壤退化和资源短缺，农业创新成为解决这些问题的关键。法非农业创新伙伴关系应运而生，其目标是促进技术转移、研究合作，并推动非洲农业的创新和现代化。为了响应非洲农业领域的快速变化和挑战，2018 年法国决定与非洲国家建立一个更为紧密的合作关系，这种合作不仅专注于传统的资金援助，还涉及技术、研究和创新方面的合作。2019 年，法国与塞内加尔启动了塞内加尔番茄产量提升项目，通过法国的种植技术和种子的输出，来提高当地的番茄产量。通过这个项目，塞内加尔的番茄实现了产量的增长，参与的农民产出的番茄平均增加了30%。利用法国的数字技术，法国在喀麦隆启动了数字农业项目，使用无人机和其他数字技术来监测作物健康和土壤状况。通过这种技术，农民使用的化肥能够减少 10%，同时作物的产量和质量得到提高。

（二）法非农业教育交流项目

随着非洲农业的复杂性和多样性日益增加，教育和培训在增强农业实践中起到了关键作用。法国深知这一点，因此投资了多个农业教育交流项目。2017 年持续至今，法国系统地为非洲学生、研究者和农民提供了各种机会，如奖学金、短期培训、研究实习和实地考察。法国政府每年为非洲农学生提供约 200 个留学奖学金。这些奖学金覆盖了学费、生活费和实习费用，使学生能够在法国的顶级农业大学和研究机构学习。同时，法国与多个非洲国家合作，提供针对农民和农业从业者的短期培训课程。如在塞内加尔，法国资助了一个为期三个月的有机农业培训课程，吸引了近 300 名农民参与。参与者不仅学到了有机农业的理论知识，还进行了实地操作。此外，法国政府还鼓励非洲研究者和学生到法国进行农业研究和实习。

（三）促进非洲国家间的农业合作

法国历来认为非洲内部的农业合作是促进大陆整体发展的关键因素，因此一直努力推动这一合作模式。这种合作不仅可以使各国共享资源和知识，还可以为非洲国家提供一个稳定的农产品市场。法国主要推动了以下非洲国家间的农业合作项目。①跨境种植项目：2017 年法国促进了马里和塞内加尔之间的农业合作，允许马里的农民在塞内加尔种植并销售他们的农产品。法国出资在塞内加尔的北部地区为马里农民提供了 1000 公顷的土地，以种植玉米和大豆。这使得马里的农民能够受益于更好的土壤和气候条件，而塞内加尔则从更丰富的农产品供应中受益。②共享农业技术和研究：2018 年法国推动贝宁、尼日利亚和尼日尔之间建立共享农业技术平台。法国在贝宁的帕拉库（Parakou）建立了一个农业研究中心，该中心为三国的农业专家提供了一个交流和合作的平台。这个中心已经开发了几种新的抗旱作物品种，这些品种现在正在三国之间广泛种植。③跨境牲畜贸易：2019 年法国支持乍得和喀麦隆之间的牲畜贸易合作。乍得的牧民经常将他们的牛群带到喀麦隆销售，为了简化这一过程并减少交易成本，法国资助建设了跨境牲畜贸易平台项目，为两国之间的牲畜贸易建立了统一的健康和安全标准平台，方便双方跨境贸易。

（四）支持非洲农业基础设施建设

农业基础设施是农业生产和供应链中的关键组成部分，它对提高产量、降低损耗至关重要，基于此，法国对非洲各国的农业基础设施项目给予了大量支持。①尼日尔灌溉系统项目：尼日尔农村地区的水资源短缺，2016 年法国提供了 4000 万欧元援助尼日尔的灌溉系统，重点投资于改善灌溉系统。这个项目使得约 20000 名农民得到了稳定的水源供应，从而增加了他们的农产品产量和收入。②喀麦隆农村道路建设项目：2017 年法国资助喀麦隆农村道路建设项目，以连接偏远农村地区与主要市场。这一项目的实施，使数以万计的农民可以更容易地将他们的农产品运往市场，降低了运输成本，增加了他们的经济效益。③马达加斯加仓储和后勤设施项目：2018 年法国支持马达加斯加建立了一系列的仓储和后勤设施，这些设施极大地降低了农产品在收获后的损失率，为当地农民提供了更好的保存和储存手段。

（五）市场准入与贸易合作

法国长期以来一直努力确保非洲的农产品可以顺利地进入国际市场，特别是欧洲市场，这不仅有助于非洲农民增加收入，还推动了双边和多边的贸易合作。①有机产品市场准入：为支持可持续农业，2020 年法国资助有机产品市场准入项目，帮助非洲农民获取有机农业认证。在布隆迪，约 1000 个家庭农场通过这个项目获得了有机认证，使他们的咖啡和茶产品能够以更高的价格出售给欧洲市场。②改进贸易基础设施：2019 年法国开发署在多个非洲国家投资基础设施项目，如道路和港口，以便农产品更容易地进入国际市场。在喀麦隆，法国资助了多多阿港的扩建项目，这使得该国的可可和香蕉出口量大幅增加。③贸易促进与培训：2018 年法国支持非洲国家参加各种国际农产品展销会，以推广非洲农产品并寻找新的市场机会。如法国资助了几位赞比亚农民前往巴黎的一次大型食品展销会，这为他们的有机蜜糖产品打开了欧洲的门。④与地方政府的合作：2017 年法国与非洲的多个地方政府合作，确保农产品的标准和质量符合国际要求，使其更具竞争力。在塞内加尔，法国与达喀尔市政府合作，建立了一个果蔬检测中心，确保所有出口到法国的农产品都满足欧盟的健康和质量标准。

三、法国对非洲农业合作发展案例

通过以下一些详细案例，我们进一步了解法国对非洲农业合作发展。

（一）尼日尔河流域灌溉项目

尼日尔河流域是非洲西部和中部的重要水源，支持着上亿人的生计。然而，近年来，该地区经常遭受旱涝灾害，导致农作物产量不稳定，加剧了食品短缺问题。此外，许多农民缺乏现代农业技术，无法充分利用尼日尔河的水资源。这导致了大面积的土地荒芜，农民收入下降，加剧了农村贫困和城市人口流入。鉴于此，2016 年，法国决定与马里、尼日尔和乍得等国合作，发起尼日尔河流域灌溉项目，为马里、尼日尔和乍得的农田提供稳定的灌溉，提高农作物的产量和质量。法国在此修复和建设灌溉渠道，扩大灌溉面积；提供现代农业机械和技术，如滴灌技术；教会当地农民正确使用灌溉系统和实施高效水管理策略。除了法国，此项目还得到了多个国际组织和非政府组织的支持。这个项目短期增加了当地灌溉面积，使农作物产量的平均增长率达到 20%，并且增加了当地农民的收入，改善了他们的生活水平，减少了因干旱和食品短缺导致的饥饿和移民。从长期看，该项目通过培训和教育，使当地农民学会了持续和有效地利用水资源，确保了农业的可持续发展，促进了当地农业经济的发展，吸引了更多的投资。

（二）西非有机农业推广

随着全球消费者对有机和生态农产品需求的日益增长，非洲农民面临着巨大的市场机会。但由于技术和资金限制，许多非洲农民无法实现有机农业的转型。塞内加尔和科特迪瓦，作为西非的主要农产品出口国，特别是在果蔬和咖啡领域，对这种有机农业转型尤为关注。2019 年法国与塞内加尔和科特迪瓦合作，启动了一个推广有机农业和生态农业的项目，目的是提高农产品的质量、增加农民收入，并满足国际市场的需求。法国提供低息贷款，帮助农民购买必要的物资和工具，并为农民提供有机农业的最佳实践和技术培训，包括有机肥料的使用、害虫和病害的生物控制方法等。同时，帮助农民获取有机认证，并将他们的产品推向国际市场，特别是欧洲市场。在项目实施的两年内，参与的农民平均产出增加了 15%。由于有机产品的溢价，农民的收入平均增加了 30%，他们的产品首次进入了欧洲市场，在法国、荷兰和德国等国家受到了欢迎。由于减少了化肥和农药的使用，土壤和水质得到了改善，农民和消费者的健康风险也得到了降低。

（三）布基纳法索棉花生产项目

布基纳法索是非洲的主要棉花生产国之一，棉花为该国带来了大量的外汇收入，同时也为大量农民提供了生计。然而，由于种子质量、土壤健康的问题，以及缺乏现代化的种植和加工技术，该国的棉花产量和质量长期受到限制。2017 年法国与布基纳法索当地的农业组织合作，启动了一个大规模的棉花生产和培训项目。通过研发和引入高质量、抗病虫害的棉花种子，提高了棉花的产量和质量。法国专家为农民提供培训，教他们如何更好地管理土壤，如施用合适的肥料和采用保护性耕作，并引入现代化的棉花加工技术和设备，减少在加工过程中的损失，提高成品质量，此外，帮助当地农民和合作社将其棉花产品推向国际市场，特别是欧洲市场。项目实施后，布基纳法索的棉花出口量显著增加，外汇收入也有所提高。参与的农民的收入平均增加了 20%，改善了家庭的物质、教育和医疗条件。此外，该项目特别关注女性农民的培训和赋权，许多女性因此获得了更好的经济机会和社会地位。

（四）刚果（金）的可持续森林管理

刚果（金）拥有中部非洲地区的最大片热带雨林。这片森林不仅对全球气候变化具有关键意义，而且为数百万当地社区居民提供食物、药物和其他维持生计所需的资源。但由于非法伐木、农地扩张和其他人为活动，这片森林正面临着严重的退化。2018 年在法国的支持下，刚果（金）启动了一项重点项目，旨在推动可持续的森林管理。该项目为当地农民提供培训，教授他们如何在不破坏森林的前提下从森林中采集食物和草药。项目还会使用卫星技术和地面巡查，持续监测森林覆盖率，确保没有非法伐木或其他破坏活动。鼓励农民采用防止森林破坏的农业实践，如复合农业和防范荒地农业。在项目实施后的两年内，非法伐木活动减少了约 20%，而新增的森林破坏面积也大幅减少。超过 2000 名当地社区成员受到了直接的培训，从而能够更好地从森林中获取收入，同时保护森林资源。由于森林健康状况的改善，一些在此区域内濒临灭绝的物种得以恢复，通过维护森林的健康状况，该项目还为全球对抗气候变化做出了贡献，因为健康的森林能够吸收更多的碳。

（五）卢旺达咖啡生产和出口优化项目

卢旺达虽然是一个内陆小国，但丰富的火山土壤和理想的高原气候，使其成为生产高品质咖啡的理想地方。然而，长期以来，由于技术和资金的限制，卢旺达的咖农一直无法充分利用这一天然优势。在2010年代初，尽管卢旺达的咖啡出口量持续增加，但其在国际市场上的价格并不高，这主要是由于品质问题。2020年法国与卢旺达政府合作，启动了一个项目，旨在改进咖啡的生产和加工流程，提高咖啡的质量，并促进其在国际市场上的销售。为实现这一目标，项目专注于以下几个关键领域：①种植和加工技术：对卢旺达的咖农提供培训，教他们如何种植、收割和初步加工咖啡，以保证其品质；②市场策略：教育农民如何更好地包装和出售他们的产品，同时帮助他们与国际买家建立联系；③质量控制：在主要的咖啡生产区建立了实验室，对咖啡质量进行定期检测。

第四节　日本对非农业合作发展

一、日本对非农业合作发展源起及措施

日本对非洲合作发展源起于20世纪60年代初，日本除参与联合国的援助计划外，还对非洲实施技术援助。1963年，日本根据本国“对中近东和非洲技术援助计划”向非洲派出38名专家，并接收108名非洲学员到日本接受技术培训。20世纪70年代末，日本在坦桑尼亚、肯尼亚和尼日利亚开展水稻援助活动，通过整修灌溉水田来达到提高水稻单位产量的目的，见表2–1。1986年日本对非农业援助对象国由之前的肯尼亚、坦桑尼亚和尼日利亚增加到撒哈拉以南的45个国家，无偿资金援助39个国家，技术援助44个国家。这一时期日本对非经济合作发展的重点是加强对非洲的粮食援助，日本发表了非洲“绿色革命”的设想，进行了紧急的大规模粮食援助。日本与世界银行“非洲

基金”合作，在1985—1987的3年间为非洲提供了447亿日元的借款。1987年5月日本又宣布在今后3年内对非洲各国以非项目形式援助约5亿美元的无偿资金，此项援助计划用于非洲各国购进必须紧急输入的物资，其中粮食是首选的紧急输入物资。

表2-1 日本对非农业援助①

受援国家	援助项目	援助时间
肯尼亚	谷物储藏仓库建设计划	1981
	姆韦阿（Mwea）地区灌溉开发计划	1985—1987
	卡诺（Kano）平原灌溉开发计划	1989—1991
坦桑尼亚	乞力马扎罗农业开发计划	1974—1979
	下莫希（Lower-Moshi）农业开发计划	1979—1980
	姆科马济（Mkomazi）河谷农业用水开发计划	1981—1983
尼日利亚	伊莫（Imo）州农业开发计划	1976—1977
	阿南布拉河下游（Lower-Anambra）灌溉稻作计划	1989—1993

数据来源：根据日本国际协力机构（JICA）官网中列举的各时期的援助项目收集整理得出。

日本对非农业合作发展措施主要包括：首先对非开展粮食援助，帮助非洲国家解决缺粮问题；其次，提供农业技术援助，达到粮食增产；最后，向非洲国家提供肥料、农药和农业机械等，加强粮仓建设，提高农业运输力，保障农业灌溉和运输仓储能力。

二、东京非洲发展国际会议对非农业合作发展的主要措施

东京非洲发展国际会议（TICAD）是由日本政府主办，联合国开发计划署、联合国非洲问题特别顾问办公室、世界银行和非洲问题全球联盟等国际多边组织协办的国际论坛。该论坛从1993年起在日本每5年召开一届，2016年起改为3年一届，由日本和非洲轮换举办。1993年第一届TICAD的召开，标

① 刘威西:《安倍政府对非洲的农业援助政策研究（2012—2020）》，硕士学位论文，吉林大学公共外交学院，2022，第17页。

志着日本和非洲之间的农业合作机制化的开展，同时也标志着日本对非农业援助上升到一个新的阶段。从第一届东京非洲发展国际会议开始，日本和非洲国家间的农业合作发展就未曾中断。此后历届 TICAD 的会议成果均有对非洲农业合作的内容，对非农业合作被放置在经济发展的大目标之下，详见表 2–2。

表 2–2　历届 TICAD 对非农业援助主要内容

时间	会议名称	通过文件及其主要内容
1993 年	第一届 TICAD	《非洲发展东京宣言》，非洲的可持续发展
1998 年	第二届 TICAD	《东京行动议程》，包含农业在内的对非社会经济开发
2003 年	第三届 TICAD	《东京非洲发展国际会议 10 周年宣言》，通过农业援助促进非洲经济增长，削减贫困
2008 年	第四届 TICAD	《横滨行动计划 2008—2012》，保障非洲受援国的粮食安全，实现非洲减贫目标
2013 年	第五届 TICAD	《横滨行动计划 2013—2017》，支持在非洲国家主导的“非洲农业发展综合计划”（CAADP）下的“非洲水稻发展联盟计划”
2016 年	第六届 TICAD	与“非洲发展新伙伴关系计划”（NEPAD）共同提出了《非洲食品与营养安全倡议（IFNA）》
2019 年	第七届 TICAD	《横滨行动计划 2019—2021》，为农业、渔业等提供专业培训，同时，继续开展对非大米增产援助
2022 年	第八届 TICAD	《突尼斯宣言》，强调可持续的经济增长对非洲的重要性，明确指出“健全的开发性金融对非洲援助的重要性”

资料来源：根据历届 TICAD 会议资料整理得出。

（一）第一届 TICAD 主要措施

在 1993 年第一届东京非洲发展国际会议上，日本承诺增加对非洲的援助。大会通过了《非洲发展东京宣言》，承诺在非洲实施政治和经济改革，推动私营部门发展，加强地区合作和一体化，以及借鉴亚洲发展经验促进非洲的可持续发展。

（二）第二届 TICAD 主要措施

1998 年，第二届东京非洲发展国际会议重申了非洲发展所面临的挑战，日本承诺帮助非洲减少贫困和使非洲融入全球经济中。大会通过了《东京行动议程》，为非洲及其发展伙伴确立了合作框架，包括共同目标、行动准则等，其中社会开发占据了十分重要的位置，最终要实现的目标是粮食和收入所得等与农业相关的经济开发。基于此次会议，日本国会在 1999 年颁布出台了《粮食、农业与农村基本法》，这部法规第二十条明确了国际农业援助的目的和必要性，确保粮食稳定供给是日本对非农业合作发展的一项重要举措。

（三）第三届 TICAD 主要措施

2003 年，第三届东京非洲发展国际会议明确支持非盟制定的“非洲发展伙伴关系计划”。此次会议通过了《东京非洲发展国际会议 10 周年宣言》，重申了各方对非洲发展的承诺。从 2003 年的第三届 TICAD 开始，帮助非洲减少贫困成为日本援助非洲的重要目标。日本首相小泉纯一郎（Junichiro Koizumi）在此次会议的主旨演讲中指出，“通过经济增长减少贫困”是日本对非援助的一大支柱，其具体的措施分为整修基础设施、农业开发和促进贸易与投资等，对非农业援助成为减贫的一项重要途径。[①] 在援助方面，日本政府将提供 10 亿美元用于改善非洲的医疗和教育条件以及生活用水和粮食供应等。

（四）第四届 TICAD 主要措施

2008 年，第四届 TICAD 在横滨召开，此次会议首次提出了农业发展的目标和措施，把对非农业合作发展作为会议的重点问题。日本首相福田康夫（Yasuo Fukuda）在开幕演说中呼吁，要在非洲推行“绿色革命”，提出在 10 年内将非洲现有的 1400 万吨大米的产量翻一番。这是对日本自 20 世纪 70 年代以来在非洲开展粮食增产援助的进一步拓展。此次 TICAD 的成果性文件《横滨行动计划 2008—2012》指出了日本今后五年对非洲农业合作的具体措施：首先，推动农产品增产和提高农业生产力。比如扩大对农业研究、技术普及和技术服务的援助，培养当地农业专家；促进小规模农户和农业组织采用农业新技术，同时扩大对农地和农用资源的投入，支援相关国家引入能够扩大产量的农业机械；通过系统性的管理、杂交水稻的推广等，促进水稻产量的提高等。其次，促进农业市场化和农业竞争力的提高，增加农民收入。具体而言，缩减农产品的运输成本，降低农产品收获后的损失率，提高农产品的售卖比率。同时提供技术和资金援助，使农业生产活动向产业价值链的上游移动，提高农产

① 日本外務省，第 3 回アフリカ開発会議における小泉総理大臣基調演説，https://www.mofa.go.jp/mofaj/press/enzetsu/15/ekoi_0929.html，访问时间：2021 年 11 月 20 日。

品附加值。最后，提供有利于可持续水资源的管理和土地利用的援助，提高可灌溉土地的面积，改良土地耕作方法，提高水资源管理能力。①

（五）第五届 TICAD 主要措施

2013 年第五届 TICAD 发表的《横滨宣言》和《横滨行动计划 2013—2017》把对非贸易与投资放在首要地位，加强对非基础设施、制造业、农业和旅游业的投资，强调通过建立经济增长走廊和供应链增强非洲地区间的贸易，并将改善非洲投资环境作为重要目标。在非洲农业发展方面，日本支持非洲国家主导的“非洲农业发展综合计划”（CAADP）下的“非洲水稻发展联盟计划”，承诺帮助撒哈拉以南的部分国家粮食产量到 2018 年增长至 2800 万吨。

（六）第六届 TICAD 主要措施

2016 年第六届东京非洲发展国际会议在肯尼亚首都内罗毕召开，此次会议的主要目的是促进非洲贸易繁荣和对非援助，会议主要围绕三个方面展开：通过推动工业化、多元化，促进非洲经济结构转变；发展医疗卫生系统，提高生活质量；促进非洲社会稳定，实现发展成果共享。日本政府希望非洲各国摆脱单一的增长方式，发展农业、矿业、海洋经济、制造业和旅游业。日本与“非洲发展新伙伴关系计划”（NEPAD）共同提出了《非洲食品与营养安全倡议（IFNA）》，旨在倡导非洲各国同各援助机构加强合作，至 2025 年，用 10 年时间改善非洲的营养状况。此外，日本计划向非洲投资 300 亿美元，其中 100 亿美元将投向与非盟合作的基础设施项目。

（七）第七届 TICAD 主要措施

2019 年第七届东京非洲发展国际会议在横滨举行，会议通过了《横滨行动计划 2019—2021》，日本承诺将在促进非洲国家经济转型、社会可持续发展、和平与稳定三方面进行相关支持，其中包括提供援助，为非洲农业、渔业等提供 14 万人次的专业培训。会议的成果性文件《横滨宣言 2019》和实施计划也明确要继续与非洲国家开展有关联合国改革问题的对话。会议期间日本政府和非洲发展银行宣布为非洲提供 3000 亿日元援助资金，支援非洲基础设施开发和民营企业发展；日本政府提出继续对非开展大米增产计划，到 2030 年

① 刘威西：《安倍政府对非洲的农业援助政策研究（2012—2020）》，硕士学位论文，吉林大学公共外交学院，2022，第 18–19 页。

将现有 2800 万吨的大米生产量增至 5600 万吨。

（八）第八届 TICAD 主要措施

2022 年日本政府主导的第八届非洲开发会议在突尼斯首都突尼斯城召开，会议通过了《突尼斯宣言》，该宣言强调可持续的经济增长对非洲的重要性，并明确指出“健全的开发性金融对非洲援助的重要性”。《突尼斯宣言》主要由以下内容构成：一是为实现可持续的经济增长和发展而进行结构调整；二是构筑具有韧性的社会；三是实现可持续的和平与稳定。由日本政府主导的非洲开发会议的另一个背景则在于——促进日本企业进入非洲。日本企业对资源丰富的非洲市场的投资已明显落后于中国等国家，应官民联手，加强在非洲进行开拓，谋求扭转对非经贸合作的劣势局面。日本政府承诺，今后 3 年内通过公私合力向非洲投入 300 亿美元（4.1 万亿日元），宣布通过“增长与分配的良性循环”，让非洲实现“有韧性的”“高质量增长”，其中包括：与非洲开发银行联合筹集资金 50 亿美元，开启“加强对非洲私营部门援助第五阶段”，其中 10 亿美元的特别贷款，用于“推进改革，帮助非洲实现健全的债务管理”，40 亿美元用于助推非洲去碳化发展的“日本与非洲绿色增长战略”；日本工商界出资 100 多亿日元（约合 7100 万美元）成立“创业投资基金”，支持非洲年轻人创业；为非洲开发银行的“非洲紧急粮食生产基金项目”提供 3 亿美元贷款；向全球防治传染病基金提供 10.8 亿美元的捐款，将非洲作为重点支助对象，并在 3 年内在保健医疗、教育、农业、司法行政等广泛领域为非洲培养 30 万本土人才。

三、TICAD 框架下日本对非农业合作发展实施的项目

TICAD 框架下日本对非农业合作发展实施的项目，主要有“非洲水稻发展联盟”（CARD）计划、“市场导向型农业振兴”（SHEP）计划、“一村一品”运动（OVOP），此外还有针对非洲儿童的营养援助计划等。这些项目基本上都由日本国际协力机构（JICA）负责具体落实和实施。

（一）“非洲水稻发展联盟”（CARD）计划

第五届东京非洲发展国际会议《横滨行动计划 2013—2017》中，日本支持非洲国家主导的“非洲农业发展综合计划”（CAADP）下的“非洲水稻发展

联盟”计划，该计划是对第四届东京非洲发展国际会议上提出的大米增产援助计划的具体落实，负责运行机构为日本国际协力机构（JICA），非洲绿色革命同盟（AGRA）和“非洲水稻发展联盟”（CARD）为协办机构，承诺帮助撒哈拉以南的部分国家到 2018 年粮食产量增长至 2800 万吨。“非洲水稻发展联盟”计划第一阶段合作的主要形式为技术援助，为非洲国家培养农业技术人才和普及农业技术。截至 2018 年第一阶段结束时，已有 23 个非洲国家参与，向 6 万名农民和 2500 名农业技术人员普及水稻种植技术。同时，与国际水稻研究所（IRRI）、世界银行、国际农业开发基金（IFAD）等国际机构建立了合作关系。到 2018 年日本完成“非洲水稻发展联盟”计划中的承诺，帮助撒哈拉以南的部分国家粮食产量增长至 2800 万吨，详见表 2-3。

“非洲水稻发展联盟计划”第二阶段是 2019 年至 2030 年，这一阶段的目标是将大米产量再翻一倍，合作的主要形式是提高非洲农产品的市场竞争力和激发非洲农民的参与自主性，提高非洲农业的生产率和农产品的附加值。这一时期，又有 9 个非洲国家作为成员国加入，受援国数量增至 32 个，同时，运营委员会的数量也增至 19 个。日本政府提出在第二阶段结束，将大米的产量从现有 2800 万吨提高到 5600 万吨，详见表 2-3。

目前，“非洲水稻发展联盟”计划主要在撒哈拉沙漠以南的西非和东非国家推行。

表 2-3 “非洲水稻发展联盟计划”实施进程

项目	“非洲水稻发展联盟计划”第一阶段	“非洲水稻发展联盟计划”第二阶段
时间	2008—2018	2019—2030
目标（大米产量）	1400 万吨到 2800 万吨	2800 万吨到 5600 万吨
受援国数量	23 个国家	32 个国家
运营委员会成员数量	11 个机构	19 个机构
援助方式	培养农业技术人才和普及农业技术	提高农产品市场竞争力和激发农民的自主性参与

资料来源：JICA 官网“非洲水稻发展联盟”计划相关资料。

（二）“市场导向型农业振兴”（SHEP）计划

2013 年，第五届东京非洲发展国际会议通过了《横滨行动计划 2013—

2017》，该计划在农业领域提倡提高农业经营者的市场化经营水平，提高农业经营者的收入。因此，日本决定在非洲 10 个国家开展“市场导向型农业振兴”计划，为非洲培养 1000 个该计划的技术指导者，指导培养 50000 个农户参加该项目。截至 2018 年，共有 24 个国家的 9800 位从业人员参与了“市场导向型农业振兴”研修活动，11 万农民因此受益。2019 年第 7 届东京非洲发展国际会议提出了《SHEP100 万人宣言》，获得了非洲各国政府、民间企业、受援助伙伴和其他相关团体的响应，该宣言计划在 2030 年运用“市场导向型农业振兴”模式，帮助至少 100 万非洲小农获得更好的生活条件。①

（三）“一村一品”运动（OVOP）

“一村一品”运动是日本对非农业合作的一项重要内容，“一村一品”运动起源于 20 世纪 70 年代末的日本大分县，是指当地的农村居民，充分利用本地的资源禀赋发展当地的农村经济。日本政府把这种农村经济发展模式在非洲进行推广和再造。“一村一品”运动主要在马拉维、埃塞俄比亚、肯尼亚、塞内加尔和莫桑比克进行推广，日本向这些国家派出专家进行指导，并培养研修人员，让他们带动当地村民发掘所在社区的特色农产品。“一村一品”运动帮助当地农民发展了特色产业，提高了他们的生产积极性，同时也增加了农民收入，促进了农业生产走向市场化，并在这一过程中，推动了社区的发展，增强了凝聚力。在马拉维推广时已有 20 多种特色农业产品在当地市场上销售，激发了农村的活力。2010 年至 2015 年在埃塞俄比亚，“一村一品”运动共派出 5 名专家，培训了 24 名埃塞俄比亚研修人员，项目总计花费 4.45 亿日元。②

① JICA SHEP，を通じた小規模農家 100 万人のより良い暮らしを目指す共同宣言，https://www.jica.go.jp/activities/issues/agricul/approach/shep/about/ku57pq000021x8xf-att/declaration_jp.pdf，访问时间：2022 年 6 月 19 日。

② JICA，エチオピア一村一品促進プロジェクト案件別事後評価（内部評価）評価結果，https://www2.jica.go.jp/ja/evaluation/pdf/2018_0800833_4_f.pdf，访问时间：2022 年 12 月 11 日。

第五节 启示

以上四节内容对英国、法国、美国和日本在非农业合作进行了回顾，这些国家在不同时期出于自身利益的考量，在对非农业合作政策上不断进行调整，以期符合国内政治经济需要。如他们在非洲加大生物燃料加工产业合作，其出发点就是为保障自身国内对燃油的需求，如果全球油价仍然保持在每桶70美元以上，生物燃料市场将会在2030年达到230亿美元，非洲将变为欧洲生物燃料的主要供应地。

以上案例可以为我国对非开展农业合作提供以下启示：

第一，应积极发挥非洲当地社区和当地社会组织在非洲农业发展中的作用。在促进非洲农业发展过程中注重与当地社区的合作，不仅与政府合作，而且与基层农民组织合作，确保当地民众的参与，这不仅能够使项目真正受惠于民，而且能增强当地社会的能力建设。

第二，应积极参与非洲国家的农业规划。依据非洲农业部门的需求和贸易及市场需求等因素，参与非洲国家科技、财政政策法规以及综合规划的制订中，帮助非洲国家进行农业地图测绘、农业区域规划等。

第三，应加强农产品的流通能力。由于农业保护(农业补贴)仍处于较高水平，发展中国家的农业出口实际上出现了下滑，加强农产品的流通能力，可促进农业贸易。因此帮助受援国改进卫生与植物卫生标准以及食品安全标准，有助于其农产品贸易的发展。

第四，应注重非洲国家的农业基础设施建设。在为非洲国家提供粮食援助的同时，积极促进相关基础设施建设。农业基础设施是非洲开发银行对非洲国家农业投入的重点领域之一，因而，可与非洲开发银行合作，推进此类相关项目。

第五，应积极改善农村投资环境。投资有助于促进农村人口的全面小康，提高农业生产能力，因此，可通过提供农村金融服务、连通农村市场、提供商业咨询服务等，改善非洲农村的投资环境。

第六，应注意农业多边合作。注重与其他国家及国际组织的合作，如世界粮农组织、国际农发基金、世界粮食计划署等，同时，与非洲地区和次地区组织合作，共同推动非洲农业发展。

非洲在历史上曾是英国和法国的殖民地，作为曾经的宗主国，英国和法国对其殖民地国家有更深度的了解，尤其是在漫长的殖民过程中，他们在当地收集了大量的生物物种资源信息、河流资源信息、气象资源信息、病虫害资源信息等，这些信息对中国开展对非农业合作极其重要。美国和日本对非农业援助在时间上虽然没有英国和法国长，但是他们对非农业援助国家相对集中，如接受美国援助最多的前10位国家依次是：乌干达、肯尼亚、南非、尼日利亚、赞比亚、埃塞俄比亚、坦桑尼亚、苏丹、莫桑比克、利比里亚；而接受日本农业援助最多的国家有坦桑尼亚、肯尼亚、加纳、塞内加尔等国。通过研究以上发达国家对非农业合作发展的措施和案例发现，中国在非洲开展双边和多边农业合作项目时，可以有针对性地进行选择，利用其各自优势，开展对非农业项目，保障非洲国家粮食安全。

《中非合作2035年愿景》是中非双方首次共同制订的中长期务实合作规划，其中明确广泛开展三方合作。中国与世界各国及国际机构，在充分尊重非洲国家意愿的原则下，广泛开展对非三方合作，通过“支持非洲发展伙伴倡议”为支持非洲发展形成更有效合力。

目前，中国已参与美国在非洲的“未来粮食保障”项目，“未来粮食保障”倡议的重点是改善农业实践，支持小农户，并通过合作努力加强粮食安全。该倡议与中国的“中非农业现代化计划”中所涉及的在非农业技术示范中心、促进中非农业联合研究、支持加大对非洲农业基础设施项目投资，有异曲同工之处，中国、美国和非洲的三边农业合作项目，可以最大程度发挥各国在农业方面的比较优势，促进与加强非洲粮食安全、农业生产力和可持续发展。

中国和英国在非洲的农业合作主要侧重于农业研究和提升非洲农业能力建设，在非洲绿色革命联盟战略的基础上，中国和英国共同为非洲的农业转型提供技术支持。法国和中国在非洲的合作重点是改善农业基础设施，推广可持续的耕作方式，法国可提供资金，而中国的小农耕作方式更适合非洲农业。日本国际协力组织是同中国开展农业合作的日方机构，双方在非洲开展的农业项目的重点是，对非农业技术转让和提高非洲农业能力。

要发展对非农业三方合作，就需要对其他国家的对非农业合作发展有所了解，尤其是其在对非农业合作发展中的优势。基于此，本章内容以今后更好开展对非农业三方合作来撰写，但这并不代表这些发达国家对非农业合作没有问题，相反，由于这些国家在制订对非农业政策时，着眼点是国内政治经济需要，因而，不能有效切合非洲的农业发展。

如美国的“未来粮食保障”倡议，旨在通过提高农业生产力来解决非洲长期的饥饿和贫困问题。该倡议通过推广大型农业投资和技术，如高产作物和机械化，来促进非洲农业发展。然而，这些项目优先考虑大型农业公司的需求，却忽视了小农的利益。虽然这些投资可能改善了全球粮食安全，却削弱了当地的粮食安全，未能有效地缓解饥饿和贫困问题，这也是后期中国加入“未来粮食保障”项目的原因之一，中国可以利用自身农业发展优势，在三方合作中重视对非洲小农户的培训，弥补美国在此项目中的不足。

不仅美国，英国、法国和日本在非洲的许多农业项目尽管初衷是好的，但因忽视非洲当地的需求都未能实现其初衷，导致了资金的浪费，当地农民的生产力也未能显著改善。因此，未来的援助项目需要更加注重透明度、重视非洲当地的需求，把适合非洲农业发展的技术引入非洲，才能保障项目的可持续性，真正惠及受援地区。

第三章
部分新兴经济体国家对非农业合作发展

除西方传统捐助国外，近年来巴西、印度、土耳其等国也都加强了对非农业合作发展，这些国家都是农业占比较大的发展中国家，其农业技术较适合非洲农业的发展；同时，作为新兴经济体国家，随着自身经济实力的增长，这些国家也越来越重视对外援助与投资。

第一节　巴西对非农业合作发展

根据自身经验，巴西在非洲推行了一系列的减除贫困的措施。作为热带农业的领先者和世界第三大粮食出口国，巴西积极推动非洲国家实现粮食安全。20 世纪 60 年代，非洲国家从纯粮食出口国变成了纯进口国，其人口增长远远超过其食品生产增长的速度。作为一个与撒哈拉以南大部分国家有着类似气候和地理环境的热带国家，巴西发现它要比美国或欧盟等传统农业大国更容易将其农业技术运用到非洲环境中。巴西与非洲国家的农业合作发展主要包括以下方面内容。

一、以巴西农业研究所为主导，面向非洲国家推广巴西农业技术

巴西农业研究所（EMBRAPA）是巴西对外援助中最为重要的机构，巴西通过它与非洲国家开展农业合作发展。在巴西国内，巴西农业研究所被认为是巴西农业繁荣的主要推动力量，它也是巴西对非援助机构中最重要、最为成功的一个，该机构下设有热带农业战略研究与培训中心，在非洲莫桑比克、加

纳、马里和塞内加尔等国设有国际办事处，为非洲政府提供免费农业技术援助项目。巴西政府还于2010年设立了非洲—巴西农业创新市场，为非洲机构同巴西农业研究所之间的合作提供平台。目前巴西农业研究所在15个非洲国家开展了农业合作发展项目，比如塞内加尔的园艺、坦桑尼亚的腰果加工技术改良、纳米比亚的家庭农业合作发展、马里的模范棉花农场（目标是增加贝宁、布基纳法索、乍得和马里棉花的产量和质量）以及塞内加尔的稻米示范农场（主要是为塞内加尔、几内亚比绍和毛里塔尼亚等国提供稻米生产和加工技术）。

自2002年以来，巴西与安哥拉、阿尔及利亚、佛得角等18个非洲国家签署了50多个农业合作发展协议，在改善土壤、改良种子和增强农作物抵御病虫害能力方面为非洲国家免费提供技术转让。

二、巴西注重非洲农业发展能力建设

为提升非洲国家的农业发展能力，巴西向非洲农业发展项目提供技术支持。2009年巴西农业研究所与马里、贝宁、布基纳法索和乍得启动“棉花四国计划”，为以上四国提供棉种改良、播种与疫病综合治理等方面的技术培训。2010年巴西农业研究所与塞内加尔农业研究所合作，在塞内加尔设立的稻米示范农场，为塞内加尔、几内亚比绍和毛里塔尼亚等国提供稻米生产和加工技术。同年，巴西联合日本，推动莫桑比克中部纳卡拉走廊的农业开发，提高该国物种培育、属地管理、信息和通信等方面的技术能力。2010年，巴西农业研究所联合世界银行、非洲农业研究论坛与非洲20多个国家，共同发起非洲巴西创新市场机制，推动巴西与非洲科研人员在相关项目上的合作，提高非洲农业生产能力。2011年，巴西出资80万美元，支持埃塞俄比亚、布基纳法索、多哥等7国的10个农业项目，所涉内容包括豇豆、高粱、奶牛饲料与牧场恢复等领域。2012年，为向非洲生产者推广热带农业技术和设备，为巴西农业机械的出口创造机遇，巴西农业研究所、农业机械与机具业商会、机械制造商协会等共同签署设立非洲门户网站的技术合作协议。[①]

① 徐国庆：《巴西与非洲的农业合作探析》，《西南科技大学学报：哲学社会科学版》2014年第6期。

三、巴西向非洲农业合作项目提供财政支持

1995年在葡语国家共同体（CPLP）框架下，巴西创建了巴西合作基金来推动葡语发展中国家职业教育的发展。2003年起，巴西每年向印度巴西南非对话论坛（IBSA）出资100万美元，支持该论坛框架下的对非农业、卫生等援助项目。自2005年起，巴西政府通过其社会发展部，开始向尼日利亚、南非等国传播巴西“家庭救助金计划”，并邀请赞比亚、加纳、几内亚比绍等国的代表到巴西参访，并与加纳签署技术合作协议，承诺以2%的利息向加纳提供9500万信贷额，支持其采购巴西农业设备。2007年，巴西表示将为尼日利亚的“生物燃料城”提供1亿美元的首批资金，用于以棕榈油与甘蔗为原料的乙醇生产。2009年，巴西与莫桑比克签署合作协议，表示将投资60亿美元，用于莫桑比克生物能源开发。为促进非洲就业与创收、支持其减贫，2010年，巴西与非洲45国共同举办首次“巴西—非洲粮食安全、对抗饥饿与农村发展对话”会议，就分享家庭农业政策达成一致，并开始向非洲拓展其“更多食品计划”，巴西对外贸易商会（BCFC）为此提供6.4亿美元的信贷。2011年，巴西政府宣布出资240万美元，开始在埃塞俄比亚、马拉维、莫桑比克、塞内加尔和尼日尔五国，实施效仿“巴西食品采购计划”的所谓“为非洲从非洲人采购”计划。[①]

四、巴西推动非洲发展保护性农业

作为一个农业大国，巴西利用自身优势，在非洲推广农业发展的经验，并在非洲广泛开展农业技术合作。标准银行2010年的一份报告指出，巴西正在结合自身优势发掘非洲农业的潜在能力，深化与非洲在热带农业方面的合作。例如，在德国的资助下，巴西在农民田间学校对多达4000名农民进行了保护性耕作规范方面的培训，该项目时长三年。由于诸如瓦楞面镇压器和直播机等保护性耕作的专用机具并不常见，项目还派遣肯尼亚人和坦桑尼亚人到巴西学习保护性耕作技术，并为该区域开发可持续的设备供应链，并将所获得的经验在整个非洲推广。

---

① 徐国庆:《巴西与非洲的农业合作探析》,《西南科技大学学报：哲学社会科学版》2014年第6期。

五、非洲葡语国家是巴西重点援助区域

农业合作发展领域是巴西与非洲国家合作的最大领域。2009 年，非洲国家获得了巴西合作署年度预算 50% 的额度，非洲 38 个国家与巴西有农业技术合作项目，其中 22 个国家属于最不发达国家，巴西在非洲的预算已经超过 6600 万美元。在非洲获得巴西发展援助的国家以葡萄牙语国家为主，这些葡萄牙语国家获得的资助额度占整个区域的 74%，从巴西农业技术合作中受益的主要国家包括佛得角、莫桑比克、几内亚比绍等。除葡语国家外，赞比亚、博茨瓦纳、纳米比亚等国家成为巴西新的合作伙伴国家。

六、巴西政府积极支持非洲家庭农业发展

根据非洲农业部长们在“巴西—非洲粮食安全、对抗饥饿与农村发展对话”会议上提出的要求，巴西政府结合自身的“更多食品计划”（More Food Programme）的成功经验，提出了一系列计划项目来支持非洲当地粮食生产。“更多食品计划”是与粮农组织和世界粮食计划署共同合作的项目，主要着眼于从整个产业价值链来为非洲家庭购买农业设备和农业生产保险提供贷款。

第二节　印度对非农业合作发展

印度和非洲无论在地理上还是在历史上都有着密切的联系，在印度有 60% 的人主要从事农业生产，而在非洲有 70% 的人从事农业生产，印度是世界第二大水果和蔬菜生产商，在生物科技方面展示出巨大潜能，因此，非洲希望从同属热带区域的印度得到更多的农业技术。近年来印度对非关系发展迅猛，特别是 2005 年印度争常失败后，更加认识到非洲国家对其成为联合国安理会常任理事国具有举足轻重的作用。基于这一共识，印度加强了对非洲的外交攻关，尤其扩大了对非洲的援助，重点强调对非洲输出技术和文化等软实力。[①] 2008 年在新德里举行了“印度—非洲峰会”，会议通过了《德里宣言》

① 杨恕、张茂春:《“争常”失败后日本与印度的非洲政策比较》,《西亚非洲》2008 年第 11 期。

和《印度—非洲合作框架协议》两个文件，双方决定建立战略伙伴关系，在包括农业研究在内的六个领域内开展合作。近年来，印度改变过去单纯提供经济援助的做法，在开发模式上，印度强调对外投资与国际贸易、海外合资企业与发展咨询服务相结合，鼓励国内企业到相关非洲国家进行投资开发，把在海外建立合资企业作为扩大其政治影响的重要手段。印度与非洲之间在农业领域的合作已经产生了显著的效果，不仅在农业生产与技术传播方面，而且在经济和社会层面都产生了深远的影响。纵观印度对非农业合作，主要有以下特征：

一、印度一直注重向非洲提供技术援助与研发

技术援助是印度对非洲农业合作的重要措施，如农作物培育、灌溉技术、土壤改良、农作物病虫害防治、农业机械化等技术援助可以帮助非洲农民提高技能，增加产量，同时，协作带来的技术与知识转移提高了农产品的价值。以肯尼亚为例，印度政府与肯尼亚农业研究院合作，引进了一种新的抗旱、高产的玉米品种。据初步统计，这种新品种的玉米种植面积已达 10 万公顷，产量比本地品种提高了约 25%。在赞比亚，印度的生物技术研究所与赞比亚农业大学合作，开发了一种新的抗病抗虫的玉米种子，这种种子已经在赞比亚广泛种植，据估计，产量比传统种子提高了约 20%。在塞内加尔，印度的基洛斯卡（Kirloskar）公司与塞内加尔政府合作，设立了一个农业机械培训中心，该中心已经培训了超过 1000 名塞内加尔农民使用和维护现代化农业机械。在尼日尔，印度的耆那（Jain）灌溉系统集团与尼日尔农业部门合作，引进了滴灌技术，这一技术显著提高了当地的水资源利用效率。据估计，在采用滴灌技术的地区，农作物产量提高了约 30%。在莱索托，印度的戈德瑞克（Godrej）公司与当地政府合作，设立了一个农产品加工与储存中心。这个中心目前每年储存和加工约 10000 吨的谷物，大大减少了农产品的损失。

二、印度与多个非洲国家签订免税优惠计划，推动双边农产品贸易

印度政府总理在 2008 年第一次印非峰会上宣布，与多个非洲国家签订免税优惠计划（Duty-Free Tariff Preference），即印度单方面向 50 个最不发达国

家提供优惠市场待遇，这其中包括 34 个非洲国家。这些产品包括铝矿石、腰果、蔗糖、可可、棉花、铜矿石、非工业钻石等。一些非洲国家从印度的这一计划中获益。例如，贝宁向印度出口的除了棉花和油籽之外，还包括水果和坚果。尽管价值只有 9600 万美元，但是占到贝宁总出口的 64%。布基纳法索主要出口棉花、水果和坚果，占它对印度出口的 90%。喀麦隆、赤道几内亚、加蓬、刚果（布）、马里、尼日利亚和塞拉利昂主要向印度出口木材和木材制品。对于这些国家，免税优惠计划大大增加了它们的出口额。根据联合国贸易和发展会议（UNCTAD）的数据，2019 年印度与非洲的双边贸易额达到 630 亿美元，其中农业产品贸易占比约为 20%。按照世界银行的统计，印度在 2019 年到 2022 年期间出口到非洲的农产品增长约 15%。其中，小麦出口至非洲国家如肯尼亚和苏丹，占其小麦总出口的约 10%。同样，非洲国家如科特迪瓦和加纳成为印度可可和咖啡的主要供应国，这两种产品的进口量在同一时期增长了约 12%。

三、印度通过印度进出口银行为非洲提供农业信贷

缺乏资金支持，也是限制非洲农业发展的重要因素。印度通过印度进出口银行，向非洲国家提供农业信贷，在项目选择上完全由非洲国家自行决定。2005—2006 年以及 2011—2012 年，一共有 18 个非洲国家提交了相关的项目，得到了 1.225 亿美元的农业信贷。其中最大一个项目是埃塞俄比亚制糖业发展计划，印度帮助埃塞俄比亚把糖产量从每年 30 万吨提高到 130 万吨，该协议涉及金额达到 13 亿美元，其中，印度通过印度进出口银行提供了总额 6.4 亿美元的信贷和技术支援。另外，布基纳法索、冈比亚、几内亚比绍、塞内加尔、塞拉利昂、斯威士兰和坦桑尼亚等国也获得了相关农业信贷，详见表 3-1。农业信贷帮助多个非洲国家提高了农业产量，这包括喀麦隆（玉米和大米）、乍得（棉花）、科特迪瓦（可可、大米和咖啡）、多哥（玉米和小麦）和莫桑比克（玉米和小麦）。

表 3-1　印度进出口银行为非洲最不发达国家农业及相关项目所提供的资金支持

国家	年份	支持内容	价值（单位：百万美元）
布基纳法索	2005—2006	拖拉机、收割机和农业加工设备	30.0
喀麦隆	2008—2009 2010—2012	玉米种植、大米种植、木薯种植	37.7 42.0
乍得	2005—2006	棉纱厂、农业加工厂、灌溉设备	50.0
科特迪瓦	2005—2006 2007—2008 2009—2010	植物提取、果蔬脆片、可可和咖啡生产、鱼类加工设备、椰子纤维加工厂、大米生产	26.8 5.5 30.0
埃塞俄比亚	2005—2006	蔗糖制造业发展	639.5
冈比亚	2005—2006	拖拉机	6.7
加纳	2008—2009	捕鱼、鱼类加工	11.0
几内亚比绍	2005—2006	拖拉机和水泵	2.5
莱索托	2003—2004	灌溉设备	5.0
马拉维	2007—2008 2010—2011	灌溉蓄水、烟草打叶设备 棉花加工、绿化带	30.0 50.0
马里	2009—2010	农业和粮食加工	15.0
莫桑比克	2010—2011	提高大米、玉米和小麦产量	20.0
塞内加尔	2004—2005 2005—2006	购买农业机械设备、灌溉	15.0 27.0
塞拉利昂	2008—2009	购买拖拉机、收割机、打谷机、磨米机、农药等	15.0
苏丹	2006—2007 2007—2008	蔗糖项目	15.0 25.0
斯威士兰	2011—2012	农业发展、农业机械化	37.9
坦桑尼亚	2007—2008 2011—2012	拖拉机和水泵、农作物出口、柴油生产	40.0 35.0
多哥	2011—2012	大米、玉米和高粱栽培	13.1
总计			1224.7

资料来源：Gurjit Singh，“India and Africa：New Trends in Sustainable Agricultural Development”，in Fantu Cheru and Renu Modi（eds.），Agritural Developemnt and Food Security in Africa，Zed Books，2013，p.69。

四、印度鼓励国内企业到非洲国家进行农业投资开发

印度与非洲的农业合作不仅仅是单方面的援助，而是深度的双边投资与

贸易合作，且这种合作遍布农业的各个环节，从种植到收获，从加工到销售。20世纪60年代中期以后，印度政府就吸取以往对外援助的经验教训，适当调整对外经济援助政策，即改变过去单纯提供经济援助的做法，鼓励国内企业到相关国家投资开发。在选择投资国家时，主要选择在历史、文化和经济上有密切联系的、原英国的殖民地和英语国家，因为印度和这些国家都曾深受英国统治的影响，在政府管理、法律制度、商业习惯等方面具有相似性。

在埃塞俄比亚，印度的阿达尼（Adani）集团与当地政府合作，投资了一个价值约5亿美元的大型农业园区项目。这个项目预计将种植约10万公顷的玉米、小麦和其他农作物。在坦桑尼亚，印度的阿布贾水泥有限公司（Ambuja）投资建设了一个大型的水泥工厂，同时也资助了一个与之相关的农业项目，旨在为当地农民提供稳定的生计，该项目涉及约2万名当地农户。此外，大约有80家印度公司投资23亿美元用于埃塞俄比亚、肯尼亚、马达加斯加、塞内加尔和莫桑比克等非洲国家的农业生产，印度的卡尔图瑞（Karturi）、卡尔鲁斯克尔（Karluskor）等公司目前为非洲农业的主要投资者，此外，一些非洲国家为外来移民提供99年的土地租约期，旁遮普等地农民已经前往耕作。[①]

五、“印度—非洲峰会”（IAFS）的召开加强了印度对非农业合作

2008年“印度—非洲峰会”（IAFS）第一次召开，会议宣布了“德里宣言”，目的是在农业方面加强合作，除了给予非洲国家棉花、可可、腰果、蔗糖等免关税优惠，还向非洲小农户提供适合的农业技术。2011年第二届“印度—非洲峰会”上宣布了“亚的斯亚贝巴宣言”，印度关注非洲的“绿色长城工程”项目，双方在气候变化、抗旱和抑制荒漠化问题上达成共识，共同考虑有关“全球粮食、能源和金融危机”的问题，并支持“非洲农业综合发展计划”。2015年第三届“印度—非洲峰会”上的“新德里宣言”，同样重视气候变化对非洲的影响，声明强调了共同努力应对气候变化的重要性，并呼吁全球

---

① African nations offering land for free to Indian farmers，The Economic Times website，http://economictimes.indiatimes.com/news/economy/agriculture/African-nations-offering-land-for-free-to-Indian-farmers/articleshow/6293149.cms，访问日期：2018年2月21日。

社区在此问题上采取更加公平和公正的立场；强调双方在农业信息领域的合作与沟通，共同发展海洋经济；印度将继续提供资金，保障对非洲的无偿援助，详见表 3–2。

随着连续的峰会，印非双边贸易额不断增加。2015 年印非贸易额达到了 720 亿美元，相较于 2000 年的 30 亿美元有了显著的增长，而且随着印度给予非洲最不发达国家免关税优惠政策待遇，农产品贸易额也持续增长，2019 年印度与非洲的双边贸易额达到 630 亿美元，其中农业产品贸易占比约为 20%。印度在此期间为非洲农业发展提供了各种技术培训和技术支持，并设立了印度—非洲发展基金，在农业、食品加工、医药、信息通信技术等领域加强合作。

表 3–2 “印度—非洲峰会”宣言中有关印非农业合作内容

峰会宣言	宣言内容
2008 年第一届印度—非洲峰会的“德里宣言”	①增加对非洲的现行信贷限额，由原来约 20 亿美元提高到 54 亿美元；②对 34 个最不发达非洲国家给予免关税优惠，该计划将覆盖 94% 的税目及产品，如棉花、可可、铝矿石、铜矿石、腰果、蔗糖、服装和非工业用钻石等；③提供 5 亿美元，用于人力资源开发，拓宽现有培训方案，加强对非洲学生和技术管理人员的培养；④对非洲区域一体化给予支持，对非盟和“非洲发展新伙伴关系”给予财政支持，向其提供额度为 2 亿美元的信贷
2011 年第二届印度—非洲峰会的“亚的斯亚贝巴宣言”	①向农业部门提供捐赠、FDI、优惠贷款；②在非洲“绿色长城工程”、气候变化、抗旱和抑制荒漠化问题上达成一致；③共同考虑有关“全球粮食、能源和金融危机”的问题；④重申必须在 2015 年支持“非洲发展新伙伴关系”和“非洲农业综合发展计划”，实现千年发展目标
2015 年第三次印度—非洲峰会的“新德里宣言”	①向非洲提供 100 亿美元优惠信贷（5 年内）；②提供 6 亿美元无偿援助；③发展蓝色 / 海洋经济合作；④强调了印度与非洲在技术和创新领域，特别是在农业、健康、教育和信息通信技术领域合作的重要性；⑤强调了印度和非洲国家之间深化合作和伙伴关系的重要性，以共同应对全球挑战，如气候变化、经济失衡和安全威胁

第三节　土耳其对非农业合作发展

近年来，土耳其对非经贸合作发展迅速，已使其不仅成为一个全球性新兴经济体国家，更成为在非洲有影响力的新兴国家，非洲国家也是土耳其提供对外援助的首个区域。20 世纪 80 年代萨赫勒和撒哈拉以南的非洲地区遭遇了干旱灾害，1985年土耳其开启了对冈比亚、毛里塔尼亚、塞内加尔、几内亚、几内亚比绍、索马里和苏丹等国的官方援助项目，提供了总价值约一千万美元的援助。农业领域一直是援助的重点，土耳其政府投入了大量的资金用于非洲农业基础设施建设，为非洲农民免费修建水渠、提供滴灌设备等。土耳其政府还派专门的农业专家对农民进行技术指导，并对播种、种植、收获、储藏、灌溉等各个方面给予资金补贴。1998年“向非洲开放”政策的出台使土非关系进入了一个新的时期。但之后数年因土耳其内政不稳、经济危机频发，计划未能如愿推进。2005年土耳其宣布全面启动非洲战略，2008年举办了首届“土耳其—非洲峰会”，使土非关系上了一个新的台阶，土耳其对非农业合作发展也全面展开。

一、首届“土耳其—非洲峰会”推动了土非农业合作

在2008年前，土耳其和非洲的关系主要局限于双边贸易和投资。但随着土耳其外交政策的转变，其对非洲的关注日益增强。因为拥有丰富的自然资源和巨大的潜在市场，非洲被视为土耳其经济外交的新战略伙伴。2008年第一届“土耳其—非洲峰会”在土耳其首都安卡拉举行，吸引了非洲多国的国家领导人。土耳其总统和非洲联盟主席发表了开幕词，强调加强双方在多个领域的合作，特别是农业领域的合作。峰会结束后，双方签署了一个农业合作框架协议，明确了未来合作的方向和计划。土耳其承诺在非洲设立农业培训中心，首选国家为肯尼亚和埃塞俄比亚。土耳其同意向非洲国家转移包括种子技术、土地管理和灌溉技术在内的农业技术。总的来说，2008年的“土耳其—非洲峰会”为双方在农业领域的合作打下了坚实的基础，为后续的合作提供了方向。2008年8月，土耳其国际合作与发展署启动了一项非洲农业发展计划，这一计划为期3年，持续到2010年，在塞内加尔、科摩罗、布基纳法索、吉布提、埃塞俄比亚、几内亚、几内亚比绍、马里、马达加斯加、肯尼亚、卢旺达、乌干达和坦桑尼亚13国实施。[①] 2009年，土耳其在肯尼亚建立了首个农业培训中心，为当地农民提供培训；2010年，土耳其开始向苏丹、乌干达和马里转

① 张春:《土耳其对非洲地区的经贸合作》,《阿拉伯世界研究》2012年第2期。

移农业技术；2011 年，几家土耳其农业公司开始在非洲进行农业投资，建立农场和食品加工厂。

二、土耳其通过多种援助方式，助力非洲农业发展

土耳其根据不同同家和地区的农业需求，在非洲进行了形式多样的援助。2010 年由于干燥的气候和有限的资源，萨赫勒地区面临严重的挑战。土耳其作为一个农业大国，向萨赫勒地区的非洲国家提供种子、肥料和农具援助，希望通过提供援助帮助这些国家提高其农业生产能力。此外，土耳其还派遣了农业技术团队，为当地农民提供了培训，教授他们最新的农业技术和管理方法。摩洛哥是北非的主要农业生产国，但仍面临技术和资金瓶颈，2014 年土耳其向摩洛哥提供农业机械和技术支持，希望通过提供援助来加强两国在农业领域的合作。两国还在农产品加工、销售和技术研发等领域展开了更深入的合作。由于长期的冲突和不稳定，南苏丹面临严重的食品短缺问题。土耳其希望通过提供援助帮助南苏丹渡过难关。2017 年土耳其向南苏丹提供食品援助并供应种子。这些援助在短期内缓解了南苏丹的食品短缺问题，同时种子供应也为其农业恢复提供了支持。马达加斯加是世界上最大的稻米消费国之一，但其稻米生产技术仍然比较落后。2019 年土耳其向马达加斯加提供稻米种植技术，希望通过稻米技术援助帮助马达加斯加提高其稻米产量。马达加斯加通过引入土耳其的先进技术，显著提高了稻米产量。

三、土耳其重视对非洲的农业投资

面对埃塞俄比亚巨大的农业潜力和相对较低的农业现代化水平，土耳其企业看到了投资机会。2013 年土耳其的农业公司开始在埃塞俄比亚南部地区的大型农场进行投资，主要种植小麦、玉米和大豆。土耳其的投资不仅仅提高了当地的农业产量，更输出了现代化的农业技术和管理经验，有助于提高整个区域的农业水平。这些农场为当地居民提供了大量的工作机会，也促进了相关供应链和物流业务的发展。肯尼亚是东非的农产品中心，主要种植咖啡和茶叶。土耳其食品加工公司希望通过投资进入该市场并从中受益，2016 年土耳其食品加工公司在肯尼亚设立了分厂，加工并出口咖啡和茶叶。这些投资为肯

尼亚当地的咖啡和茶叶生产者提供了更多的销售渠道，并增加了就业机会。通过土耳其的国际销售网络，肯尼亚的咖啡和茶叶得到了更广泛的市场认可和更高的利润回报。尼日利亚拥有丰富的农业资源，但由于技术和资金的限制，其农产品的产量和效益都未能得到充分发挥。土耳其希望通过合作帮助尼日利亚充分挖掘其农业潜力。2018 年土耳其与尼日利亚签署了农业合作协议，土耳其公司开始在尼日利亚北部地区投资建设灌溉系统，以提高农业产量，土耳其不仅提供了资金，还推广了先进的灌溉技术和管理经验，这有助于尼日利亚农业的长期发展。新的灌溉系统显著提高了当地农作物的产量和稳定性，为当地农民提供了稳定的收入来源。

四、土耳其通过农业技术交流展览会，加强土非农业合作发展

随着土耳其在非洲的农业合作不断深化，双方对技术交流和经验分享的需求也日益增强。此外，土耳其作为一个地中海地区的农业大国，拥有大量先进的农业技术和产品，对外展示和销售成为经济交往的重要手段。2015 年由土耳其农业部门与非洲联盟联合主办的农业技术交流展览会，得到了多家农业企业和研究机构的支持。土耳其通过官方渠道和非政府组织，向所有非洲国家发出邀请，同时利用媒体和社交平台进行广泛宣传。展会上，土耳其企业展示了最新的农业机械、高质量的种子以及先进的农业管理系统。此外，化肥、灌溉系统以及病虫害防治技术也是展会的亮点。展会期间，还举办了多场技术研讨会，邀请了来自土耳其和非洲的农业专家进行演讲和交流，深入探讨了农业发展的趋势和挑战。针对参展企业和非洲买家，组织方专门设立了商务对接区，为双方提供了交流和合作的机会。除了技术和产品展示，展会还融入了丰富的文化交流活动，如土耳其传统音乐、舞蹈表演和美食展示等，为参展者提供了更加深入了解土耳其文化的机会。该展览会极大地加强了土耳其与非洲国家之间的农业合作关系，多个合作协议和商务合同在展会期间签署。非洲参展国家从中了解到了大量的先进农业技术和管理经验，对于提高农业生产效率和农产品质量起到了积极作用。土耳其农业企业则通过展会获得了大量的订单，对于推动土耳其的农业出口和经济增长产生了积极影响。

第四节 启示

巴西、印度、土耳其等新兴经济体国家对非农业合作的规模和力度虽然有限，但在对非农业合作方面，也有各自的特点和合作发展经验，主要体现在以下几点：

第一，在对非农业合作发展中注意分享自身的农业发展成功经验。

在巴西国内，巴西农业研究所被认为是推动巴西农业发展的主要力量，它也是巴西在非洲对外援助机构中最为重要、最为成功的一个。自 20 世纪 60 年代以来，巴西农业研究所通过应用技术研究和技术创新推动了巴西农业的革命性巨变，因而，巴西农业研究所希望将这些经验推广到非洲，为非洲政府提供免费农业技术援助。

印度是世界第二大高产水果和蔬菜生产商，在生物科技方面展现出巨大潜能，并且在生物科技应用方面也具有优势，如研发出抵抗力强产量高的农业新品种。印度和韩国的对非农业合作发展中，也尤其注意结合自身的优势，尽管农业合作发展项目规模不大，但是也很有自己的特色。

第二，支持非洲国家的农业可持续性发展。比如巴西与德国合作，共同推广保护性农业的发展经验，既促进了非洲农业发展，同时也与西方国家进行合作，有效整合与利用了西方国家所能提供的资源。

第三，积极开展双边或多边合作，共同促进非洲农业发展。新兴经济体国家如印度，在与非洲国家的农业合作发展过程为中非农业合作发展也提供了重要借鉴。印度与多个非洲国家就农业生产方面签订了双边合作协议，目的是帮助非洲国家提高农业生产能力。印度和埃塞俄比亚签订的协定规定，印度帮助埃塞俄比亚把糖产量从现在的年产 30 万吨提高到 130 万吨。该协议涉及金额达到 13 亿美元，其中，印度通过进出口银行提供总额 6.4 亿美元的信贷和技术支援。同样，博茨瓦纳和印度也就农业领域的研究与生产签署了协议。印度还和加纳达成协议，向加纳提供 1.8 亿美元的贷款以用于加纳农村的电气化建设和饮用水的净化工程。巴西在开展对非农业合作发展时，也注意与联合国粮农组织和世界粮食计划署的合作。

目前，这些国家也积极寻求与中国共同开展对非洲的三边农业合作。如土耳其与中国共同在非洲实施农业项目，项目的重点是提供技术援助、农业培训和基础设施发展，以改善非洲国家的粮食安全和农业生产力。巴西和中国在非洲的农业合作，以分享热带农业的专业知识，促进可持续农业生产为主要方向。印度和中国在非洲合作开展的农业项目，重点是技术转让、能力建设和改善基础设施，目的同样是改善粮食安全和支持非洲国家的可持续性农业发展。

第四章

中非农业合作发展分析

50 多年来，中非农业合作发展不断推进，参与主体从政府为主，发展为政府、事业、企业等多元主体，合作领域日益广泛，形式日趋多样。本章节应用 SWOT 分析方法，对中非农业合作发展的优势、劣势、机遇及挑战逐一进行分析，为企业今后赴非投资开发农业资源提供参考信息。

第一节　中非农业合作发展 SWOT 分析

一、中非农业合作发展的优势

（一）中非政治基础牢固

中非高层往来频繁，发展合作的政治基础牢固。1949 年之后，第一代领导人同非洲国家领导人密切合作，对非洲进行了粮食等物资的无偿援助。早在 20 世纪 60 年代，周恩来总理曾先后 3 次访问非洲，提出中国同非洲国家发展关系的五项原则和援外八项原则。20 世纪 80 年代，邓小平同志积极倡导和推动南南合作，强调中国和非洲国家“要采取新途径加强相互之间合作，为南南合作做实事”。1996 年，江泽民主席访问非洲，提出构筑中非关系面向 21 世纪长期稳定、全面合作的五点建议。

2000 年 10 月，“中非合作论坛”部长级会议举行。会议通过了《中非合作论坛北京宣言》和《中非经济和社会发展合作纲领》这两个重要文件，大大深化了中非友好合作关系。温家宝总理 2006 年访问非洲时指出：“与非洲的农业合作发展大有发展潜力。我们要积极开展与非洲国家的农业合作发展。通过设立农业示范中心，传授技术，改良种子，提高产量，帮助非洲国家解决好吃饭问题。”

2006 年中非合作论坛北京峰会举行，其间胡锦涛主席宣布了推动中非新型战略伙伴关系发展的、包括农业举措在内的 8 项重大对非合作举措。2012 年中非合作论坛通过《中非合作论坛第五届部长级会议——北京行动计划（2013 年至 2015 年）》，其中，“农业与粮食安全”领域的合作是中非经济领域合作的重要内容。2013 年，习近平总书记将非洲作为首个出访地区，并提出中非是休戚与共的命运共同体，提出“真、实、亲、诚”四字方针和“相互尊重，互利共赢”的指导原则，为中非全方位合作注入新动力。

2021 年习近平总书记出席中非合作论坛第八届部长级会议开幕式时指出，作为《中非合作 2035 年愿景》首个三年规划，中国将同非洲国家密切配合，共同实施“九项工程”，减贫惠农工程就是其中重要一项。中国将为非洲援助实施 10 个减贫和农业项目，派遣 500 名农业专家，在华设立一批中非现代农业技术交流示范和培训联合中心，鼓励中国机构和企业在非洲建设中非农业发展与减贫示范村，支持在非中国企业社会责任联盟发起“百企千村”活动。

非洲各国高度重视借鉴中国农业发展的成功经验。近年来，中国与非洲政府农业部门交往日益频繁，非洲国家高级代表团频频访华，很多非洲国家领导人提出与中国开展农业合作发展的意愿，希望中国企业参与开发当地农业。非洲国家政府十分重视中非农业合作发展，为中国企业参与开发非洲农业资源创造了良好的政治环境。

（二）中国经济实力不断增强

新中国成立 70 多年来，无论是经济总量，还是人均国内生产总值水平都有大幅提高，综合国力明显增强。国内生产总值快速增长，中国在 2010 年成为世界第二大经济体，此后一直保持着世界第二大经济体的地位。2022 年中国国内生产总值达 121 万亿元，按年平均汇率折算，中国经济总量达 18 万亿美元，稳居世界第二位。在经济总量增长的同时，中国人均国内生产总值也快速增长，已进入中等偏上收入国家行列，2022 年中国人均国内生产总值为 85698 元，按年平均汇率折算达 12741 美元，继续保持在 1.2 万美元以上。国家财政收入增长迅速，政府对经济和社会发展的调控能力日趋增强，此外，外汇储备快速增长，由长期以来的外汇短缺国一跃而为世界第一外汇储备大国，截至 2022 年 12 月末，中国外汇储备规模为 31277 亿美元。[①] 伴随着综合国力的增强，中国农业和农村经济发展取得举世瞩目的成就，为世界粮食安全做出了巨大贡献，受到国际社会高度关注。综合国力大幅提升为实施“走出去”战略提供了必要的物质条件，农业农村经济的发展也为开展中非农业合作发展，提升农产品贸易规模和水平，实施大型农业投资开发项目提供了坚实的基础和较强的后劲。

（三）多数非洲国家政局趋于稳定，宏观经济向好

自 2000 年以来，虽然全球经济增长波动不定，但是非洲经济增速基本得以保持。近年来，非洲大陆形势总体渐稳。撒哈拉以南地区在 2010 年还举行了为数众多的大选，多哥、布隆迪、卢旺达、坦桑尼亚、布基纳法索、几内亚和科特迪瓦等国先后举行了总统选举。其中，多哥、布隆迪、卢旺达、坦桑尼亚、布基纳法索等国选举无悬念，现任总统分别顺利获得连任。而在几内亚，虽然在选举前后和选举期间暴力和冲突事件时有发生，但该国最终顺利地举行了自 1958 年独立以来的首次民主选举。2024 年，多国将迎来大选，最终结果将对这些国家产生影响。

在安全形势方面，国家内部及国家间冲突对非洲安全局势带来一定负面影响，域外恐怖主义势力趁虚而入，加速对非洲的渗透，并与本土极端势力勾连共振，本土性和输入性恐怖威胁交织叠加，表现为在西非地区，“伊斯兰国”向乍得、马里、尼日利亚的渗透与域内恐怖组织勾连作乱；在东非地区，“伊斯兰国”在索马里境内扩张迅猛，与索马里“青年党”呈现北南分治的抗衡态势；在北非地区，“伊斯兰国”分支势力韧性强劲，仍保有相当的活动能力；此外，“伊斯兰国”还在南部非洲的莫桑比克和中部非洲的刚果（金）建立分支，势力逐渐壮大。萨赫勒和索马里地区的反恐形势最为严峻。

尽管非洲局部地区的安全形势不容乐观，但非洲地区冲突和热点问题明显降温，民主法制建设逐步健全，社会经济明显发展，绝大部分国家的政治和

---

① 谢艺观:《中国 2022 年末外汇储备规模超 3.12 万亿美元》，https://www.chinanews.com.cn/cj/2023/01-07/9929836.shtml，访问日期：2023 年 2 月 8 日。

社会日趋稳定。在十多年的经济结构调整之后，大部分非洲国家的宏观经济运行趋于稳定发展，经济总体上已保持持续增长，还涌现出类似于博茨瓦纳和毛里求斯这样一些发展速度较快、投资环境适宜的新兴市场国家。很多非洲国家采取经济发展改革计划，增强在汇率、财政和货币等方面的管理能力，这些都为中非农业合作发展创造了较为适宜的环境条件。

（四）非洲农业发展投资机遇广阔

非洲农业资源极为丰富，自然条件优越，是多种热带作物主产区。根据联合国粮农组织的统计数据，2024 年非洲农业面积约为 19 亿公顷，可耕地面积约占土地总面积的 22%，非洲森林面积大约为 8.2 亿公顷，永久牧场约占非洲农业土地总面积的 17%，丰富的牧场资源为畜牧业发展提供了良好条件。土地广袤、气候和土壤复杂多样，这些条件为粮食和经济作物生产提供了便利条件。在世界各大洲之中，非洲的粮食作物种类最多，它同时也是世界经济作物，尤其是热带经济作物重要产地和出口地区。非洲渔业资源极为丰富。非洲海岸线长达 3 万余公里，拥有 65.38 万平方米的内陆水域和辽阔的海域，为渔业生产提供了有利条件，2024 年预计捕捞渔业和水产养殖业将达到 1320 公万吨。

与此同时，非洲国家普遍存在农业投入匮乏、农业基础设施落后、抵御自然灾害能力弱、生产资料严重匮乏、生产水平滞后等问题。非洲国家农业仍然是靠天吃饭，再加上许多非洲国家农业生产技术极度落后，粮食单位面积产量不足世界平均水平的一半，致使粮食自给率只有 70% 左右，除了玉米能够基本满足本地区需求之外，80% 的水稻和 45% 的小麦都需要依靠进口。[①]以小麦生产为例，国际玉米小麦改良中心 2012 年公布的研究报告显示，整个撒哈拉沙漠以南非洲国家只开发了其农业潜力的 10% 至 25%，倘若能将其潜能开发出来，将有助于消除饥荒、抵御价格震荡和政治动荡的冲击。撒哈拉以南非洲国家的现有小麦产量只占到其消费量的 44%，这意味着这些国家需要大量依赖国际市场进口。一方面，非洲农业自然条件优势突出，另一方面，非洲农业发展水平明显处于弱势，这一状况为中非农业合作发展提供

① 李淑芹、石金贵:《全球粮食危机与非洲农业发展》,《世界农业》2008 年第 10 期。

了广阔发展机遇。

（五）中非农业合作发展已经具备相对较好的基础

20 世纪 50 年代末，中国开始对非实施农业援助。此后直至 20 世纪 70 年代末，中国曾经先后帮助十多个非洲国家实施了上百个农业项目。这些国家有几内亚、马里、坦桑尼亚、刚果（布）、乌干达、塞拉利昂、尼日尔、刚果（金）和毛里塔尼亚等国。这些项目有农技试验站、农技推广站和规模较大的农场，种植面积达到 4 万多公顷；中国还承建了一批水利工程，受益面积达 7 万多公顷。通过援助，中国将一部分农业技术传授给了受援国，例如农作物种植技术、品种繁育技术以及农产品初加工技术等。改革开放以来，中国的非洲政策发生调整，由原先的无偿援助向互利互惠逐渐过渡。在这一背景下，中非农业合作发展也进入调整期，中国开始强化项目管理，注重项目经济效益，并且确保项目成功率；中国也开始探索新的合作形式，由单向援助向双方合作转变，从而使双方都能受益，这包括技术合作、管理合作和租赁经营等多个方面。①

（六）中国的农业技术适用非洲

中国拥有开发非洲农业的技术优势，在粮食种植、种子培养、畜禽饲养、病虫害防治等方面有着丰富技术经验，并且在多项农业科技领域拥有明显优势，特别是杂交水稻、病虫害生物防治、旱作农业、风能利用和农村沼气等方面，且这些农业生产技术和经验大都具有成本低、容易学、简单实用的特点，非常符合非洲地区的实际需要，适合于在非洲国家进行推广和普及。中国是一个传统农业十分发达的国家。中国农业的精耕细作生产模式和管理方法，是非洲国家农业和农民所欠缺的，同时也适合非洲国家农业发展的现实需要，可以使非洲农业和粮食生产得以大大提高和改善。此外，中国农业改革的成功经验对非洲解决农业与粮食问题非常有借鉴意义。2006 年，尼日利亚农业国务部长巴米德莱·达达曾经在接受《经济参考报》采访时表示："中国在成功解决了多达 13 亿人口吃饭问题的同时，还能够大量出口农产品。尼日利亚是非洲

① 陈辉、陈颖：《积极探索农业"走出去"的途径——关于促进和扩大中非农业合作发展的思考》，《人民日报》2007 年 3 月 7 日第 11 版。

人口大国，我们迫切希望能够分享中国经验。”[①]

（七）中国对非农业合作有一定的专家储备

中国参与非洲农业资源开发需要一支具有过硬的专业素质、政治素质，较强的外语能力和组织协调能力的技术型专家和人才。经过改革开放以来50多年的农业农村发展和70多年对非农业援助历程，中国已经形成了一支庞大的农业技术人员队伍，其中很多人参与过对非农业合作发展项目的实施，了解非洲国家农业资源的具体情况，积累了丰富的项目经验和相关知识。这些高素质、懂管理、通业务、通非洲的人才队伍为进一步深入地开发非洲农业资源奠定了人才基础。[②]

（八）参与中非农业合作的企业增多

企业是中国参与非洲农业资源开发的主体。近年来，我国农业农村经济迅猛发展，促进了一大批农业企业的发展壮大。特别是“走出去”战略的实施使得一批中资农业企业走出国门进入非洲大陆，这些为中非农业合作发展创造了有利条件。目前，已经形成了以1541家农业产业化国家重点龙头企业为核心，以1万多家省级重点龙头企业为骨干，以10万家中小型龙头企业为基础的发展格局，为中国开展非洲农业资源开发提供了有效载体。

中国农业发展集团等一些大型国有企业在非洲开展的农业生产项目已经取得较好的成果，为更多农业企业到非洲进行农业资源开发做好了铺垫。如中农发集团已经在赞比亚、坦桑尼亚、几内亚、加蓬、加纳等多个非洲国家投资农业开发项目，开垦耕地1.6万公顷以上，主要种植小麦、玉米、剑麻、水稻和可可等作物，还发展了一定规模的畜禽养殖业。项目在丰富了当地农产品市场的供应的同时，也推动企业自身实现了发展。

（九）中非农业合作发展社会基础扎实

至2022年12月，我国已在非洲建成农业技术示范中心23个，除马里、中非因战乱停工，其余都进入技术合作和商业化运营。目前，农业技术示范中心的试验研究、人员培训、技术推广等各项活动已逐步展开，示范推广效果

---

① 刘曰峰、刘曙光：《中非农业合作发展研究综述》，《西亚非洲》2010年第11期。

② 周德翼、常瑞甫、肖运来：《中非农业合作发展模式创新研究》，中国农业科学技术出版社，2011，第60页。

已开始展现，一批先进的实用农业技术已开始被当地农户应用于生产之中。此外，中国对非农业援助还包括为受援国培训农业技术人才，建设农场、农业技术试验站和推广站，提供农机具、农产品加工设备和相关农用物资，兴建农田水利项目，派遣农技人员和高级农业专家等。我国在非援建的农业项目促进了受援国农业生产发展，得到受援国政府和人民充分肯定，为进一步开展中非农业合作奠定了社会基础。

二、中非农业合作发展的劣势

（一）机制层面及企业层面存在的劣势

1. 机制层面存在的劣势

1）整体规划不充分

目前，我国在非洲的农业资源开发大多为企业自发行为，缺乏国家层面的统一规划和管理协调，特别是在国别投资规划、产业投资和重点产品投资等方面，导致项目布局混乱、资源开发无序、企业之间恶性竞争等问题。此外，个别企业缺少“走出去”的前期基础条件，很难在当地扎根生存，有些还造成了不良的国际影响，不利于国家整体“走出去”战略的实施。

2）服务与管理水平亟待提高

（1）缺少统一的协调管理机制，农业“走出去”项目的管理权限分布在多个行政管理部门，存在多头管理、沟通不力的问题，导致一些“走出去”项目的审批手续烦琐、耗时较长，甚至延误商机，特别是在发生突发事件时，难以及时有效应对。

（2）监管和服务不到位，对境外投资企业的登记注册以及经营、变更情况缺乏及时更新和指导，还未建立专门针对涉外企业进行农业投资咨询服务的机构。

（3）法律体系不健全，目前还没有促进农业“走出去”的专门针对海外农业直接投资的法律制度、信用担保制度以及法律援助制度等，物种资源保护、农业技术转让和产业或技术适用标准等方面的规定也不健全。

（4）信息服务能力较差，目前我国对涉外企业的信息服务无法满足企业需求，信息基本依靠企业自行搜集。

（5）部分管理制度难以适应企业“走出去”的需要，例如现行外汇管理制度的报批手续较长，正常需要 20 个工作日才能完成，对农业专家、技术人员和其他工作人员出境限制严格，审批手续不仅烦琐且耗时较长，因而严重影响了项目的有效管理。另外，海外农业基地所需的种子、化肥、农药和农机等物资和设备，出关手续极为烦琐，严重影响境外基地正常生产。

3）政策支持乏力

当前，我国对企业进行境外农业资源开发的支持政策还不完善，支持范围还较狭窄，支持规模仍然较小。

（1）在财政政策方面，目前只有商务部和财政部出台了直接补助费用，用于补助企业在海外前期开发费、境外突发事件处置费以及资源回运费等，但这些政策存在着支持比例小、范围窄的问题，而且要求极为严格，很多中小型企业无法申请获得。

（2）在金融政策方面，我国缺乏专门针对“走出去”企业的融资扶持政策，目前仅有贷款贴息政策，导致我国对外农业开发项目投资规模难以做大，发展速度较缓。

（3）在保险政策方面，尽管我国目前已经有一些相关政策，但是险种较少、范围极窄，因而帮助企业规避风险的功能较弱，没有针对非常风险①的农业对外投资保险险种。

（4）在税收政策方面，当前我国与相当一部分非洲国家尚未签订避免双重征税协定，涉外企业仍然面临着双重征税问题。

4）农业援外项目长效机制有待完善

中国先后开展了农业技术试验站、推广站、示范农场等数以百计的农业合作发展项目，项目建设初期均取得了成功，对提高当地农业生产水平和粮食供给具有重要意义。但是，由于合作国农业经营管理水平落后，本地农民和技术人员参与不足、培训不够，随着项目移交和中方人员的撤离，绝大部分援外项目缺乏可重复性，无法持续经营，与农业机械、农业技术相配套的社会化服务体系建设也滞后，项目应有的作用难以发挥，援助的积极影响随

① 主要指因战争、内乱导致不能执行合同的政治性风险；企业经营者的对外投资被没收、征用造成的风险；东道国因外汇不足而限制外汇兑换、拖延付款以及限制进口造成的经济性风险。

之消失。未来应加强农业援外的可持续性，建立援外项目的长效机制，更加注重本土人才培养和持续合作对话，不断开发新的合作平台，使从中国不断得到技术支持成为可望可及的合理预期，给予本土人才开发利用中国技术的有效激励。

2. 企业层面

1）企业总体实力不强，农业合作发展的活力有待提高

从目前开展的多双边农业合作发展来看，参与主体大多为政府层面的，企业、科研机构等民间机构参与较少。中国与发展中国家之间的农业合作发展应是全方位、多主体的合作，不仅需要政府层面的对话与合作，而且需要企业间的经贸投资合作。只有更多有实力的企业参与进来，农业合作发展才会有活力，才会可持续发展。目前中国参与非洲投资开发农业的企业不仅数量少，而且投资规模小，规模效应很难形成。

（1）企业规模较小，投资能力较弱。鉴于非洲国家整体农业设施不够完善，我国从事对非农业投资开发的经营主体大多是中小型企业，资金实力较弱，抗御各种自然和市场风险能力较弱，很难与其他国家的跨国企业展开竞争。

（2）企业自主研发能力弱。在非农业投资的企业大多数是中小企业，缺乏资金，难以建立完整的研发和推广体系，导致企业技术应用成本较高并且适应能力较弱。

（3）复合型人才匮乏。在外投资企业的通用型人才比较少，多数企业缺乏熟悉农业技术、国际贸易、外语和外交礼仪的复合型人才，严重影响了我国在境外的农业经济活动。

（4）经营方式粗放，未能形成产业链。我国在非洲经营的农场大部分仍然采用粗放经营模式，多集中在粮食生产环节，以提供初级农产品为主，附加值不高，产业链较短，虽然在一定程度上有助于缓解非洲国家的初级农产品需求，却与本地农场形成低水平竞争，严重影响企业长远发展。

2）对投资国法律法规、传统文化了解不足

多数农业企业对非洲国家的政治制度、法律法规、文化习俗以及宗教传统等缺乏深入的了解，再加上语言障碍，经常出现各种不符合当地社会习惯的

生产经营行为，而非洲法律重视保护劳工权益，工会组织非常发达，当地劳工维权意识也较强，很容易引起劳资纠纷。

3）社会责任与本土化经营意识薄弱

不少企业专注于生产经营，对社会责任、公共关系及培养本土人才不够重视。近年来，非洲国家普遍加大了对环境保护的重视，要求企业运营必须遵守相关环保规定。而一些中资企业在投资过程中往往不注重对环境的保护，很少考虑企业投资可能带来的环境污染，如森林退化、生物多样性消失、土壤流失、温室气体排放、水污染以及人类疾病等，这些影响了中国企业在非投资的可持续性。

4）缺乏企业之间的协力合作与社会组织服务

按照国际经验，非政府组织可以在境外农业资源开发过程中扮演重要角色，尤其在市场经济体制下，它能够发挥政府所不能以及不便于发挥的作用和功能。目前，我国能够为境外农业资源开发提供社会服务的社会组织数量较少，并且无法发挥行业自律、应对贸易纠纷、价格协调、提供各种服务和抵御海外风险的功能，这是导致境外农业资源开发企业各自为战、无序竞争的重要原因。

（二）非洲农业基础设施薄弱

非洲农业基础设施建设薄弱，这严重影响了非洲农业发展。非洲国家的水资源和灌溉农业的潜能并未得到充分开发，可再生水资源中只有 4% 用于农业生产。主要原因在于缺少财政和人力资源来建设灌溉设施等相关基础设施，更不要说获取农业技术。非洲国家人均农业产出仅占世界平均水平的 56%，根本无法满足非洲国家人口增长的需求。1980 年以来，非洲国家 80% 以上的生产增长源于土地耕作面积的扩张，而不是已有耕作土地生产效率的提升。当前非洲国家可灌溉耕地面积还不足其可耕地面积的 5%，而这不足 5% 的土地农业产出竟占其农业总产出的 1/4，这也充分说明了非洲国家发展灌溉农业的巨大潜力。令人遗憾的是，20 世纪 70 年代至 90 年代，非洲国家只开垦出 400 万公顷可灌溉土地，远远落后于世界其他地区。而同期中国开垦出了 2500 万公顷可灌溉土地，印度开垦了 3200 万公顷可灌溉土地。非洲国家农业发展落后的另一因素就是化肥使用量过低，国际化肥发展中心（the International

Fertilizer Development Center）的研究显示，非洲国家化肥使用只有 8.8 公斤 / 公顷，距离中等收入国家的 50 公斤 / 公顷的水平仍存在较大差距。[①]

（三）非洲国家普遍产业发展环境差

很多非洲国家的汇率、贸易和价格政策都不利于农业发展。政府公共投入不足也严重限制了农业发展。1990 至 2010 年间，非洲在农业领域的公共投入持续下降，从平均 10% 下降到了平均 4% 不到。地区战略分析和知识支持体系（Regional Strategic Analysis and Knowledge Support System）的一项研究显示，在 2003 年和 2005 年，非洲国家政府只将国家预算的 4.5% 和 6% 用于农业。[②] 2007 年农业消费跟踪体系（AETS）的调查显示 17 个非洲国家用于农业的预算不到 5%；8 个非洲国家分配了 5% ~ 10% 的预算；只有 7 个国家分配了超过 10% 的预算。[③]此外，投入更多是用于补贴化肥和信贷。世界银行认为，这些资金不如投入农业研究、农村基础设施、教育和医疗卫生等领域更能促进农业发展。政府借贷的高利率，不利于农业的发展。农业发展方数据的缺失也严重影响政府对农业产业发展的有效规划和决策。落后的农业基础设施，再加上落后的法律环境，也增加了农村地区投资贸易的交易成本。

（四）非洲国家政策执行力不够

非洲国家农业发展战略难以真正贯彻实施，农业发展战略文件往往成为“一纸空文”。目前，只有几内亚、布基纳法索、塞内加尔、马里、马拉维、埃塞俄比亚、尼日尔、多哥和加纳等十余个非洲国家兑现了“非洲农业综合发展计划”的承诺。农业制度和资金问题，是困扰非洲农业政策执行力的最重要因素。非洲国家对外高度依赖，经济发展严重不足，很多非洲国家国民经济发展总量十分低，政府可支配财政收入严重匮乏；与此同时非洲国家面临着严重债务危机，相当部分财政收入用于支付巨额债务本息。一些非洲国家需要通过

---

① Chris Ackello-Ogutu, “Managing Food Security Implications of Food Price Shocks in Africa”, *Journal of African Economies*, 2011, vol.20（1）, p.126.

② ReSAKSS, “Regional Strategic Analysis and Knowledge Support System. Annual Trends 2008: Monitoring Agricultural Sector Performance”, *Growth and Poverty in Africa*. Washington, DC: International Food Policy Research Institute（IFPRI）, 2008.

③ AUC, *2007 Draft Survey Report（with 34 Respondent Countries）*. Department of Rural Economy and Agriculture, October, 2008.

大量出口经济作物获得本国发展所需外汇；另外，这些国家还要用外汇在国际市场购买保障本国粮食安全所需谷物。由于这样一种恶性财政循环，非洲国家难以积累农业发展资金，很多的农业政策无法有效落实。①

（五）国际经济环境也不利于非洲农业的发展

近年来，国际市场粮价不断上扬，这导致缺粮的非洲陷入更加不利境地。统计数据显示，2022 年的食品价格指数平均为 143.7 点，同比涨幅高达 14.3%，其中玉米和小麦价格双双创历史新高。由于世界粮食价格大幅上涨，许多非洲国家出现粮食危机。就非洲而言，粮食短缺已经成为威胁社会稳定的严峻问题，联合国 2024 年 3 月公布数据显示，全球 45 个国家和地区需要外部粮食援助，其中非洲国家 33 个。联合国粮农组织的数据也显示，1/3 的撒哈拉沙漠以南非洲国家民众面临着营养不良问题，而且联合国粮农组织将 34 个非洲国家认定为低收入粮食紧缺国家，这意味着它们在数年时间里将一直处于粮食紧缺状态。世界粮食计划署的相关数据也显示，2011 年该组织所援助的 9900 万人口中有一半生活在非洲，2023 年又向 600 万受灾人口提供粮食援助。

（六）世界其他地区的农业保护政策，削弱了非洲农业出口

世界其他地区（尤其是发达国家所采取的农业补贴和农业保护措施）较高的产量增长，严重削弱了非洲国家的农业出口收入。而较低的农产品价格也使得很多非洲国家政府依赖食品进口来实现粮食安全。特别是在结构调整政策的压力下，很多非洲国家政府降低进口关税，挤垮了非洲本土农业。此外，西方国家的非洲发展伙伴的政策倾向不利于非洲农业发展，捐助国对于农业和农村发展兴趣减弱，农业在官方发展援助中的比例已经从 1979 年的 18% 下降到了 2006 年的 3%。2008 年粮食危机以后，世界银行发布《以农业促发展》，呼吁国际社会将更多的发展支持投向农业领域。2015 年，国际发展援助投向农业的占比也只有 6.5%，难以填补资金缺口。

---

① 唐丽霞:《非洲能从中国的农业发展中学习什么》,《中国农业大学学报》2011 年第 4 期。

三、中非农业合作发展的机遇

（一）非洲各国高度重视粮食安全和中国的农业发展成功经验

在战略层面上，非洲国家和地区组织已经把农业和农村经济作为着力发展的重点领域。非洲国家农业经营方式落后粗放，土地垦殖率较低，再加上资金和技术的匮乏，劳动生产效力低下，粮食生产无法满足需求，营养不良和饥饿现象十分普遍。根据联合国粮农组织的数据，极易发生干旱的撒哈拉以南非洲地区的饥饿人口数量从1990—1992年间的1.8亿变化为2014—2016年间的2.2亿，同期粮食不安全人口发生率由33.3%变化为23.2%。① 从全球缺粮人口地理分布来看，非洲地区在全球粮食安全体系中处于薄弱点。

为了改变以上状况，非洲国家普遍将实现粮食自给自足、推动农业生产发展作为经济发展的重中之重。2002年“非洲联盟”成立后，在它所制订的“非洲发展新伙伴计划”里，基础设施、农业、市场准入与人力资源开发被列为四大优先发展领域，其中农业尤其处于首位，从而强化了农业在非洲发展中的主导地位。

农业生产增长对于非洲国家发展影响深远，它直接影响到削减贫困，因为50%的非洲人口直接从事农业生产，它的间接影响也是巨大的。相关研究显示，农业领域增长的“乘数效应”要远远高于其他领域。② 此外，在没有农业生产力增长的情况下，很多国家的经济变革和增长进程难以启动。正是由于意识到农业的这些重要作用，非洲国家政府首脑在2003年的马普托会议上宣布实施“非洲农业综合发展计划”（Comprehensive Africa Agriculture Development Programme，简称CAADP），强调需要大力发展农业生产，否则很难实现“非洲发展新伙伴计划”所提出的经济高速增长目标。农业生产提高不仅能够直接减少非洲饥荒和粮食进口费用，而且能够带来广泛的经济效益。各国还承诺5年内将国家预算的10%拨给农业和农村发展。非洲农业综合发展

---

① FAO, the State of Food Insecurity in the World 2015, http://www.fao.org/publications，访问日期：2019年9月14日。

② de Janvry, A. and E. Sadoulet, “Agriculture for Development in Africa: Business-as-Usual or New Departures?”, *Journal of African Economies*, 2010, vol.19（2）: 117-119.

计划的出台标志着非盟成员国重大转变，以往在经费预算中被严重忽略的农业得到了重视，一些国家也围绕“非洲农业综合发展计划”纷纷制订“国家投资计划”，详见表 4–1。但多数非洲国家财政收支处于赤字或紧张性平衡状态，对农业领域的投资仅占年度财政预算的 2%～3%。[①]

表 4–1　东南非共同体部分国家 CAADP 协议关注的重点[②]

国家	主要内容
埃塞俄比亚	加强人力资源培训；发展特色农业生态区；构建有效的农业营销系统；自然资源可持续发展
马拉维	粮食安全和风险管理；农业商业化，农产品加工和市场发展；农业土地和水资源可持续性发展；传播农业技术；机构和人力资源建设
卢旺达	食品和营养安全；现代特色农业；商业农业；农业的资产市场建设；农业经济赋权；多元化综合农业
乌干达	加强可持续性的生产力；改善农业市场准入；增加农业附加值；创建一个有利的环境；加强农业机构合作；发展基础农业；促进农业国内、区域和国际贸易；确保农业资源的可持续性
斯威士兰	灌溉发展计划；针对土地退化，进行综合土地管理；农业市场的可持续发展；制定和实施相适应的农业政策；加强农民和农业推广人员的能力建设；农业信息和数据管理系统合作；加强食品应急机制
布隆迪	提高农业援助部门规划和动员的效率；制订援助短期和长期所需的投资需求；确保所有公民的食品和营养安全；采用市场和出口主导战略；提升整个农业产业链的附加值；提高农业技术，发展生物技术

资料来源：根据 CAADP 网站（http://www.caadp.net/library-country-status-updates.php）资料整理。

在“非洲发展新伙伴计划”和“非洲农业综合发展计划”影响下，非洲各国都高度重视国内农业发展和粮食安全。如几内亚、尼日尔、喀麦隆、苏丹、尼日利亚、突尼斯、坦桑尼亚和赞比亚等国都将农业作为国民经济优先发展或者重点发展的部门，并制定了促进农业发展的措施。[③]塞内加尔政府提出农业发展目标，力争到 2015 年将大米产量增至 250%，木薯产量增长十倍；2020 年肯尼亚政府拨付了 30 亿肯先令（约合 2761 万美元）向 20 万小规模农

① 唐丽霞、赵文杰、李小云:《中非合作论坛框架下中非农业合作的新发展与新挑战》,《西亚非洲》2020 年第 5 期。

② 安春英:《“一带一路”背景下的中非粮食安全合作：战略对接与路径选择》,《亚太安全与海洋研究》2017 年第 2 期。

③ 郭淑红:《中非农业合作发展潜力分析与策略研究》,《世界农业》2005 年第 9 期。

户提供补助，确保粮食供应；同年，尼日利亚政府向农业部门注入超过6000亿奈拉（约合15.8亿美元）的刺激资金，鼓励小规模农户合作生产，确保粮食供应安全和可持续性；作为经济复苏方案的一部分，津巴布韦政府2020年投入61亿美元扶持农业生产，同时制定2020—2021年夏季作物种植计划，以缓解对粮食进口的依赖。[①]

经过三十多年的改革和发展，中国农业生产取得了巨大成就，中国以占世界6%的淡水资源和9%的耕地资源，解决了占世界20%左右人口的温饱问题，中国农业发展取得的成就让非洲国家看到了解决粮食安全问题的希望。近几年，中国与非洲国家农业部门的高层交往日益频繁，非洲国家的高级代表团频频访华，很多非洲国家领导人主动提出与中国开展农业合作发展的意愿，迫切期待中国企业参与当地农业开发。

（二）非洲农业投资经济环境逐渐优化并实施多样化的市场经济政策

近年来，非洲国家的农业投资环境逐渐改善，非洲各国把发展农业、实现粮食自给作为本国重要的战略任务，并制定了相关投资优惠政策。

1. 非洲宏观经济环境有所改善

2000—2009年，非洲经济年均增长超过5%，虽然没有达到非洲伙伴计划提出的7%，但国际货币基金组织认为，非洲处于“持续发展、通货膨胀较低的最佳时期”。2010—2022年非洲经济依旧保持增长态势，即使在疫情影响下，IMF预计在2021年撒哈拉以南非洲经济增长将回升至3.4%，该地区在2020—2021年度将累计增长0.2%，仅次于亚洲新兴经济体（+6.6%）。[②]多数非洲国家继续推行经济改革，采取较为谨慎的宏观经济政策，提高了政府在财政、货币和汇率等方面的管理能力，采取了有利于吸引外资的政策措施，为创办企业、注册财产、获得信贷和跨境贸易提供了便利。未来，非洲将成为世界各主要大国和国家集团争夺的地缘政治焦点，在投资、贸易和内部消费市场需求不断增加的情况下，非洲一些国家经济将保持高速增长。

---

① 吕强：《非洲多国全力保障农业生产》，《人民日报》2020年11月12日第9版。

② 中华人民共和国商务部：《撒哈拉以南非洲2020年经济增速持续下调》，http://www.mofcom.gov.cn/article/i/jyjl/k/202007/20200702979176.shtml，访问时期：2020年9月6日。

2. 对外来农业投资逐步持开放态度

目前，许多非洲国家的粮食自给水平已降到50%以下，直接影响到国家政局的稳定。发展农业是发展经济、稳定政局、安定社会的首要任务。面对着复杂的农业发展问题，非洲各国政府都意识到单靠一国政府力量无法解决农业发展问题，必须依靠外资。为了吸引外资进入农业领域，许多非洲国家相继制定了较为优惠的土地租赁制度，实行农业税收和进口农机具税收的减免或退税政策。

3. 加大农业投入改善农业投资环境

非洲各国都意识到目前农业基础设施短缺，严重限制了农业生产，因此，非洲各国都加大了农村基础设施建设、农技推广和农业科研等方面的农业投入。如突尼斯加大农业扶持力度，高度重视农业科研成果推广，积极推进农业升级与改造；喀麦隆加强道路和通信基础设施建设；赞比亚政府设立“灌溉发展基金”，用于修建田间灌溉系统、大坝和水库等水利工程，加快建设农村电力和公路项目，改善农村道路交通状况。目前，赞比亚已经有50多个完成并发挥作用的农业基础设施项目。例如，2009年建成的奇嫩凯（Chinenke）小型农户灌溉系统，该项目位于北方省姆巴拉（Mbala）地区奇嫩凯（Chinenke）村，耕地面积约为100公顷，实际灌溉面积为50公顷，政府出资建设和维护该灌溉农业基础设施，受益农户则协助政府维护灌溉设施，并无偿提供劳务。①

4. 为农业企业提供财政鼓励或设立政府支持投资基金

非洲国家在财政方面为农业企业提供支持，并设立基金。如赞比亚政府制定了《2004至2015年全国农业政策规划》，按照规划，2005至2015年农业年增长率要达到7%～10%，2015年要实现90%以上人口的粮食安全，农业在外汇收入中所占比例要从目前的3%～5%增至10%～20%，农业对GDP的贡献率要从目前的18%～20%增至30%。为实现这一目标，赞比亚政府专门制定《投资法》，颁布了很多优惠政策来鼓励投资农业发展。主要措施包括：农业投资企业的所得税为15%，远远低于投资其他行业35%的所得税率；

① 姜菲菲：《赞比亚农业发展及中赞农业合作前景》，《国际经济合作》2012年第6期。

对于投资规模较大的农业投资者，前5年的企业利润免税；用于农业的机械设备，前2年内每年可以按照50%的折旧率计算；对为改善农业所投入的资金，在前5年之内可以按照每年20%的资本折旧率计算；对种植香蕉、咖啡、柑橘、茶叶以及其他水果的企业，至产出期的第1年，每年可从应纳税收入或利润之中减去10%，也就是获得10%的资本折扣；对投资农场所进行的清理土地、平整、打井、防止土壤侵蚀、蓄水及大气或地质勘探等方面所投入资本，可享受100%的资本折扣；对用于农业的绝大多数资本货物和机械设备免除进口关税；对于进口原材料免征关税，包括化肥、有机肥、钢材、橡胶和塑料等。①

5. 可以享受税收、资产折旧等方面的农业生产优惠政策

许多非洲国家的政府部门为农户提供种子和化肥等生产资料；为小农户提供化肥购买补贴；对电力和柴油等农业生产能源给予补贴；建立全国范围的农产品集散中心；加快自由贸易区建设，增强与周边国家的农产品竞争力；实行农业企业以及与农业相关的服务企业强制注册登记制度，以加强政府对农业的监管；大力发展水利灌溉，从而抵御旱灾及由此所引发的饥荒。此外，许多非洲国家设立了投资促进机构，为投资者提供一站式服务，加快投资审批程序。如突尼斯政府成立农业投资促进署，简化相关的行政审批手续，为国外投资者提供一条龙的全方位服务。

（三）国际组织认可中国农业发展经验

国际组织也越来越重视中国的发展经验对其他发展中国家的借鉴意义。在过去多年的农业南南合作实践中，中国的农业技术在非洲大陆呈现出极强的适应性。联合国粮农组织和中国政府建立了良好的合作关系，双方构建的南南合作框架已经成为联合国粮农组织在全球开展农业援助和合作的重要模式。世界银行、世界粮食计划署、国际农发基金、联合国开发计划署等国际组织和一些发达国家陆续表达了希望借鉴中国南南合作模式，并与我国在非洲开展农业合作发展的强烈意愿，为中国深化参与非洲农业资源开发创造了良好的多边合作模式。

---

① 万鹏飞、谢良商：《赞比亚农业及生物能源投资环境考察报告》，《中国热带农业》2012年第11期。

（四）非洲国家领导人认识到与中国加强农业合作发展的重要性

许多非洲国家领导人访华期间，都会将农业合作发展和粮食安全问题作为重要议题，与中国政府交换意见；更多非洲国家农业部门领导访华意愿更为强烈，其目的就是学习借鉴中国农业发展经验和技术，洽谈双方农业合作事宜。随着双方互访加强，越来越多非洲国家表达与中国建立长期稳定交流合作机制的意愿，希望双边农业交流与合作工作常态化。截至 2018 年 9 月，中国与非洲 37 个国家以及非洲联盟成功签署共建“一带一路”政府间谅解备忘录。

越来越多的非洲国家与中国开展各种形式的农业交流与合作，例如开展扶贫合作、建立援非农业技术示范中心以及派遣农业专家和技术人员等。例如，2006 年，塞拉利昂领导人曾经专门致函温家宝总理，请求开展双边农业合作发展，中国在考察之后启动了相关合作项目；此外，世界银行曾经于 2008 年致函中国农业部，希望与中国在水产养殖方面展开合作，帮助解决非洲渔民收入低下以及海洋生态环境保护问题。[①] 非洲农业官员和专业技术人员也纷纷要求来华学习进修。自从 2006 年以来，中国农业农村部通过各种渠道先后举办了 180 余期培训班，先后有 4000 多人参加各类培训。

（五）中非合作关系全面提升

进入 21 世纪以后，中非合作出现了新进展，合作领域继续扩大。非洲国家普遍欢迎与中国开展农业合作发展。中国与非洲各国在农业市场、技术和资源方面有着较强互补性，非洲有着得天独厚的农业发展条件，中国具备适合非洲农业发展的种植技术与管理方法，中国的良种繁育技术和间作套种方法也适合非洲农业发展。中国对非农业合作不附加任何政治条件，按照平等互利原则进行合作，受到非洲国家的普遍欢迎。

2000 年北京中非合作论坛的召开，标志着中非农业合作发展进入新的阶段。第一，中非合作论坛将农业列为中非合作的重点领域，并明确中非农业合作发展的主要内容。其后的历届中非合作论坛所通过的行动计划，都将农业合作发展置于中非经济领域合作的首要地位。2006 年北京峰会宣言指出，中

---

① 张忠祥:《中非合作论坛框架下的农业合作发展——简论“中国海外屯田”说》,《国际展望》2009 年第 2 期。

非“加强互利合作，拓展合作领域，鼓励和促进相互贸易和投资，探索新的合作方式，重点加强在农业、基础设施建设、工业、渔业、信息、医疗卫生和人力资源培训等领域合作，实现优势互补，造福双方人民”。中非农业合作发展主要集中在畜牧业、种植业、灌溉、农产品加工、农业机械、食品安全、动植物卫生与疫病防治等领域。第二，结合“走出去”战略，重视发挥企业在中非农业合作发展中的作用。《中非合作论坛—亚的斯亚贝巴行动计划（2004—2006年）》指出：“中国将继续通过金融等优惠政策，支持和鼓励有实力的中国企业在非洲开展农业合作发展项目。”《中非合作论坛—约翰内斯堡行动计划（2016—2018年）》明确表示：“中方在加大援助的同时，鼓励并支持中国企业在非洲开展农业投资，鼓励农产品贸易，完善贸易政策，扩大中非农产品贸易规模。”第三，继续向非洲国家在农业领域提供无偿援助和技术示范。胡锦涛在北京峰会开幕式上宣布：“今后3年内为非洲培训培养15000名各类人才；向非洲派遣100名高级农业技术专家；在非洲建立10个有特色的农业技术示范中心。”第四，注重多边合作。进一步探讨在联合国粮农组织等有关国际机构参与下的中国与非洲国家进行的农业三方合作。《中非合作论坛—沙姆沙伊赫行动计划（2010—2012年）》支持中国在联合国粮食及农业组织“粮食安全特别计划”框架下，与非洲国家开展南南合作；《中非合作论坛—北京行动计划（2013—2015年）》鼓励中国金融机构支持中非企业开展农业，积极支持联合国粮食及农业组织在非洲开展的农业发展项目。

四、中非农业合作发展面临的挑战

近年来，随着中非农业合作发展的日益深化，相关的问题和挑战也日益暴露出来。这些是中非农业合作发展中所面临的问题，需要通过继续深化合作来解决。

（一）中国国内层面的挑战

中国国内层面的挑战主要表现在政府层面的挑战和企业层面的挑战。

1. 政府层面的挑战

（1）体制机制缺位。海外农业投资与发展涉及的对象极为宽泛，除涉及农业生产各个环节外，还包含除农业生产以外的诸多部门，如投资、海关、贸易、金融、税务等，这些部门对中非农业合作发展目标有着不同的界定，很难形成合力，组织协调的难度较大，并且缺少国家层面的政策协调和总体规划。由于研究不够、资料不足、缺少项目储备、缺少宏观管理政策等因素，目前中非农业合作发展开发缺少战略研究和总体规划，因而使得中非农业合作发展存在一定程度的决策随意性，造成项目布局不尽如人意，效益低下，造成企业在走出国门进行生产的运作过程中困难重重，缺乏保障。

（2）政策体系不完善。政府相关部门虽然出台了鼓励和支持性政策措施（主要是在补贴和贴息方面），但办理程序复杂、相互衔接不好、较难操作。政策性补贴未实行普惠制，中非政府间的安排在避免双重征税方面存在明显欠缺。在非洲投资农业的企业不能享受国内的相关补贴，如良种补贴、种粮直接补贴、农资综合补贴和农机具购置补贴等。同时，由于融资制度的限制，企业很难获得充足的资金支持，目前，中国进出口银行、国家开发银行和中非发展基金是中国企业融资主渠道，但融资需要以担保、质押、抵押和股权置换等方式进行，而在非投资农业的企业规模相对较小，比较难以获得上述资金支持。

（3）缺少宏观指导与规划。由于政府目前难以向社会和企业公开提供准确而又客观的非洲农业发展相关信息，中国企业在对非农业投资时，了解和掌握的信息相对较少且不客观，多数需要依靠各种私人关系来了解当地情况。因此，需要政府相关部门与研究机构合作，为相关企业尽可能提供翔实的一手资料。

（4）对非农业合作资金支持不足。多数非洲国家财政状况不佳，时常是有心合作却又无力行动，而中方各部门多存在资金不足的实际情况。以中国农业农村部为例，尽管其已经与十多个非洲国家建立定期会晤机制，但实际上很多工作却并未展开，主要原因是对方没有经费，而中方财力十分有限，无法资助甚至难以组织有关的国内人员出访。[①] 随着中非基金、中葡基金、中非产能合作基金的成立，在一定程度上缓解了企业对非农业合作上资金不足的压力。

---

① 卢肖平：《抓住机遇，积极探索，深化中非农业合作发展》，《农业经济问题》2010 年第 1 期。

（5）缺乏对非交流沟通的专门队伍。对非交流沟通的专业人员缺乏，尤其是驻外农业外交官派遣较为滞后，至今尚无派驻非洲的农业外交官，普遍存在农业援助项目效益不佳的状况，对非洲农业援助与经贸合作开发相脱节，公益与商业行为界线混淆。

2. 企业层面的挑战

（1）企业规模较小。在非投资农业的中国企业规模较小，对投资所在国政治环境、风俗文化、法律法规、自然条件缺乏详细研究。这些企业实力不强，通常不愿也不敢轻易进行对非农业投资。而国内一些实力较强的非农企业对农业产业特性和农业技术又缺乏了解，因此，在一定程度上影响了对非农业投入。农业项目具有前期投入大、经营风险高和回报周期长的特点，若没有较为合理的资金安排与支持，企业很难有所作为。

（2）无序竞争严重。农业开发门槛也无须资质认证，因而参加非洲农业投资的主体比较多，但规模小，企业短期逐利倾向十分明显，因此难以形成有竞争力的农业产业链；再者，对非农业企业组织水平低下，企业间恶性竞争十分激烈，这也在很大程度上制约了对非农业企业经济效益的提高以及项目的推进。

（3）复合型人才缺乏。在对非农业投资时，大多企业会面临复合型人才缺乏，对外沟通困难的问题。会外语、懂专业，并且善于经营的复合型人才很难寻觅，企业不得不多聘雇员，这也导致企业成本增加，并且在一定程度上限制了企业对外交往与合作，同时也影响到自身的经济和社会效益。

总体而言，政府和企业对非洲农业发展和国情了解不足，某种程度上也制约了中国加强与非洲农业合作发展。譬如，在非洲大陆上，在小面积土地上耕种的个体农民占农村人口 70% 以上，2/3 农户占有土地不足 2 公顷，将近 96% 的农户占有土地不到 10 公顷。在广大小农中间，妇女又占绝大多数，她们生产的粮食占到当地粮食消费的 90%。在许多的非洲国家，靠务农为生的农民之中超过 80% 是妇女，全非洲平均 22% 的农户是由妇女当家。小农除生产粮食之外，也生产大量的经济作物。与此同时，这些小农也是非洲人口中间最为贫困的。可以说，非洲农业经济就是小农经济，非洲农业问题核心是贫困的小农经济问题。[①] 中国政府和企业必须认识到，在非洲国家农业经济中居于主体地位的是小农经济这一基本事实，并因地制宜地制定相应的合作或投资政策。

（二）非洲部分国家政局不稳、社会冲突频发

非洲至今仍然是世界上政局最不稳定地区。自20世纪90年代中期以来，在非洲国家和国际组织共同努力下，和平与发展已经逐渐成为主流，非洲国家政治局势总体趋于稳定。也有一些国家，由于国内深层次问题例如政治体制、经济以及民族问题尚未得到解决，因此政府与民众间关系脆弱而不稳定。非洲西部、中部和东非的社会冲突仍然存在。尽管非洲出现“由乱转治”发展趋势，但战争、内乱和社会暴力事件尚未能完全平息。未来一段时间内，非洲地区政治风险仍将明显高于全球的平均水平。

进入21世纪以来，非洲有刚果（金）、科特迪瓦、利比里亚等20个国家发生战乱。2008年英国简氏信息集团对全球235个国家和地区的政治不稳定情况进行了国别排序，在后十名中有七个非洲国家。[②] 中信保2011年对非洲国家的评级，大部分非洲国家被评为8～9级。[③] 特别是自2010年底以来的“阿拉伯之春”，以北非国家突尼斯为起点，席卷了整个阿拉伯世界，先后波及埃及、利比亚、也门、叙利亚、阿尔及利亚、约旦、摩洛哥、阿曼、沙特、巴林、黎巴嫩、科威特和卡塔尔等阿拉伯国家，部分非阿拉伯国家也受到不同程度影响，虽然事件逐渐平息，但是这些国家内部的局势还是不稳定。

非洲大多数国家并非长期自然发展形成的民族国家，它们大多数是欧洲殖民主义的产物，因而，对于部族和宗教的认同往往胜于对国家的认同，这也是目前非洲各国政治矛盾和国家间暴力冲突的根源。非洲国家大多于20世纪60年代前后摆脱殖民，建立国家政权，民主政权建立时间有限，且冷战结束后，纷纷推行西方民主标准，造成相对先进的上层政治制度缺乏与之相适应的

① 夏吉生：《从“非洲农业发展综合规划”看当前非洲农业方针》，《亚非纵横》2004年第4期。

② 它们分别是：约旦河西岸和加沙、索马里、苏丹、科特迪瓦、海地、津巴布韦、乍得、刚果（金）、中非、阿富汗。

③ 中信保把国家风险分为9级，从1级到9级风险逐级增大。

经济、社会与文化基础，基本支撑力量不足，并且稳定性较差。

政局动荡和战乱往往使得刚刚建立的社会秩序与经济基础毁于一旦，导致农业政策缺乏持续性。此外，政局不稳导致社会冲突频发，特别是在撒哈拉以南非洲，民族国家政府成立时间相对较短、社会治安状况较差、犯罪率较高，大型农业投资项目所面临的政治和社会风险较高。总之，非洲国家内部政局不稳和外部战争，给中国企业对非农业投资带来不可预测的政治风险，严重影响中国企业在非进行农业投资与合作的积极性和实际推行。

（三）非洲部分国家农业政策缺乏合理性与持续性

非洲各国由于历史地理、政治制度、经济体制和教育文化等的差异，所采取的经济发展战略、产业和技术政策也有所不同，各国在对待外资的立法上存在着显著差异。在一些非洲国家，政府虽然制定了相关法律文件，但政策、法律却不够完善，且执行力度不够。一些非洲国家海关管理尤为混乱，腐败盛行，尤其在办理相关投资项目手续时，报关公司和海关官员相互勾结，共同敲诈投资者现象时有发生。

20 世纪 80 年代至今，非洲国家在世界银行和国际货币基金组织主导下，进行了结构调整和经济改革，实行贸易自由化，优先考虑农业和粮食生产，政府在财政、劳动力、土地、技术、水利、教育、交通等资源配置方面给予大力支持，但这种结构调整计划并没有从非洲实际出发，而是套用发达国家发展经验，在实施过程中并未结合非洲各国实际国情，忽视了非洲国家商品经济不发达的事实，使得很多以实现增长为目的、却忽视贫困化问题的改革措施很难在非洲推广，在经济发展方面造成了很多负面效应。另外，即使已经制定的计划，执行力度也不到位。如 2003 年非盟国家发表的《关于农业和粮食安全的马普托宣言》，承诺将在五年内把各国对农业投入的比例提高到年财政预算的 10% 以上，不过至 2008 年只有 1/5 的国家实现了这一目标。

非洲土地政策也不稳定。土地问题是农业的最基本问题，海外农业开发的实施离不开土地，非洲国家的土地问题非常复杂，遗留了殖民主义时代的多元土地制度，有些国家限制外国投资者拥有本国的土地，例如，阿尔及利亚法律规定，外国人或企业不得购买当地土地。投资项目所需土地可通过租用私人土地（房产）或特许经营国有土地获得；埃及土地法规定外国人不得拥有土地，投资可以拥有项目建设的土地；埃塞俄比亚法律规定，土地属于公有财产，任何个人、公司及其他机构只拥有使用权。有些国家的土地政策不稳定，往往随着政权的更替，土地政策也改变，使投资者很难建立长期合理开发使用土地的有效预期。

此外，一些非洲国家经济政策缺乏稳定性，国家宏观经济失衡问题十分严重。因此，通货膨胀以及由此引发的货币贬值风险较大。比较典型的案例是津巴布韦货币危机。据津巴布韦央行公布的数据，从2009年到2023年，该国的通货膨胀率平均为89.10%，在2020年7月达到837.53%的历史最高水平，成为世界上通胀率最高的国家。对于投资非洲农业的中国中小企业而言，由于对国际市场较为陌生，运用非洲国家法律及国际通行规则维护自身权益能力有限，在非洲投资经营风险较大。

（四）在非洲进行农业投资将可能面临国有化风险

由于非洲国家的经济长期处于落后、附属的地位，因此未能形成成熟市场经济机制，遭遇经济问题时无法很好地履行国际惯例，非洲国家常常为维护本国利益而采取极端措施。这其中比较严重问题包括国有化风险，国有化是指主权国家依据其本国法律将原属于外国投资者的财产的全部或其中部分采取征用方式，使其转移到本国政府手中。国有化风险往往会给外国投资企业造成严重损失。20世纪60年代初至70年代末，非洲国家先后掀起三次大规模的国有化浪潮，使得非洲大陆成为国有化程度很高的地区。据联合国统计，1960—1976年间，71个发展中国家一共接管了1447家外资企业，其中撒哈拉以南非洲国家接管最多，共628家，占总数的43.4%。[①] 无论是社会主义非洲国家，还是以自由资本主义为主的非洲国家，在这一时期，都建立国营或准国营经济，高度的国有化成为非洲经济的普遍特征之一。非洲国家在后期虽然经历了市场经济体制改革，但并不能排除国有化的可能。

（五）非洲国家粮食价格机制不完全市场化

价格机制不完全市场化是非洲粮食产业投资的最重要影响因素。长期以来，多数非洲国家对粮食价格实施国家管制，对粮食种植产业发展十分不利，

① 李继东：《一个历史性战略失误——非洲国有化重评》，《西亚非洲》2000年第4期。

直接影响非洲粮食产业的投资收益。这一政策并没有因近20年来非洲推行自由化经济而去除。特别是在全球粮价大幅上涨情况下，非洲国家对粮价管制越来越严格。目前，北部非洲的埃及、摩洛哥及西非的尼日利亚均采取粮价管制措施，在东部非洲实行市场经济体制的国家，也坚持粮价管制政策，如肯尼亚尽管自1992年后大力推动农业生产自由化，但政府仍然控制着玉米、小麦等大宗粮食作物的贸易，确保国内粮食价格低廉。

农产品供需、国际市场价格及汇率变动都会导致中国农业企业的潜在损失。农业品需求虽然是一种刚性需求，相对需求比较稳定，但从供给角度看，因为受到众多因素的影响，农产品供给数量经常发生变动，因而，农产品国际市场价格经常大起大落，大豆、棉花等就是典型例子。部分非洲国家经济结构单一，经济发展水平较低，经济规模较小，市场发育也不健全，更容易受国际经贸形势变化的影响，市场风险较大。

（六）非洲融资市场不发达，汇率风险是中国企业面临的主要风险之一

非洲资本市场较为落后，无法充分满足企业融资需求。除南非等极少数非洲国家外，其他大部分非洲国家银行业不发达，资本市场十分落后。在一些非洲国家，由原宗主国银行设立的分支机构比较活跃。非洲并非世界级银行业务发展的重点区域，因此，许多跨国金融机构在非洲国家设立的分支机构所能提供的融资额度并不高，而非洲本土银行自身资金本来就较少，因此难以有效满足企业融资需求。

农业海外投资汇率风险是其主要风险，主要包括交易风险、换算风险和经济风险。既然是在境外投资，汇率风险总是难以避免，在非洲可能更要注意防范这类风险。汇率风险主要来源于国际金融市场与国际收支状况、非洲国家外汇政策与金融市场状况。很多非洲国家需要用本币进行交易，中国企业在进入这些国家投资时，需要先把人民币兑换为美元，损失一部分资金，再把美元兑换成投资所在国本币，因而，又要损失一部分投资资金，在收益汇出时，也是如此。如果三个国家的汇率发生大幅度变动，会给企业带来数额巨大的损失。基于此，中国投资者必须熟悉非洲现行的外汇管制政策及其对业务所造成的影响。

（七）对非资源开发竞争日趋激烈

随着经济全球化不断深入，原料和市场再度成为各国争夺的对象。首先，发达国家政府继续积极地参与非洲发展。2022 年 12 月，拜登政府时隔 8 年之后再次举行美非峰会，承诺未来三年向非洲提供 550 亿美元资金支持，并提出一系列支持非洲发展的倡议；法国对非洲的政策重点转移到发展贸易；德、日、英等重新拟订非洲经济政策，旨在开展对非洲的大规模投资和贸易。其次，新兴国家也不断加强与非洲的联系，日益成为非洲农业资源开发的潜在力量。如印度于 2008 年举办首届印度—非洲论坛，委内瑞拉于 2009 年举办第二届南美—非洲峰会，尼日利亚于 2010 年举办了首届非洲—南美洲合作论坛峰会等。此外，跨国公司对非洲这个广阔的市场也很感兴趣，如美国爱多克（ADCO）制造公司向尼日利亚农业投资 6000 万美元，用于生产 30 万台拖拉机，帮助尼日利亚改善简陋粗糙的农耕作业。中国参与非洲农业资源开发，不可避免要影响其他主体的潜在利益，形成竞争，甚至引发冲突。

（八）非洲部分国家农业生产要素禀赋差

1. 土地贫瘠、水资源分布不均

非洲土地荒漠化和贫瘠化日显严重，很大程度上制约着农牧业的发展，造成土地生物量和经济生产潜力降低，草场载畜量大大下降。非洲有 5 亿公顷土地贫瘠化，占世界土地贫瘠化的 27%。其中，65% 为农田，30% 为牧场。土地日益贫瘠化，是撒哈拉以南非洲大多数国家农作物严重减产的重要原因之一。

非洲各国水资源分布不均，多数地区的水资源严重匮乏，严重不利于农业生产。占非洲总面积 29.6% 的土地几乎没有地表径流，全非洲 60% 的土地面临干旱的威胁，50% 的土地受到荒漠化威胁。据政府间气候变化专门委员会（IPCC）估计，在全球气候变暖的大趋势下，非洲国家的水资源保障更为紧张。在全球近 7.5 亿缺乏净水的人口中，约有 3.4 亿人口生活在非洲。[①]

2. 劳动力素质不高，现代农业科技支撑弱

多数非洲国家农民文化素质太低，接受先进农业生产方式的能力比较差，

① 张瑾.《非洲水问题的历史变迁与治理选择》,《环境社会学》2023 年第 1 期。

而且对采用农业科学技术缺乏兴趣与意愿，农业生产行为完全处于一种无序状态，生产条件相当落后。

非洲的农业科技支撑较弱，科研人员、经费、农技推广人才都明显不足。与其他一些国家相比，非洲的农业科研体系存在着研究结构多而分散、研究经费支出偏少、研究人员学历结构偏低等问题。非洲当地农技推广人员缺乏基本的农业技术推广手段，工作效率极为低下。目前，专门从事农业技术推广工作的是一些来自国外的援助组织和人员，其中水稻技术推广以中国的援助项目和中方人员为主，所在国很难提供有力的扶持措施。

（九）西方社会的刻意炒作，导致中国海外农业发展的舆论压力增大

近年来国际舆论关于中非农业合作发展出现了很多不和谐声音，国际媒体和非政府组织常将中国在非洲的农业投资描述为企图或努力攫取非洲大量土地，安置中国农民就业，并将农产品出口供给中国市场，从而应对中国国内日渐低迷的农业生产。一些西方国家认为中国与非洲的合作对它们构成现实威胁，包括它们的传统势力范围、战略利益和经济利益，因此千方百计阻挠中国对非投资，它们企图通过散布所谓的“中国掠夺非洲资源”“新殖民主义”等论调，挑拨中非友谊、破坏中非农业合作。

“中国海外屯田”说的矛头在很大程度上指向了中非农业合作发展。2008年5月8日，英国《金融时报》刊登了一篇题为《中国准备“屯田”海外》的文章，文中说“根据中国政府正在酝酿的一项计划，政府将鼓励中国企业在海外（特别是非洲和南美洲）购买农田，以保障中国食品安全”，“中国农业部起草的一项提议，将把支持国内农业企业在海外收购土地列为一项国策”。英国《每日电讯报》和美国《芝加哥论坛报》也刊登了类似文章，“粮食新殖民主义”，“中国海外屯田”说被炒作得沸沸扬扬，[①]这对中国国际形象以及中国在非洲开展农业资源开发造成了一定的负面影响。

综上，中国参与非洲农业资源开发的 SWOT 分析见表 4–2。

① 张忠祥：《中非合作论坛框架下的农业合作发展——兼论“中国海外屯田”说》，《国际展望》2009年第2期。

表 4–2 中国参与非洲农业资源开发 SWOT 分析

类别	具体内容	
优势（S）	中非政治基础牢固	
	经济实力不断增强	
	多数非洲国家政局趋于稳定	
	非洲发展农业条件优越	
	中非农业合作发展已经具备相对较好的基础	
	中国的农业技术适用于非洲	
	中国对非农业合作有一定的专家储备	
	参与中非农业合作的企业增多	
	中非农业合作发展社会基础扎实	
劣势（W）	中国政府层面	整体规划不充分
		管理与服务水平有待提高
		政策支持乏力
		农业援外项目长效机制有待完善
	中国企业层面	个体实力弱
		对投资国法律法规、传统文化了解不足
		社会责任与本土化经营意识薄弱
		缺乏企业之间的协力合作与社会组织服务
	非洲农业基础设施薄弱	
	非洲国家普遍面临产业发展环境差的难题	
	非洲国家政策执行力不够	
	国际经济环境也不利于非洲农业的发展	
	世界其他地区的农业保护政策，削弱了非洲农业出口	
机遇（O）	非洲各国高度重视粮食安全及中国农业成功发展经验	
	非洲农业投资的经济环境逐渐优化并实施多样化的市场经济政策	
	国际组织认可中国的农业发展经验	
	金融危机为非洲农业资源开发提供了契机	
	非洲国家领导人认识到与中国加强农业合作发展的重要性	
	中非合作关系全面提升	

续表

<table>
<tr><th>类别</th><th colspan="2">具体内容</th></tr>
<tr><td rowspan="18">挑战（T）</td><td rowspan="5">中国国内层面</td><td>体制机制缺位</td></tr>
<tr><td>对非洲农业开发政策体系尚未建立，融资渠道不畅</td></tr>
<tr><td>提供信息服务不到位，缺少宏观规划与指导</td></tr>
<tr><td>对非农业合作资金支持不足</td></tr>
<tr><td>缺乏对非交流沟通的专门队伍</td></tr>
<tr><td rowspan="5">中国企业层面</td><td>中国企业对投资国环境缺乏详细研究</td></tr>
<tr><td>参与非洲农业投资的主体多但难以形成有竞争力的农业产业链</td></tr>
<tr><td>复合型人才缺乏</td></tr>
<tr><td>组织水平低，企业间恶性竞争激烈</td></tr>
<tr><td>缺乏统一规划与法律保障</td></tr>
<tr><td colspan="2">非洲部分国家政局不稳、社会冲突频发</td></tr>
<tr><td colspan="2">非洲部分国家农业政策缺乏合理性与持续性</td></tr>
<tr><td colspan="2">在非洲进行农业投资将可能面临国有化风险</td></tr>
<tr><td colspan="2">非洲国家粮食价格机制不完全市场化</td></tr>
<tr><td colspan="2">非洲融资市场不发达，汇率风险是中国企业面临的主要风险之一</td></tr>
<tr><td colspan="2">对非资源开发竞争日趋激烈</td></tr>
<tr><td colspan="2">非洲部分国家农业生产要素禀赋差</td></tr>
<tr><td colspan="2">西方社会的刻意炒作，导致中国海外农业发展的舆论压力增大</td></tr>
</table>

第二节　中非农业合作发展互补性分析

一、中非农业合作发展对中国方面的互补性分析

（一）粮食供求仍处于紧平衡态势

2019 年发布的《中国的粮食安全》白皮书指出，从中长期看，中国的粮食产需仍将维持紧平衡态势，确保国家粮食安全这根弦一刻也不能放松。从需求形势看，随着经济社会发展，人均口粮消费将稳中略降，饲料和工业转

化用粮消费继续增加，粮食消费总量刚性增长，粮食消费结构不断升级。从生产形势看，农业生产成本仍在攀升，资源环境承载能力趋紧，农业基础设施相对薄弱，抗灾减灾能力有待提升，在确保绿色发展和资源永续利用的同时，稳定发展粮食生产压力较大。从流通形势看，粮食生产将继续向核心产区集中，跨区域粮食流通量将进一步增加，粮食市场大幅波动的风险依然存在。

（二）后备土地资源严重不足

中国国内土地资源开发强度大多濒临极限。中国农用土地资源总量为96.7亿亩，约占中国国土总面积67.1%。其中耕地面积为19.1亿亩，人均为1.4亩，相当于世界平均量的40%；中国土地资源相对不足，而且质量总体不高，质量较低的中下等耕地相当于耕地总面积的69%。[①] 此外，中国耕地后备资源贫乏，现有宜耕土地资源为2.04亿亩，按照60%的垦殖率计算，土地利用率为67.3%，全国宜农土地开发利用率是90.2%，土地资源的地均产值大大高于世界平均水平，其中粮食高出2至3倍。从土地资源现状来看，粮食增产潜力极为有限。由于中国土地资源承载力已接近极限，资源匮乏严重制约中国农业长期发展，因此“我国粮食缺口愈来愈大，后备土地资源严重不足，大多数土地资源开发强度已达极限；开发非洲的土地资源，将为消化我国农业富余人员提供一条可供选择的途径；开拓非洲的土地资源也是中国农业国际化战略的重要选择”。[②]

（三）中方拥有非洲农业发展所急需的农业技术

非洲农业仍沿袭粗放经营方式，生产和管理技术落后，农作物产量普遍较低，大部分农产品不能自给。而中国农业发展历史悠久、经验较为丰富、技术先进且较为适合非洲，特别是家畜饲养、中小型农机具和加工设备生产、杂交水稻种植、沼气利用、旱作农业和病虫害防治等。发达国家的高科技农业需要投入大量的资本，对于人力资源素质要求和市场体系完善程度也都有着严格标准，因而，这类高科技农业对于非洲国家来说是难以匹配的。相比之下，虽

① 中华人民共和国农业农村部，http://zdscxx.moa.gov.cn:8080/nyb/pc/index.jsp，访问日期：2024年4月27日。

② 安春英:《对合作开发非洲土地资源的思考》,《西亚非洲》1999年第5期。

然中国农业技术比起发达国家有一定差距，但中国向非洲输出的多是实用技术，更适合非洲农业的发展。

二、中非农业合作发展对非洲方面的互补性分析

（一）非洲土地资源发展潜力巨大

非洲方面最大的特征就是拥有广阔的土地，资源丰富。据联合国粮农组织统计，2024年非洲农业面积约为19亿公顷，可耕地面积约占土地总面积的22%，永久牧场约占非洲农业土地总面积的17%。在热带非洲，长期强烈的化学风化和生物作用，使地层形成厚度超过20米的风化层并发育成为深厚的土层，适合于农业开发。另外，非洲的冲积平原也适宜农业开发，潜力较大。非洲本土农业发展并未进入大规模开发阶段，西方殖民统治时期的种植园经济只占到非洲大陆经济的一小部分，并未成为非洲农业的主体结构。地广人稀至今仍是大多数非洲国家普遍情况，非洲至今仍有大量未经耕种的土地资源。据世界银行估计，目前非洲有一半以上的肥沃土地尚未被开发，如在莫桑比克、刚果（金）、马达加斯加、赞比亚、苏丹、南苏丹、坦桑尼亚和安哥拉等国，2/3的可耕地尚未得到开发利用。[①]

非洲耕地呈现“东西多、南北少”的特点。2000年以来，西部非洲耕地面积增长尤为迅速，东部非洲和北部非洲耕地面积也有不断增长趋势，但增长速度相对缓慢，中非和南非耕地面积较少，从1961年以来，基本保持不变，见表4–3。西非的耕地增长尤为明显，这主要取决于西非的地形和地理优势，相比较而言，西非是非洲自然条件较为优越的地区。同时，西非人口密度也最大，1/5的土地供养着1/3的人口。[②]

① The World Bank, *Growing Africa: Unlocking the Potential of Agribusiness*, AFTFP/AFTA, 1 January 2013, pp. 16–17.

② 非洲大陆自然地理条件与社会经济发展水平有很大差异，一般将非洲划分为五个区域，即：东部非洲、南部非洲、西部非洲、北部非洲、中部非洲，但对五个区域划分标准不一致，本研究根据联合国粮农组织区域划分标准。

表 4–3　非洲土地资源概况（2015 年） 单位：亿公顷

地区	国土面积	农业用地面积	耕地面积	草场及牧场面积	森林面积
非洲	29.6439	11.6009	2.2280	9.0923	0.7525
东部非洲	6.0534	3.0081	0.5526	2.3864	0.2887
中部非洲	6.4968	1.5989	0.2325	1.3397	6.8124
北部非洲	8.3804	2.4335	0.4360	1.9441	0.7864
南部非洲	2.6521	1.6762	0.1608	1.5056	1.8418
西部非洲	6.0612	2.8842	0.8461	1.9165	3.1430

数据来源：FAO 数据库。

（二）灌溉农业潜力大

非洲大陆的粮食生产几乎完全是靠天吃饭，在非洲，灌溉系统的完善可以大幅提升农业产量，国际粮食政策研究所（IFPRI）2010 年数据显示，非洲灌溉农业面积超过 1300 万公顷，大概占到耕地总面积的 6%，且灌溉面积主要集中在北部非洲，见表 4–4。

表 4–4　非洲灌溉农业投资指数（百分比）[1]

地区	灌溉农田占可耕地的比例	已实现的灌溉潜力	农业用水占全部可再生水资源的比例	大坝蓄水占可用地表水比例	抽用地表水占全部地表水比例	灌区年均扩展速度（1973—2003 年）	灌区产出占农业总产出的比例
北部非洲	28.1	88	218.6	203.8	306.7	2.4	86.2
苏丹—萨赫勒	6.9	50	21.8	9.7	38.1	2.7	58.3
东部非洲	2.6	11	4.9	5.5	3.1	2.4	5.0
几内亚湾	1.5	7	1.2	47.1	0	2.2	6.3
中部非洲	0.7	1	0.1	1.7	0	0.5	7.3
南部非洲	4.2	36	6.2	99	17.8	3.2	6.6
印度洋岛国	30.4	71	4.2	0.1	8.7	3.5	0
撒哈拉以南平均水平	3.5	18	1.3	11.2	17.5	2.3	24.5
非洲平均水平	5.8	29	3.3	14.6	72.9	2.3	37.7
世界平均水平	17.7	无数据	5.2	7.6	无数据	无数据	无数据

① Liangzhi You, *What is the Irrigation Potential for Africa? A Combined Biophysical and Socioeconomic Approach*. IFPRI Discussion Paper 00993, June 2010, p.4.

表 4–5 列出国土面积和潜在耕地面积超过 1000 万公顷的国家，从表中可以看出，埃塞俄比亚、坦桑尼亚、莫桑比克、赞比亚、马达加斯加、尼日利亚、马里、尼日尔、加纳、加蓬、刚果（布）、中非、乍得、刚果（金）、津巴布韦、安哥拉、喀麦隆、南非，都有大片可供开垦利用的土地资源。

表 4–5　2015 年非洲具有耕地资源潜力的主要国家　　单位：百万公顷

国家	国土面积	潜在耕地面积
埃塞俄比亚	100	29
马达加斯加	58	23
莫桑比克	79	44
坦桑尼亚	89	46
赞比亚	74	41
尼日利亚	91	48
马里	122	17
尼日尔	127	17
加纳	23	13
加蓬	26	13
刚果（布）	227	110
中非	62	35
乍得	126	24
刚果（金）	34	16
津巴布韦	39	14
安哥拉	125	54
喀麦隆	47	26
南非	121	18

数据来源：FAO 数据库。

（三）农作物的单产提高潜力大

在撒哈拉以南非洲，2021 年大米、小麦、玉米三大主粮单产分别为 2.14 吨 / 公顷、2.92 吨 / 公顷和 2.14 吨 / 公顷，均远远低于世界平均水平。[①] 非洲

① USDA Foreign Agricultural Service，https://apps.fas.usda.gov/psdonline/app/index. html#/app/advQuery，访问日期：2022 年 12 月 16 日。

农作物单位面积产量远远低于其他大陆，这就意味着进一步发展的潜力十分巨大。以赞比亚为例，正如表 4–6 所显示的，除小麦和甘蔗平均单产比中国高出一半以外，其他主要农作物的平均单产都相对较低，考虑到赞比亚气候条件适宜、土地资源肥沃、劳动力较为廉价，并且水资源丰富，因此可以说其农业发展具有得天独厚的优势。

表 4–6 1998—2008 年赞比亚、中国农作物年平均单产比较① 单位：千克 / 公顷

国别	高粱	水稻	花生	大麦	向日葵	玉米	棉花	木薯	小米	大豆	小麦	甘蔗
赞比亚	675	1174.5	573	925.5	511.5	1722	1168.5	5743.5	726	1365	6164	104367
中国	3933	6291	3003	3328.5	1656	5083.5	3394.5	16002	1926	1702.5	4105.5	67138.5
赞 / 中	17.1%	18.7%	19.1%	27.8%	30.9%	33.9%	34.4%	35.9%	37.7%	80.2%	149.6%	155.4%

① 徐国赞:《赞比亚主要农作物生产现状、问题及对策》,《世界农业》2010 年第 12 期。

第五章

中非农业合作发展趋势及目标

非洲有 54 个主权国家，各国发展历史及自然条件各异，国民经济基础不同，各部门发展不平衡，其侧重点也不同。因此，我国在非洲各国农业投资合作中也会有不同的侧重点，应该选择非洲有优势的产业来投资，并通过该产业的前向一体化和后向一体化的连锁效应，逐步建立该国完善的农业产业链，最终实现非洲农业的良性可持续发展。这也是未来中非农业合作发展的趋势及目标，在此趋势和目标下，中非农业共同合作和开发，解决非洲和中国的粮食安全问题。

第一节　中非农业合作发展趋势及路径

一、中非农业合作发展趋势

（一）建立中非农业合作发展长期机制

无论是从经济全球化的未来发展格局，还是从中非农业合作发展趋势来看，建立中非农业合作发展长期机制是保障中非农业合作发展的基础。

过去 60 年里中非农业合作发展项目中，有些项目实施前缺乏对所在国客观因素和自然条件的充分了解，导致项目后期经济效益不佳，使中非合作双方背上了包袱，也违背了立项的初衷。中非农业合作发展所发挥的作用有限，其原因在很大程度上是我们在项目实施时，对项目援助国或投资国前期农业基础状况了解不够，导致项目设计时偏离实际需求，导致项目缺乏可持续性；

没有对先期进行的中非农业合作发展项目中所获得的经验与教训进行总结并应用到后面的合作实践中，大量的农业合作发展项目缺乏可重复性；没有建立一种有利于中非农业合作发展的知识积累机制。① 以往中非农业合作发展过于强调上档次、上规模，过多考虑示范作用，很少考虑经济效益。一些项目建成后，在中国技术专家的指导下，项目运行良好，生产也连年获得丰收。但中国专家撤离后，整个农业生产出现了不利变化，往往又恢复到传统耕作方式。②

中非农业合作要建立有效的磋商与协调机制，加强信息沟通，保持中国优势和非洲需求相结合，在规划引导下，针对具体合作项目确定技术路线，统筹兼顾，形成合力，有计划有步骤地保障中非农业合作发展。中国需要制定长期的中非农业合作发展机制，尽可能全面搜集弄清非洲农业以及多年来的中非农业合作发展项目资料，并在此基础上编制中长期规划、年度规划，并建立项目库。③

（二）企业将成为中非农业合作发展的主体

中非农业合作持续发展，要充分发挥企业和市场的主导作用，要实现从政府援助模式向以企业为主体模式的转型。20 世纪 80 年代以后，随着中国援外体制的改革及国内农业领域的市场化改革，中国政府开始鼓励中国企业，尤其是国有企业参与农业援外工作，中国农垦集团以及各省农垦集团开始参与对非援助，对之前援助的部分农场进行改革，农场模式从政府主导的纯援助模式，开始转向由政府提供政策和资金优惠支持，企业实行经营管理项目的模式。这集中体现在中国与赞比亚农业经济合作方面，中国农垦集团江苏农垦公司在赞比亚援建的中赞友谊农场、喜洋洋农场、阳光农场都是这种模式，这些企业都是由中方派驻经营管理人员，雇用非洲当地农民作为农业工人，所生产农产品主要面向当地市场。④ 由于农场的投资主要来自中国企业，

① 周建军、王强：《新形势下对非洲农业援助的探讨》，《国际经济合作》1997 年第 3 期。

② 唐正平：《前景广阔的中非农业合作发展》，《西亚非洲》2002 年第 6 期。

③ 蒋和平：《中非农业合作发展的思路与政策建议》，《农业科技管理》2008 年第 12 期。

④ 徐秀丽、徐莉莉：《国际发展话语的重塑——中国与非洲国家农业合作发展的方式与反思》，《中国农业大学学报》（社会科学版）2011 年第 4 期。

因此以企业为主体的对非农业合作发展符合当前中非经贸合作关系的基本特征。

在中非农业合作发展中，以企业为主体，可以充分发挥企业的主导作用，企业可以根据不同非洲国家的具体国情和实际农业状况，按照市场经济规律自主决策以粮食和经济作物为主的农业产业链生产；企业还可以根据非洲国家的不同情况，采取多种合作形式和管理方式。逐利的本能能够发挥出企业最大的农业开发潜力，具有政府援助下不可比拟的竞争力，可以全面提升中非农业合作发展的深度和广度，保持中非农业合作发展的延续性。中非农业合作发展要推动合作主体的多元化，在以企业为主的同时，建立政府主导、企业参与、相关研究机构协调配合的新型合作模式，鼓励更多的国内企业尤其是私营企业投入中非农业合作发展中，同时积极引导中非双方科研院所、非政府组织、农业协会等广泛参与。

（三）加强双边农业合作发展机制

在中非双边合作机制框架下，中国与非洲相关国家广泛开展科技交流合作、农业投资开发、农产品贸易促进、人力资源开发等活动。合作领域涉及种植业、畜牧业、渔业和水产养殖、农产品加工、兽医、动植物检疫、病虫害防治、土地利用、水资源管理、农业职业教育、技术交流等。

进入中非合作的新时期，中国对非农业合作的方式更加注重“授人以渔”。目前，来自中国 19 个省份的 21 家单位在 23 个非洲国家建立农业技术示范中心，中非农业技术和人才培训体系进一步健全。

1. 中国与苏丹农业合作发展

近年来，由于全球粮食价格不断上涨，加之南苏丹独立后，带走了大量的油井，苏丹政府开始逐渐回归农业生产，把农业作为优先发展领域，利用除石油以外的自然资源，加强农业建设。

2007 年，胡锦涛主席访问苏丹期间提议双方开启农业合作发展。2008 年 6 月，苏丹副总统塔哈访华，中苏两国政府签署了《中国农业部和苏丹农林部关于加强农业合作发展的议定书》，推动了两国农业合作发展的开展，协议书中明确了两国在农产品加工、农业科研、技术推广领域开展合作，实现互利共赢，把现代灌溉技术、种子改良和繁育、组装和生产农业机械和设备等 11 项内容列为中苏双方开展技术交流与合作的重点领域。为落实议定书相关内容，中苏双方农业部于 2009 年 9 月又签署了《中国—苏丹农业合作发展三年行动计划》，明确在 2010—2012 年三年时间内，在人力资源培训、农业科研、农业方法现代化及技术配置、企业投资开发等方面开展合作，涉及种植业、畜牧业、水产养殖等多个农业领域。

中苏两国政府利用双边合作机制积极开展农业合作发展项目。2009 年 6 月，中苏农业部门举行了议定书执委会第一次会议，并召开了首届中苏农业合作发展研讨会。现代北方农装、中兴能源、中工国际、上海中能、天津华堪等中资企业也参与了政府搭建的企业洽谈会，积极寻找合作方，到苏丹投资农业项目。在 2010—2012 年的三年行动计划签署期间，在中方农业部的协助下，中兴能源有限公司与苏丹农林部签署了合作备忘录，中兴能源有限公司在苏丹的投资项目，包括有灌溉设施条件的试验田 65 公顷，及 1 万公顷土地用于商业化投资开发，以及帮助苏丹农林部从中国采购花生种子 500 吨。

根据 2010—2012 三年行动计划，自 2010 年起中苏双方互派种植业、畜牧业方面的考察团，考察并落实农业科技合作项目。2010 年中国农业部为苏丹农技人员分别举办了畜牧兽医培训班和种植业技术培训班，2011 年邀请苏丹畜牧兽医方面的技术人员来华开展 2～3 个月的合作研究，并派中国团赴中苏农业合作发展园区进行前期调研。同时，中国农业部派出了种植业规划考察团、畜牧业规划考察团赴苏丹进行实地考察。2012 年，中国农业部又为苏丹举办了两个农业技术、畜牧技术培训班，共计培训 22 人次。同时，举办了中国—苏丹农业合作发展执行委员会第二次会议暨中国企业赴苏丹投资推介会，会议签署了《中华人民共和国农业部与苏丹共和国农业与灌溉部农业合作发展三年行动计划（2013—2015 年）》《中国—苏丹农业合作发展执行委员会第二次会议会议纪要》《中华人民共和国农业部与苏丹共和国农业与灌溉部关于共同建设农业合作发展开发区的谅解备忘录》《中苏两国农业部 2017—2019 年农业合作三年行动计划》《中国农业农村部和苏丹农林部关于在苏共建中苏农业合作中心的协定书》等成果文件，将中苏农业合作发展开发区建设提上日程，以中苏农业合作发展开发区为切入点推动中苏农业合作发展。

目前，中苏双方农业合作发展运行较为顺畅，中苏农业合作发展开发区前期规划全部完成，完成了园区内的区域分工和合作的项目，中苏双方明晰了今后开展农业合作发展的内容、方式，双方在此过程中建立了良好的互信合作关系，深化了中苏友谊，为政治外交起到了服务作用。

2. 中国与南非农业合作发展

中国农业部与南非农业部于 2000 年签署了农业合作发展备忘录，2003 年双方成立了农业合作发展联合工作组，每一年半分别在中国和南非召开一次工作组会议，确立了中国与南非稳定的双边农业合作发展机制及合作领域。双方合作领域涉及水产养殖、土肥技术、果树栽培、果品贸易、畜牧生产、农用机械、农业支持与服务体系、可再生能源、扶贫、禽流感防治、畜牧生产、小农户生产与管理等多个领域。并且，双方还签订了南非柑橘输华检疫协定，中国苹果、梨输入南非植物卫生检疫议定书，为中南双方政府、企业果业合作搭建平台，推动了中南两国鲜果贸易。

中国与南非建立的双边政府间合作机制为中非企业农业合作发展奠定了基础，在水产养殖合作方面，2006 年中国与南非签署了关于水产养殖合作的谅解备忘录，并签署了水产养殖合作行动计划，中南互派考察团进行考察。同时，在农业合作发展研究方面，中国农业科学院与南非农业研究理事会签署了相关农业科研合作协议，双方就促进两国在种质资源、抗性育种、生物技术防治等领域开展合作达成共识。2023 年 8 月，习近平主席对南非进行国事访问，双方签署或达成一致的合作文件共 25 份。

（四）加强多边农业合作发展机制

中国一直把农业多边合作作为向非洲国家提供援助的重要方式。从 1986 年起中国就参与了国际多边援助计划，为非洲 42 个国家提供水稻种植、蔬菜栽培、淡水养殖、农业机械等方面的技术培训。1994 年中国参与联合国粮农组织“粮食安全特别计划”框架下的南南合作，为提高非洲国家农业生产能力和粮食安全水平做出了贡献。2008 年 9 月，中国政府宣布向联合国粮农组织捐款 3000 万美元设立信托基金，支持联合国粮农组织“粮食安全特别计划”框架下的南南合作，帮助东道国提高农业生产能力，非洲是农业“南南合作”

的重要对象国。[①] 2009年3月24日，中国农业部与联合国粮农组织签署了《中华人民共和国与联合国粮食及农业组织关于信托基金的总协定》，这标志着中国农业“南南合作”工作进入了一个新的发展阶段。目前，中国农业部与联合国粮农组织、世界银行、联合国世界粮食计划署等国际组织开展多边农业合作发展，以中非合作论坛为平台，与非洲各国开展农业合作发展活动。联合国粮农组织“粮食安全特别计划”框架下“南南合作”活动的主要内容包括：向非洲国家选派高级农业专家和农业技术组、援建农业技术示范中心、为非洲国家培训农业技术人才、建设小型农村沼气项目、提供粮食援助、促进中非企业农业合作发展等。随着中国经济实力的增强和在农业发展方面取得的成就，非洲开发银行、世界银行等国际组织也在寻求与中国共同开展对非农业合作发展。

1. 联合国粮农组织—中国—非洲国家的多边农业合作发展

中国利用与联合国粮农组织“粮食安全特别计划”框架下的“南南合作”机制，与非洲国家签署了“南南合作”三方协议，按照非洲受援国提出的技术需求，开展技术领域的援助，取得了较好的效果。截至2022年，中国在联合国粮农组织“粮食安全特别计划”框架下，已经启动了25个南南合作项目。参与联合国粮农组织“粮食安全特别计划”框架下农业“南南合作”项目的非洲国家有：埃塞俄比亚、马里、毛里塔尼亚、加纳、尼日利亚、塞拉利昂、加蓬、马拉维、塞内加尔、利比里亚、塞拉利昂、乌干达等。在这些国家，中国派出专家和技术人员在微型农业示范项目建设、引进农业新技术和新品种、加强非洲农业能力建设培训等方面开展活动，在农作物生产、水产养殖、农田水利和农产品加工等多个领域为非洲国家提供农业技术援助，提高了这些国家农业发展的能力。

在“南南合作”项目下，中国对非洲国家农业合作发展的类型主要有以下几种：

（1）农业微型示范项目。中国专家和技术员在非洲实施粮食及蔬菜种植、畜牧水产养殖及产品加工、水利开发与水资源管理等一批微型示范项目，并取得显著成效。中国在尼日利亚一期项目共完成小型水利工程的设计、建造和修

① 韩燕：《发展互利共赢的中非农业合作》，《国际经济合作》2011年第5期。

复工程 350 多项，提高了尼日利亚农业适应气候变化的能力。

（2）农业实用技术推广。中国专家和技术人员向非洲合作的国家推广了实用且经济效益高的农业技术，主要有网箱养鱼、养蜂、滴灌、孵化、沼气等技术。其中，中国在尼日利亚一期项目推广农业实用技术达 200 余项。中国水稻高产栽培技术也备受非洲合作国的欢迎，并得到了广泛应用。中国在尼日利亚二期的示范项目，主要在打井、作物种植、养蜂、畜牧水产养殖、竹子加工、农具制作等方面，做出了一系列技术示范效应，成为“南南合作”项目的典范。

（3）农业能力建设培训活动。中国专家和技术人员通过深入农村、走访农户等多种方式向基层农业技术人员和农民传授农业科学技术，收到了明显成效；同时，根据当地实际情况，举办了水稻育秧和移栽、网箱养鱼、竹业生产与加工、农机具制作等各种技术培训班，培训人员达数万人次，有效增强了能力建设。

中国在对非农业“南南合作”中，始终坚持“以合作国需求为主”，充分尊重合作国政府和当地农民的意愿，加强实地调研工作，在农业合作发展内容、方式设计、实地实施等方面做出详细规划，并因地制宜实施各个项目，注意“南南合作”与非洲合作国经济和农业发展规划相协调，并争取非洲合作国地方政府及一些国际组织的支持。同时，为了提高外派技术人员的技术服务能力，中国政府建立了技术人员选派机制及系统培训机制。通过实施对外合作项目，中国外派农业专家和技术员的国际合作经验逐渐增加，专业素质增强，语言水平显著提升，为中国今后参与执行多边农业合作发展任务积累了经验、储备了人才。

中国派出专家在农业领域开展的多边“南南合作”对非洲国家农业和农村经济发展、农民收入增加和生活条件改善做出了重要贡献，中国农业专家和技术员与非洲东道国合作伙伴通力协作，成功实施了一批农业微型示范项目，并通过技术培训向非洲合作国传输了沼气利用、水稻种植、网箱养鱼、养蜂、竹业生产与加工、农机具制作等效益好且易推广的农业技术，许多技术填补了非洲合作国农业生产技术的空白，为提高非洲合作国农业生产能力和粮食安全水平发挥了积极作用（见表 5-1）。

表 5-1　联合国粮农组织“粮食安全特别计划”框架下“南南合作”对非洲派出的专家

农业部“南南合作”外派人员统计表								
序号	东道国名称	起始时间	结束时间	外派专家	派技术员	外派人员	回国人员	在外人员
1	埃塞俄比亚	1998	2004			56	56	0
2	毛里塔利亚（1）	1999	2006			32	32	0
3	马里	2000	2003			9	9	0
4	加纳	2000	2004			17	17	0
5	尼日利亚（1）	2003	2007			496	496	0
6	塞拉利昂	2007	2009	4	14	18	18	0
7	加蓬	2007	2009	5	29	34	34	0
8	毛里塔利亚（2）	2008	2008	1		1	1	0
9	尼日利亚（2）	2009	2012	11	67	78	50	28
10	马拉维	2011	2013	5	13	18		18
11	马里	2011	2013	5	12	17	17	0
12	塞拉利昂	2011	2013	6	16	22	1	21
13	塞内加尔	2012	2014	5	16	21		
14	利比里亚	2012	2014	6	18	24		
15	乌干达（1）	2012	2014					
16	乌干达（2）	2016	2018	5	11			
17	乌干达（3）	2022	2024	9				

资料来源：https://www.fao.org/home/zh。

2. 中非合作论坛下的多边农业合作发展

中国政府和非洲政府高度重视农业合作发展。中非高层领导人通过自上而下的访问推动了双方农业企业的投资与合作。2000年10月，中国政府在“北京中非合作论坛”上提出的倡议得到非洲国家的热烈响应和广泛支持。中非合作论坛是中国和非洲国家在“南南合作”范畴内的集体对话机制，中非合作论坛部长级会议从2000年起每3年举行一届。农业始终是中非合作论坛关注的重点领域，始终强调在农业发展、粮食安全方面的项目合作，并在此方面提出重要举措，如中非双方加强农业部门的技术交流合作及人员培训等。2000年建立起来的中非合作论坛机制，使中非农业合作发展在论坛框架内得到不断深化和扩大，且历届中非合作论坛行动计划下的对非农业援助也主要是在联合国粮农组织“粮食安全特别计划”框架下的“南南合作”下进行多边农业合作。除了联合国粮农组织，中国还和世界银行等机构在非洲开展多边农业合作，这种多边农业合作方式得到项目所在国家的认同，也是今后中国在非洲进行农业合作发展的趋势。

（五）确定首选投资国和重点投资领域

在中非农业合作发展的长期机制与战略基础上，确定适合中非农业发展的首选投资国和重点投资领域，使其成为拓展中非农业合作发展的战略支点。不同的非洲国家和地区之间存在着诸多差异，这些差异既包括自然、历史文化、宗教方面的差异，也包括政治、经济方面的差异，我们应当对不同国家和地区之间的差异进行综合调查研究，在此基础上，确定今后中非农业合作发展的优先合作国家和领域，选择政治社会相对稳定、宏观经济形势平稳、农业发展潜力较大、基础设施较好的国家作为中非农业合作发展重点国家，以点带面，逐步扩大中非农业合作发展的广度和范围。

二、中非农业合作发展主要路径

中非农业合作发展在过去有多种形式，从农田水利合作到农作物栽培、畜牧品养殖、农产品加工等，但今后中非农业合作发展将主要集中在粮食作物种植和畜牧业养殖上，通过粮食作物种植保障非洲国家粮食安全，通过畜牧业养殖改善非洲生活水平，促进以畜产品加工为主的轻工业发展。

（一）粮食种植主导开发型

中国在粮食作物生产方面较非洲国家的比较优势是旱粮稳产高产技术和水稻杂交技术。旱粮稳产高产技术可以应用在非洲玉米、高粱等旱作物的种植上，提高单产就可以在很大程度上解决非洲国家粮食安全。在干旱的非洲大陆，水稻种植虽然不占主导地位，但对于非洲内陆河流区域及有灌溉水源的国家，尤其是有传统种植水稻的西非、东南非区域和岛国，若能在水稻品质、单产上有突破，对于缓解缺粮问题同样具有现实意义。目前中国农垦在非洲主要是推广水稻强化栽培体系，这项技术在马达加斯加首先应用并取得了良好的增产效果。目前已经在土壤比较肥沃的西南非洲、东南非洲开始推广。

2008 年，中国政府和比尔及梅琳达·盖茨基金会（以下简称“盖茨基金会”）共同出资超 5000 万美元，为包括中国在内的非洲和亚洲 18 个国家培育、推广绿色超级稻，解决这些国家的农民贫困问题。这个项目叫作“为非洲和亚洲资源贫瘠地区培育绿色超级稻”（以下简称“绿色超级稻项目”），是新中国成立以来最大的国际农业科技扶贫项目，绿色超级稻的粮食援助项目共覆盖非洲 9 个国家。盖茨基金会资助非洲水稻种业研究项目，目的是利用中国水稻研究和种植经验，帮助非洲国家建立水稻种业体系，这个项目有助于解决非洲国家粮食安全问题。在 10 年半的项目期间，包括两位院士在内的超 100 位中国农业科技人员投入其中，已培育出一大批高产、多抗绿色超级稻品种，78 个新稻种遍及亚非 18 个国家，覆盖 612 万公顷土地，使 160 多万农户收入显著增加。

（二）畜牧业主导开发型

非洲拥有广阔的热带草原，许多非洲国家都具备发展畜牧业的良好自然条件，而且一些非洲国家历史上就以畜牧业养殖为主，如博茨瓦纳、埃塞俄比亚等，因此可通过企业及机构的调查分析选育适宜非洲当地气候的优良畜种，重视牧草的科学养殖技术、加大水利设施的投资力度及管理经验，建立起完善的“草、水、农、机”体系，改变非洲靠天养畜的游牧方式。在此基础上，开展畜产品的全方位加工，建立蛋、奶、皮革等制品的生产链条，帮助非洲当地增加产品的附加值。

第二节　中非农业合作发展目标

一、中非农业合作发展总体目标

中非农业合作发展的总体目标是，抓住非洲农业开发的有利机遇，充分利用非洲现有农业发展的基础优势，发挥中国农业在生产技术、人力资源和管理等方面的优势，以中国企业为依托实现在非洲的农业规模化开发与生产，拓宽中非农业合作发展的领域及渠道，通过中国在非洲的农业合作发展与开发项目，充分利用国际和国内两种农业资源，保障中国和非洲的粮食安全，由单纯依靠国内农业资源转向依靠国内和国际两种农业资源的转换。以中非农业合作发展为平台，加强中非政治、经济、文化等领域的合作与交流，拓宽中非合作领域。

二、中非农业合作发展具体目标

（一）粮食安全目标

中国用占世界 9% 的耕地，解决了占世界 18.6% 的人口的吃饭问题，创造了世界经济发展史上的奇迹。但是，粮食安全问题在中国一直都没有得到彻底解决。随着中国城镇化进程的不断加快，可耕土地数量急剧减少，但人口数量却居高不下而且城镇人口不断增加。因此，粮食安全问题一直是中国政府急需解决的重大问题。从目前的发展趋势看，仅仅单纯依靠国内土地资源和国际粮食市场无法保障中国的粮食安全，因此必需充分利用非洲丰富的土地资源，推进中非农业合作发展，加大在非洲的农业投资，保障中国的粮食安全，逐步实现中非农业资源互补的初步目标，确保非洲自身粮食安全，缓解非洲从国际粮食市场上购买粮食给中国粮食进口带来的压力，为弥补国内粮食缺口做出一定贡献。争取到 21 世纪中后期解决非洲国家与中国的粮食安全问题，通过增加非洲国家的粮食产量来稳定国际粮价，从而有利于中国从国际市场低价进口粮食。

（二）政治目标

21 世纪初，国际形势继续发生深刻复杂的变化，全球化深入发展，恐怖主义和地区冲突在非洲和中东以及世界上其他国家一直存在着，所以和平与发展一直是当今社会发展的主题，维护地区和平、促进全球发展、加强不同区域的合作是世界人民的共同愿望，也是历史潮流。国际形势中不稳定、不确定因素增加，各种安全问题相互交织，且在全球不同区域发生。和平问题没有解决，发展问题也表现得更加突出。非洲是发展中国家最集中的大陆，也是二战结束后，地区冲突最多的区域，所以非洲的和平发展是实现世界和平发展的一支重要力量。随着世界形势的不断变化，中非传统友好关系也不断面临着新的发展机遇，值此之际，中国积极加强同非洲各国的农业合作发展，表明中国对非政策始终不改初心，并规划和拓展未来双方在各领域的合作，有助于保证中非关系在互利合作平台上长期稳定发展。中国和非洲各国借助在多边经贸和金融体系中的磋商与协调机制，扩大中国和非洲国家在国际金融事务中的发言权和决策权，共同推动联合国和其他国际组织进一步重视非洲的发展问题，促进“南南合作”。

（三）经济目标

非洲目前的人口数量约为14亿，预计这个数字在2050年将达到25亿左右。非洲大陆目前人口出生率居全球首位。预计到2050年，全球超过一半的新增人口将来自非洲。因而，非洲也是全球人口最年轻的大陆，具有巨大的市场潜力，非洲将是世界新兴的市场，是未来世界经济发展的潜在发动机。在世界经济一体化进程中，中国要高度重视非洲市场的开发和利用。中非农业合作发展是中国开发非洲市场的重要有效途径，通过中非农业合作发展开发，进而实现中非在贸易、金融、技术合作、人才培养等方面的深入合作与交流，确保未来中国在非洲和世界经济一体化中的经济利益，实现中国在非洲的各项经济发展目标，达到“利用国内、国外两个市场，开发多种资源”的目标。对于中非农业合作发展的不同开发阶段，确定具体的合作目标，实行种植业、畜牧业、农产品加工业和农业贸易等的国际化经营。同时，帮助非洲国家提高粮食产量，在节约外汇的同时，解决其粮食安全问题，而且在进一步合作中，为非洲国家创造更多的就业，促进非洲国家自身经济发展与经济稳定。

（四）国际人道主义援助目标

在中非农业合作发展中积极开展国际人道主义援助，开展在减灾、救灾等相关领域的人员交流、培训和技术合作。中国将积极回应非洲国家的紧急人道主义援助要求，并鼓励和支持中国红十字会等非政府组织与非洲国家的相关团体开展交流与合作。同时，在灾情发生时，中国政府应积极进行救援，并加强同救援国的对话和合作，开展切实可行的并有实质帮助的救助。同时，在此过程中，积极寻求与国际相关救援机构的合作。

第六章

中非农业合作发展模式

中非农业合作发展从最初以政府为主导的援助开始，到越来越多的企业在参与援助的过程中，逐步加入对非洲国家的农业投资，在这一过程中，中国政府不断地在政策方面微调，企业追随政府导向不断在非实践，研究机构则长期关注中非农业合作方面的新动向，以期总结更适合中非农业合作发展的模式。因此，建立起中非双方农业合作发展模式的探索机制，也成为摆在我们面前的问题。本章对过往中非农业合作发展进行梳理，总结不同方式的中非农业合作发展模式，为中非之间进一步开展农业合作交流提供更适宜的合作方式。

第一节　中非农业合作发展模式总结

中非农业合作发展要推动合作主体的多元化，建立在政府主导下，企业为实施主体，相关机构协调配合的新型合作模式，鼓励更多企业尤其是私营企业投入中非农业合作发展中，同时，积极引导双方科研院所、农业协会、非政府组织等广泛参与，中非农业合作的模式及其代表性企业、项目所在地详见表6-1。

表 6-1　中非农业合作发展模式总结

中非农业合作发展模式	代表性企业	项目所在地
“公司 + 农户”的订单农业合作发展模式	中非棉业	马拉维、莫桑比克

续表

中非农业合作发展模式类型	代表性企业	项目所在地
“基础设施项目 + 农业项目”的农业合作发展模式	新疆北新集团	安哥拉
“热带经济作物种植 + 热带经济作物加工”的农业合作发展模式	浙江越美集团	尼日利亚、马里
“农业技术示范中心 / 农业园区 + 非洲本土企业 / 科研院所 / 非政府组织（NGO）”的农业合作发展模式	山东外经	苏丹
“手工艺品技术培训 + 企业 + 金融”的农业合作发展模式	国际竹藤组织	肯尼亚
“牧草种植 + 畜牧业养殖 + 畜产品加工”的农业合作发展模式	中非洋皮业股份有限公司	埃塞俄比亚
“矿业、能源项目 + 农业项目”的农业合作发展模式	浙江华友钴业	刚果（金）
“粮食作物 + 经济作物 / 林业 / 牧业 / 渔业”的农业合作发展模式	辽宁国际合作集团	科特迪瓦
全产业链的农业合作发展模式	越美集团	马里

一、“公司 + 农户”的订单农业合作发展模式

（一）主要内容

“公司 + 农户”的订单农业合作发展模式是以中国企业作为农业合作发展的主导方，同投资国的个体农户签订合同，根据合同内容，中国企业向投资国农户提供生产所需的生产资料，而投资国农户则要保证按合同内容种植生产，其生产的农产品由中国企业统一进行收购的一种农业合作发展模式。非洲国家的大部分农民手里缺乏资金来购买生产所需的种子、化肥等生产资料，同时由于对市场缺乏必要的了解，不知道种植什么作物以及如何进行出售，“公司 + 农户”的订单农业合作发展模式，正好解决了非洲农民在农业生产中遇到的困难，而与此同时，这一模式也解决了中国企业在非洲投资生产中所需原材料供给不足以及不稳定的问题，延长了企业的生产链，并促进了非洲当地的就业。

（二）案例

1. 中非棉业马拉维棉花项目

作为 2006 年中非合作论坛的重要成果，2007 年，由中国国家开发银行出

资 10 亿美元发起成立中非发展基金，2015 年约翰内斯堡峰会上，习近平主席提出来中非发展基金增资 50 亿美元，目前资金规模一共是 100 亿美元。中非发展基金在非洲国家的主要投资领域为农业、制造业、基础设施建设、资源开发项目以及中非工业园建设项目。

中非发展基金作为创新型金融合作模式，也实施了在非洲农业投资领域的项目。2009 年 6 月，山东青岛瑞昌棉业有限公司联合中非发展基金、中国彩棉集团股份有限公司、青岛汇富纺织有限公司等共同投资成立了中非棉业马拉维棉花公司，主要是因为马拉维拥有丰富且成本较低的土地资源和劳动力资源，气候条件适宜，十分利于种植棉花及发展棉花加工产业，这是中非发展基金在非洲投资的首个农业项目。除马拉维外，还有莫桑比克的棉业投资项目，两项目总投资额 3472.1 万美元。[①]

马拉维棉花公司在当地采用“公司 + 农户”的模式签订种植合同，也就是由马拉维棉花公司提供种子、农药等生产资料，农户按合同种植棉花，并由公司负责收购。收购的棉花经工厂（轧花厂、榨油厂、纺纱厂）加工后，生产出皮棉、棉纱、棉籽油等产品。马拉维棉花项目是中非发展基金在非洲投资的首个农业项目，也是中马建交后的第一个合作项目，该项目一期就雇用 1000 名当地员工，向马拉维 5 万棉农收购棉花，带动他们增收，符合中非发展基金以市场化运作促进中非互利共赢的投资理念。该项目将中国先进的棉花育种、种植、田间管理和加工技术带入当地，使当地棉花单产大幅提高，延长了加工产业链，提升了产品附加值，同时，生产的棉籽油还可减少食用油进口，节省外汇支出。该公司目前已成为该国最大的棉花加工企业，并获得了中国对非农业示范中心的资格。

中非棉业项目是中非发展基金重点支持项目之一。中非棉业投资控股马拉维、莫桑比克、赞比亚、津巴布韦、坦桑尼亚和马里棉花有限公司，以“公司 + 农户”的方式开展棉花生产，目前已经在非洲设有 7 个轧花厂、2 个榨油厂，年收购籽棉 10 万余吨，涉及当地农户 20 余万户，直接雇用当地员工 3300 余人，利用土地数十万公顷，不仅带动了非洲各国棉花产业的发展，也给当地

---

① 盛夏:《共垦非洲》,《农经》2010 年第 Z1 期。

人民提供了充足的就业机会，受到所在国政府及中国政府的高度赞扬。[①]

2. 湖北万宝莫桑比克水稻项目

湖北万宝在莫桑比克的农业项目是我国目前在非洲规模最大的水稻种植项目，一直是对非农业投资的典范，2014 年末项目陷入危机。目前，中非基金发展有限公司通过股权投资方式为万宝农业园提供资金支持，中铁二十局集团有限公司作为产业投资人，带资进行农业园的运营和开发，推动解决万宝农业园农业投入资金问题，在不增加当地政府债务水平的前提下，将中国在水稻种植领域的先进技术引入莫桑比克，充分带动了当地农户参与种植，并向其传授种植技术，帮助脱贫致富。

湖北万宝在莫桑比克的农业项目是在莫桑比克农业示范中心平台上引入的，莫桑比克农业示范中心成功带动湖北 8 家农场和企业赴莫桑比克进行大规模水稻、种植和仓储加工等产业化开发，而湖北万宝是其中投资规模最大的一家。2011 年 6 月，万宝粮油公司成立万宝非洲（莫桑比克）农业发展公司（下称“万宝非洲”），实施“走出去”策略，以加扎友谊农场为基础进行综合开发。

湖北万宝莫桑比克水稻项目尽管几易其手，但其农业模式值得总结，即项目前后期统一规划管理，项目中期采取“订单农业”的模式。在项目的前期通过模块划分，无缝对接方式，构建一个农业项目实施平台，由万宝非洲承担投资和经营前期风险；中期采取“订单农业”，风险转嫁给呈接订单的农户；后期又由万宝非洲统一收购、加工及销售，风险又回到万宝非洲。

首先，项目前期后期采取统一规划管理，提高了整体效率。在该项目前期由万宝非洲统一融资、土地租赁、基础建设、经营计划、设备建材配送，在这一过程中，万宝非洲秉承的理念是专业的人干专业的事，把前期工程分为不同的模块，由不同的部门和公司运作，如组成政、银、企推动专班，统一与莫总理府、农业部协调，争取农业投资优惠和保护政策，突破现有外汇投资和今后经营收入汇出外汇管制、如期实现土地流转等；选用中国化建六公司，统一进行农田、灌溉和加工基础设施建设；选用郑州粮食设计院进行规划设计，统一建设、配套、仓储和加工全产业链。统一规划管理保证了项目最后无缝对

① 中非棉业发展有限公司：公司简介，http://www.ca-cotton.com/aboutus/a/，访问日期：2019 年 10 月 20 日。

接，提高了项目的实施效率。项目后期由万宝非洲统一收购、加工及销售，保证了生产的规模经济效应和销售渠道的稳定性。

其次，项目中期采取“订单农业”，明确“责、权、利”关系。采取“订单农业”，把前期平台上已建设好的农田，以“农田承包到户”的形式承包出去（目前主要承包对象有黑龙江农垦双鸭山农场、湖北农垦军粮农场以及当地农户），按照订单模式组织生产。对于小农生产所解决不了的规模经济效应的问题，万宝非洲统一安排农业机械租赁、技术指导，并且通过统一事前成本核算、产量保底、节约或超产分成、全部订价收购等生产组织与管理方式，使小农生产的有效性与万宝非洲提供的外部规模经济结合在一起，有效解决农田承包者“资金投入能力有限、无法规模化加工、生产之后销售难”的困扰，从而使整个农场的效益与效率达到最优。同时，也有效理顺了“农场所有者与农田承包者”之间的“责、权、利”关系，有利于农场所有者控制风险。[①]

2018—2019 年种植季，万宝农业园种植水稻 2400 公顷，合作农户 500 户，水稻种植产量由原来的每公顷 2 ~ 3 吨提高到 7 ~ 8 吨，[②] 高峰时雇用当地员工 900 余人。在此过程中，项目注重对当地农民的培训，既帮助当地农民脱贫，又增加当地水稻的产量，有效地提高了当地民众的收入，改善了民众的生活，受到当地民众的信任。

二、“基础设施项目 + 农业项目”的农业合作发展模式

（一）主要内容

中国支持非洲国家改善基础设施条件，通过援助、工程承包、投资合作、扩大融资等方式，帮助非洲国家兴建住宅、医院、公路、桥梁、铁路、机场、港口、通信、电力等基础设施，对非洲经济发展产生了积极影响。由于这些基础设施所涉及的合同金额都比较大，工期也较长，前期往往都会派专家进行论证和考察，后期又会派大量中国工人在项目施工国进行施工作业，在基础设施项目实施时，可兼派农业专家进行农业项目的考察，在可能的情况下，同时实

---

① 张哲、高君：《中莫农业产能合作研究——基于莫桑比克农业调研分析》，《浙江师范大学学报》（社会科学版）2017 年第 4 期。

② 商务部国际贸易经济合作研究院：《中国与非洲经贸关系报告 2013》，第 6 页。

施基础设施项目和农业项目，这种项目模式不但有利于解决中国员工在非洲的吃饭问题，同时也可以改善非洲基本民生，改善当地就业，树立中国在非企业形象，履行企业的社会责任。

（二）中信建设安哥拉农场项目

2007 年中信建设公司以 EPC 总承包的形式签约安哥拉社会住房项目，该项目是中国企业承揽的同类项目中合同额最大的，合同总金额为 35.35 亿美元，工程计划工期为 38 个月。新疆兵团建工旗下的新疆北新集团承接了部分中信建设公司项下的安哥拉社会住房项目，在高峰期雇佣中国劳工约 12000 人。由于安哥拉战后百废待兴及中非饮食结构差异，市场上几乎购买不到适合中国员工吃的蔬菜，在此情况下，新疆北新集团于 2008 年 8 月开始在自己的驻地安哥拉本戈省卡潘达建立了综合农场。前期主要是为了解决自己员工吃蔬菜难的问题，只开垦了 100 亩的土地，试种了很多种的蔬菜，后来又陆续开垦到 500 亩，并且把剩余的蔬菜送到当地超市进行销售，获得一定收益，在此基础上，集团决定扩大在安哥拉的农业投入和规模，加大人员和机械投入，修建提水设施等，并针对当地气候条件，使用大棚育苗，选择合适的蔬菜和粮食作物品种，同时做好循环生态运作，发展养殖业。经过两年多的精心运作，农场取得了可喜的成绩，现已开发 10000 亩土地，种植蔬菜 800 亩，蔬菜 20 余个品种；种植水稻 2700 亩，玉米、大豆、黄豆、葵花等 1500 亩，种植瓜果有近百亩。同时还进行了规模化的牛、羊、鸡、鸭等畜禽养殖，牛存栏数 180 头、羊存栏数 350 头、猪存栏数 41 头、鸡 1200 只、鸭 1600 只，已形成农业（蔬菜、园林、果木、大田）、养殖业、多种经济（玉米加工、油料生产、泡菜等）为一体的现代农业产业结构。

安哥拉位于非洲西海岸，属热带草原性气候，国土面积 124 万平方公里，其中可耕面积 3500 万公顷，水资源丰富，土地肥沃，但由于农业生产方式落后，农民缺乏从事农业生产的基本知识和技能，加上近 30 年内战，大部分土地荒芜，粮食生产严重不足，必须靠国际援助和进口解决大部分消费需求。由于卡潘达农业项目在一定程度上解决了当地部分就业问题并提供了战后安哥拉国内急需的粮食，安哥拉农业部又划拨了 20000 公顷的土地给新疆北新集团和中信建设集团，以供其大面积种植粮食作物，并向安哥拉传授先进的农业技术，为安哥拉战后农业复兴做贡献。

安哥拉马兰热农业开发项目于2010年8月开始建点垦荒，总占地10000公顷，项目合同总额超过1.2亿美元，是目前中国企业在海外承揽的最大的农业综合开发项目，也是目前中信建设集团和新疆北新集团在安哥拉国家大区正式签约并实施的第一个非工程类项目，所采用的模式是“2+3”的EPC模式，也就是该农业项目有2年的建设期和3年的运营期。该项目的实施不仅对两家集团深入拓展安哥拉市场意义深远，对帮助安哥拉解决粮食安全问题、脱贫减困、发展民生更具有积极意义，是中国企业在海外赢得自身利益的同时，兼顾驻在国的需求，向驻在国攸关民生的领域倾斜的有益尝试。

根据农业综合开发项目建设的需要，安哥拉农业项目部于2011年5月21日成立了总农艺师办公室和农业科学研究所。从中国国内聘请6位来自不同单位、不同专业的高级农业专家，并安排4名农业大学生和4名硕士生在农科所专职配合专家们开展相关的农业应用技术研究。目前已开展各类试验共26项，涉及14个不同的农作物种类。同年11月，新疆石河子大学与安哥拉农业部达成共识，帮助安哥拉培训农业技术人才，并在建设相关配套涉农实验室上提供技术支持和一揽子方案，为安哥拉培养多层次、宽领域的农业技术人才，配合新疆北新集团在安哥拉的农业战略项目。

中信建设集团与新疆北新集团联手开发安哥拉农业项目，属于强强联手，优势互补，新疆北新集团借助中信建设集团的安哥拉住宅项目进入安哥拉市场，中信建设集团又借助新疆北新集团在国内的农业种植优势，来共同开发安哥拉农业项目。此外在开发的过程中，得到新疆生产建设兵团的全力支持。兵团设计院、兵团农科院、安徽农科院联手以技术优势来支持安哥拉农业项目，如适合当地种植的良种的培育、病虫害的预防、先进的农业种植技术，尤其是兵团已掌握的滴溉技术，特别适合安哥拉当地少雨的气候。2012年已完成2500公顷土地开荒，各项生产建设及农业工作稳步推进，玉米、旱水稻、小麦、大豆等13个品种的农作物引种获得成功。安哥拉住房项目和农业项目都获得了当地政府和居民的好评，住房项目和农业项目配套进行，将会在很大程度上解决安哥拉战后安居问题和粮食问题，有利于维护安哥拉战后社会与经济秩序的稳定。

三、“热带经济作物种植 + 热带经济作物加工”的农业合作发展模式

（一）主要内容

非洲热带经济作物种类繁多，有可可、咖啡、棉花、天然橡胶、油棕、花生、剑麻、香料等。许多经济作物的产量在世界上的比重较大，如咖啡、花生各占世界总产量的 25% 左右，可可、丁香、棕榈油、棕榈仁的产量占世界总产量的 50% ~ 80%。中国热带经济作物对外依存度很高，80% 的天然橡胶依赖进口，油棕、可可、咖啡几乎百分之百地依赖进口，“热带经济作物种植 + 热带经济作物加工”的农业合作发展模式，就是在此背景下建立起来的。这一模式改变了过去西方在非洲只是种植经济作物，而把经济作物运回国内加工的做法。中国企业在非洲种植热带经济作物，并对经济作物进行加工生产，所生产的产品针对三个市场，一个是非洲本土市场，一个是国际市场，另外就是中国国内市场，这一模式有利于非洲工业化过程，有利于中国和非洲国家共同富裕，缩小生产中的“剪刀差”。但基于目前非洲国家基础设施不完善所带来的限制性因素，在考虑此类投资时，因优先选择适合的国家以及适合的加工设备和技术，同时考虑市场对所生产商品的需求；也可以考虑将种植和加工分别放在不同的非洲国家进行，利用不同的区域优势，使企业效益最大化。

（二）中农投坦桑尼亚剑麻种植和加工项目

剑麻纤维可用于制作刨光材料、缆绳、汽车内衬、光缆衬料、地毯等，目前国际市场需求旺盛。世界剑麻纤维产地主要分布于南美洲（5 万吨 / 年）和非洲（4 万吨 / 年），而坦桑尼亚一个国家每年生产 2 万多吨剑麻纤维，其国内只有 3 家大型剑麻种植企业，其规模产量远不能满足国内外的剑麻需求。1999 年，中国农垦（集团）总公司承担了中国政府贴息优惠贷款项下的援外任务，即坦桑尼亚剑麻种植和加工项目，前期投资 120 万美元，用于购买坦桑尼亚两个已经荒废的剑麻农场。中农垦在坦桑尼亚的剑麻产量逐年递增，预计未来几年内将占到坦桑尼亚市场的 25%。剑麻的深加工也大有可为，如果将其纺成纱锭，其售价将提高到每吨 1200 多美元，纺纱阶段的利润率远比初级产品利润率高得多，中农垦剑麻农场也曾有过投资纺纱的考虑，但由于资金所

限，尚无力涉足此领域。目前只是从事剑麻的出口和初级加工。

2000年由于中国农垦的坦桑尼亚剑麻农场内部经营和管理不善，集团内部进行了资产剥离，中国农业投资公司从中国农垦手中买下了其在坦桑尼亚的剑麻农场。中非农业投资有限责任公司（以下简称“中农投”）由中国农业发展集团有限公司和中非基金有限公司共同出资，是目前中国最大的对非农业合作发展开发投资和经营管理平台。中农投主要业务是对非洲的农业种植业、养殖业、远洋捕捞及农、畜、渔产品加工业进行投资和运营管理，在非洲多个国家拥有农业种植和加工基地，主要产品有小麦、玉米、大豆等粮食作物以及剑麻等经济作物。

目前，中非农业投资有限责任坦桑尼亚公司是唯一一家在非洲投资剑麻种植加工的中国企业，公司位于坦桑尼亚莫罗戈罗省（Morogoro）基洛萨县（Kilosa），目前拥有土地6900公顷，主要从事剑麻种植、加工和贸易一体化经营。2000年开始重新种植剑麻，经过四年的非生产期，2004年进入剑麻的收割期，剑麻的收割期会有11年，目前的市场包括当地市场、国际市场和中国国内市场。中国国内剑麻的种植主要是广东、广西、云南和海南省，而从坦桑尼亚公司进口的剑麻占中国国内市场份额的50%左右。2011年，坦桑尼亚公司年产剑麻纤维2630吨，在坦桑尼亚同行业中产量位居第三，运营良好。2012—2014年步入高产期，年产剑麻纤维将达3000吨左右，此项业务预计占公司总业务的20%。同时，坦桑尼亚公司与中国扶贫中心合作，实施“对非减贫工作”，2011年成为“中非减贫示范中心。2018年，该公司成为坦桑尼亚最大的剑麻纤维生产企业之一，并与中国援坦桑尼亚农业技术示范中心合作，在基洛萨（Kilosa）地区对当地农民进行技术培训。

四、“农业技术示范中心/农业园区+非洲本土企业/科研院所/非政府组织（NGO）”的农业合作发展模式

（一）主要内容

农业技术示范中心和农业园区是中国在非洲开展农业合作发展的主要形式，笔者通过对不同的农业技术示范中心和农业园区的调研，发现中国的一些农业技术示范中心/农业园区，都不同程度地与所在国企业/科研院所/非政

府组织合作。这些本土的企业和机构对本国的农业用地、气候、种植作物的情况及农业政策非常了解，可以利用其所掌握的信息，因地制宜，推进项目，更好地发挥中方企业的优势，使农业示范中心 / 农业园区真正起到示范的作用，而且通过此种方式把双方的利益捆绑在一起，使农业示范中心 / 农业园区实现良性的、可持续发展。

（二）案例

1. 中国热带农业科学院尼日利亚木薯项目

2001 年后，中国成为世界木薯产品最大进口国，而且进口规模迅速扩大，据世界粮农组织统计数据，中国近十年木薯干、木薯淀粉和木薯粉的进口量增长趋势显著。中国的木薯科研与生产管理、乙醇加工技术均较成熟，利用非洲优越的自然条件，通过与非洲开展木薯产业开发合作，变单纯的原料进口为海外生产，进而就地转化生物能源，降低生产成本，既有利于非洲经济发展，又能够为中国生物乙醇产业发掘巨大的原料生产基地。

木薯是非洲的第一大粮食作物，种植面积占世界的 49%，许多跨国公司正在非洲等木薯主产地区策划建立木薯淀粉和乙醇生产线，争夺木薯原料。尼日利亚是全球第一大木薯生产国。尼日利亚热带农业技术比较落后，但拥有极其丰富的自然资源、土地资源和劳动力资源。开展木薯种植和木薯工业乙醇加工合作，既能解决其粮食问题，又能解决木薯生产整个产业链问题，同时有利于中国生物能源的进口。中国热带农业科学院（以下简称“热科院”）是直属农业部的以热带作物为主要研究对象的国家级研究机构，2007 年以来，与尼日利亚农业与水资源部保持接触，双方就合理开发利用尼日利亚木薯签署了合作谅解备忘录，并于 2009 年建立中国—尼日利亚木薯中心。同时中国选派专家对尼日利亚木薯生产状况进行了全面的考察和评估，认为利用热科院的优良木薯种质、高产栽培技术和尼日利亚广袤肥沃的土地资源大量生产工业乙醇原料，经过加工后可销往中国。这样既解决了尼日利亚的粮食问题，也将大大降低中国工业乙醇的进口价格。因此，积极与非洲开展木薯产业开发合作，对保障国家能源安全，共同提升世界粮食安全水平，有着重要的现实意义。

木薯在中国已成为生产可再生能源燃料乙醇的主要原料，2010 年 10 月 15 日，中华人民共和国《国务院办公厅关于促进中国热带作物产业发展的意见》

中指出，“热带作物主要包括天然橡胶、木薯、油棕等工业原料，是重要的国家战略资源。在保障国防与经济安全、发展非粮生物质能源以及增加农民收入等方面发挥了重要作用”。[①]

2. 山东外经苏丹农业项目

2008 年 1 月，在商务部、农业部的组织下，山东对外经济技术合作集团与山东省农业科学院联合组成考察组，对苏丹农业现状进行了全方位考察，签订了两国政府合作协议，确定了农业技术示范中心的建设。其农业示范中心在苏丹进行了农作物引种试验研究。2008 年 9 月，山东省农业科学院又与苏丹国家农业科学院签订双边技术合作协议，共同在苏丹开展农业科研工作，为援苏农业技术示范中心提供技术支持。（具体案例详见第一章第四节苏丹农业技术示范中心项目）

五、“手工艺品技术培训 + 企业 + 金融”的农业合作发展模式

（一）主要内容

“手工艺品技术培训 + 企业 + 金融”的农业合作发展模式是指由中国的相关部门（科研院所或企业的培训部门）在国内或非洲本土对非洲特定人群进行手工艺品技术培训，同时由中国金融机构对中国企业提供金融支持，推动制造手工艺品的中国企业在非洲投资手工艺品工厂，让掌握手工艺品技术的非洲人找到适合的工作。由于原产地证明，此类商品可以顺利进入欧美市场，某种程度上可保障企业的收益。在非洲有 58% 的人口为农业人口，而且非洲的妇女普遍缺少土地，同时却又是家庭的主要赡养者，在这种情况下，根据当地的实际情况对非洲当地居民进行手工艺品技术培训，既可以增加当地居民收入，又可以解决非洲国家较为严重的失业问题。

（二）国际竹藤组织在非洲培训项目

竹子是世界上生长最快最高的草本植物之一，是一种可再生资源，具有替代木材的巨大潜力，并可带来可观的收入。藤是一种刺状攀缘棕榈类热带植物。几个世纪以来，人们用藤架桥、织网，编织篮筐，制作家具。藤是许多

① 中华人民共和国中央人民政府：《国务院办公厅关于促进中国热带作物产业发展的意见》，http://www.gov.cn/govweb/zwgk/2010-10/15/content_1723676.htm，访问日期：2020 年 10 月 19 日。

热带生态系统的重要组成部分。然而，随着森林大面积砍伐和对藤制品需求的不断上升，一些地区的藤资源面临威胁，而另一些地区的藤资源却远未得到充分利用。非洲竹区是世界 3 大竹区中面积最小的一个，南起莫桑比克南部（22°S），北至苏丹东北部（16°N），从非洲西海岸的塞内加尔南部开始向东依次经过几内亚、利比里亚、科特迪瓦、加纳和尼日利亚的南部，喀麦隆、加蓬、刚果（布）、刚果（金）、乌干达、肯尼亚、坦桑尼亚、莫桑比克直到东海岸的马达加斯加岛，形成了从西北到东南的一个斜长的分布中心。[①] 总的来说，非洲大陆的竹类区系非常贫乏，开发利用亦相当落后。藤类广泛分布于非洲大陆热带森林的低地上，尽管非洲藤类的经济价值很高，但其开发利用程度也不是很高。

国际竹藤组织（INBAR）是一个政府间的国际组织，成立于 1997 年，其将来自全球 50 多个国家的政府机构、私营部门以及非营利组织联接起来，致力于提高竹藤资源的社会、经济及环境效益，通过竹藤的利用，解决气候变化、扶贫等全球发展面临的问题。目前该组织总部位于中国北京，并在厄瓜多尔、埃塞俄比亚、加纳和印度设有区域办公室。作为可再生自然资源，竹藤便于种植和砍伐，有助于改善生态系统，并可在防止毁林、固碳等方面发挥重要作用。全世界有 10 亿人利用竹藤资源改善生计。加工技术的创新大大增加了竹材替代木材及其产品的可能性，同时使竹材成为农民和生产者收入的重要来源。此外通过竹建筑项目，可为缺少合适住房的贫困人口提供住房，建造抗灾建筑，适应气候变化，减少对高耗能建筑材料的依赖。

2011 年，由商务部主办、国际竹藤网络中心承办的“非洲法语国家竹藤资源利用管理研修班”在北京举行开班仪式。本次研修班主要面向非洲竹藤资源丰富的法语国家和地区。来自马里、乍得、中非、布隆迪、几内亚、塞内加尔、马达加斯加和加蓬等 8 个国家的官员、行业管理人员、专家学者共 17 人前来参加本次研修班。研修班期间，中方有关项目官员、资深研究员将围绕竹藤资源的培育、加工和利用这一主题，向学员们讲解中国竹藤产业发展的最新情况和政策环境，传授竹藤资源开发、利用等方面的有益经验，介绍竹藤产业

---

① 竹藤中心:《非洲竹资源概况》,《世界竹藤通讯》2012 年第 2 期。

在发展中国家消除贫困、增加就业、促进经济环境协调可持续发展方面所发挥的积极作用。研修班还安排学员介绍和交流各自国家竹藤产业的发展情况和成功经验，组织学员前往竹藤产业基地、竹产品加工工厂、竹子博物馆等进行实地参观考察。

非洲许多国家拥有丰富的竹藤类资源，但利用率较低。通过培训各国竹子领域的高级别政府官员、专家和企业家，充分认识到发展竹藤产业对改善生态环境、发展地方经济、消除贫困的重大意义。目前国际竹藤组织在全球范围内进行和竹藤有关的手工艺品技术培训项目。通过对竹藤资源的创新性开发与利用，以及在多个地区开展项目的方式，国际竹藤组织在保护环境和生物多样性、减少贫困等领域发挥着独特的重要作用。在保持竹藤资源可持续发展的前提下，通过联合、协调和支持竹藤的战略性及适应性研究与开发，增进竹藤生产者和消费者的福利。鉴于国际竹藤组织在非洲的影响力及在中国与商务部的良好合作关系，中国企业应加强与该组织的联系，把更多中国手工艺品的编织技术传授给非洲人民，同时开发两个市场，一个是中国国内市场，另一个是欧美市场，解决手工艺品的销售渠道问题，切实帮助非洲人民解决贫困问题。

浙江农林大学 2012 年 12 月成立了非洲农林研究院，并聘任了国际竹藤组织中国合作项目部主任为农林研究院院长，并且取得欧盟有关竹子加工和再利用的培训项目，此项目主要是针对非洲国家的人员进行竹子加工和再利用的培训。如果此项目能够得到企业的跟进和银行的融资，就能把对非洲的培训项目转变为生产力，既能帮助我们的企业带着项目“走出去”，又能帮助非洲人民增加收入，提高就业水平。

六、“牧草种植 + 畜牧业养殖 + 畜产品加工”的农业合作发展模式

（一）主要内容

非洲人部分地延续了西方人的饮食习惯，更喜欢奶制品和肉类食品。非洲一些国家传统畜牧业比较发达，“牧草种植 + 畜牧业养殖 + 畜产品加工”的农业合作发展模式可以延伸企业的产业链，把外部一些不确定因素放到企业内部来进行控制，从而使企业面临的风险减少，确保企业的收益。

（二）中非洋皮公司埃塞俄比亚项目

埃塞俄比亚（以下简称“埃塞”）拥有丰富的畜牧资源，其数量排非洲第一，世界第十。据埃塞农业和农村发展部公布的数据，2019 年埃塞牛存栏量 5670 万头，居世界第五；羊存栏量 5840 万头（山羊 2910 万头，绵羊 2930 万头），居世界第九。牛、绵羊和山羊的屠宰率分别为 7%、37% 和 33%，牧民每年给皮革加工厂供应牛皮约 240 万张、绵羊皮约 800 万张、山羊皮约 700 万张，皮革加工厂年产 1700～1800 万张皮。①

埃塞虽有丰富的畜牧资源，但从近几年埃塞皮革业发展看，皮革深加工能力受限，产品大部分为半成品皮，皮鞋、皮衣等产品产量少且档次低。埃塞政府为发展皮革产业，已将皮革和皮革产品列为优先发展的领域之一，制订了中长期发展战略，出台了一系列扶植政策，在全国各地设立牛羊皮回收中心，成立了皮革和皮革产品技术研究院，目的在于帮助企业提高生产技术能力和管理能力，增加皮革和皮革产品在国际市场的竞争力。政府在投资方面采取的措施是：公私合作、出口信贷保证、出口税收优惠、提供投资基金、进口皮张原材料和成品皮的免税、降低相关运输和过境的服务费等。此外，埃塞已加入世界银行附属的多边投资担保机构（MIGA）及《国际投资纠纷解决公约》（ICSID），承诺对货币转移、征用和国有化、战争和社会动乱、毁约等有关的政治和非商业风险提供担保。

2000 年埃塞成为非洲增长与机遇（AGOA）法案优惠政策的受益国，出口到美国的大部分皮革产品享受免 2%～38% 的关税，且作为东南非共同市场（COMESA）成员国，埃塞商品可自由进入 23 个非洲国家，同时，《除武器外一切商品》提案的优惠待遇又保障了埃塞商品可以进入欧洲市场。中国在埃塞投资设厂，利用埃塞的皮革资源和廉价劳动力，生产优质皮革和皮革产品，出口到国内及其他国家，既可满足中国对皮革和皮革产品的需求，又可利用市场准入优势，将生产的皮革和皮革产品，赚取更多的外汇。

在埃塞得天独厚的畜牧业资源及国家对皮革业扶持的有利战略条件下，2009 年中非发展基金及中国河南新乡黑天明亮制革有限公司，合资成立了中

① 中国驻埃塞俄比亚经商参处:《埃塞俄比亚的皮革及皮革产品市场》,《中国牧业通讯》2007 年第 16 期。

非洋皮业股份有限公司，这是目前非洲规模最大的皮革生产企业，项目总投资为 2700 万美元，2010 年 10 月正式投产。该皮革工厂投产后，为当地带来 500 个就业机会，间接带动约 5 万户农民的畜牧业及养殖业等相关产业链的发展，同时为埃塞增加约 2000 万美元的出口外汇。该公司第一期项目投产完成后，将继续推出第二期皮革项目，继续投资 2500 万美元，建立日产 2000 到 2500 张的牛皮生产线，建立集皮革加工、皮革制品、销售、科技研发于一体的综合性集团公司。

埃塞的畜牧资源居非洲之首，埃塞中非洋皮业股份公司的投产不仅有利于推动埃塞畜牧及皮革加工产业之发展与升级，同时可促进当地就业及改善民生，也将为中非基金支持其他中国企业赴非洲投资发挥示范作用。目前，随着工厂生产规模的扩大，所需皮革略有不足，出于战略规划考虑，不应只是从当地收购皮子，还应建立起自身的养殖厂，一方面可以利用埃塞丰富的畜牧业资源，另一方面保障工厂的稳定生产。而养殖厂的建立就需要有充足的牧草做保障，因此，就可以发展其上游产业——牧草种植，为下游产业——皮革加工提供充足的牛羊存栏量。

七、"矿业、能源项目 + 农业项目"的农业合作发展模式

（一）主要内容

中国在非洲投资的矿业和能源类项目，召来西方和非洲一些国家的异议与批评，尽管中国媒体和学者也在各种场合进行回应，但收效甚微，而"矿业、能源项目 + 农业项目"的农业合作发展模式可以在某种程度上进行回应。"矿业、能源项目 + 农业项目"的农业合作发展模式是指中国企业在对非洲矿业和能源投资的时候，根据当地实际情况，配套一定规模的农业项目，帮助所在国政府解决本国的粮食问题。粮食问题是非洲大部分国家都面临的问题，中国企业如果在投资矿业、能源的同时，配套农业项目，解决所在国急需解决的粮食问题，某种程度上可以帮助所在国政府稳定国家政局，因此，这一模式会受到所在国政府的欢迎与支持，有利于中国企业在所在国继续扩大矿业与能源项目的投资。

（二）浙江华友钴业刚果（金）农业项目

浙江华友钴业股份有限公司（以下简称“浙江华友”）是一家专注于钴、铜有色金属冶炼及钴新材料产品深加工的高新技术企业，是中国最大的钴化学品生产商，是中国国际竞争力50强民营企业。2006年浙江华友钴业去非洲刚果（金）进行钴矿资源的开发，成立了刚果东方国际矿业有限公司（CDM），通过在刚果（金）间接和直接的投资，已建立起独立、完整的钴铜矿产资源的采、选、冶产业链。

浙江华友在实施国际化发展战略的同时，积极参与政府的援非项目，与浙江大学涉农优势学科合作，并联合刚果（金）卢本巴希大学在刚果（金）加丹加省共同打造高水平的生态农业示范园。刚果（金）的农业经济非常原始，主要粮食作物是玉米。刚果（金）生产出来的矿产，基本上都换成粮食和蔬菜了，因此，粮食和蔬菜在当地都很贵。虽然刚果（金）的农业生产落后，但实际上自然条件却不差，年均温度在30摄氏度左右，适合中国江南地区农产品的种植。为此，浙江华友出资，联合浙江大学，共同在刚果（金）加丹加省建成一个550公顷的现代农业示范区。由于当地可耕地面积开发率不足10%，且当地农业发展条件有限，加丹加省每年有66%的粮食需要进口，因此希望农业示范区能对加丹加省的粮食自给起到促进作用。

2011年，浙江大学、浙江华友和卢本巴希大学三方共同签署了“华友—浙大—刚果（金）卢本巴希大学关于在刚果（金）共同建立现代农业示范园区的合作协议”，结合了传统农业、循环农业、有机农业、低碳农业和现代农业等特点来进行园区的规划。2012年浙江华友出资800万美元建成运营“华友—刚果（金）现代农业示范区”，示范区建设用地550公顷土地，建有粮食大田区、蔬菜区、畜牧区及农产品加工生产区，拥有规模化的玻璃温室大棚、连栋大棚、普通大棚、养猪场、养鸡场、农机站等，利用了太阳能灌溉系统。园区应用现代农业技术，实行规模化种植养殖和良种选育，使玉米单产增长了一倍以上，肉鸡、蛋鸡养殖也有较大规模发展。园区的农技试验中心为当地农业专家提供了研究平台，成为卢本巴希大学农学院学生的教学实践基地，为当地培养了大量农业技术人才。

“华友—刚果（金）现代农业示范区”有效提高了刚果（金）当地农业生

产能力和粮食安全水平，对中国农业“走出去”战略的实施具有促进作用，同时对构建在非企业后勤保障体系具有重大意义。目前中国在非洲能源和矿产方面投资的企业主要以中石油、中石化、中国五矿等大型国有企业及中兴能源、浙江华友等民营企业为主，这些企业在非洲进行能源和矿产资源开发时，总是受到西方及非洲社会的质疑，认为此举是新殖民主义，尽管有关新殖民主义的论点，根本不值一驳（有关新殖民主义的观点及论述许多文章及书中都有详细介绍，在此不再提及），但为了缓和与非洲国家的关系及营造更好的投资环境，这些企业在投资非洲能源和矿产的同时，在当地投资农业既可以保障自身后勤供给的安全，也可以在某种程度上保障非洲国家自身的粮食安全。

八、“粮食作物 + 经济作物 / 林业 / 牧业 / 渔业”的农业合作发展模式

（一）主要内容

“粮食作物 + 经济作物 / 林业 / 牧业 / 渔业”的农业合作发展模式是指中国企业在非洲进行粮食作物种植的同时，兼顾经济作物、林业、牧业、渔业的种植与养殖。粮食问题是非洲国家急需解决的问题，中国政府对非洲农业援助的主要目标是帮助非洲解决粮食安全问题，但农业援助项目越来越多地由企业来承担，尤其是后期需要企业自负盈亏，但粮食作物的种植很难获得较高经济利益，在这种情况下，“粮食作物 + 经济作物 / 林业 / 牧业 / 渔业”的农业合作发展模式，可以使企业在兼顾非洲粮食安全的同时，获得更大收益，从而推动更多的企业投资非洲农业项目。

（二）辽宁国际合作集团科特迪瓦项目

非洲一直都是世界上粮食进口主要地区，近些年来非洲谷物的进口值更是占世界谷物进口值的 20% 左右，联合国世界粮农组织公布的 2021 年低收入缺粮国名单有 44 个，其中非洲就有 34 个，[①] 因此加强中国与非洲国家粮食作物合作十分重要和必要。由于粮食作物的种植很难带来大的经济利益回报，因此往往是以援助的形式进行的，这种模式不利于中国企业长期投资非洲粮食作

① 根据 FAOSTAT 数据得出，https://www.fao.org/countryprofiles/lifdc/zh/，访问日期：2022 年 11 月 28 日。

物生产，因此企业应在粮食作物种植的同时，根据不同国家的优势，同时与当地开展经济作物、林业、牧业、渔业项目的合作，这种合作既可以带给企业更多的经济利益，也可以带动非洲当地经济的发展，提高就业。

中国辽宁国际合作集团在科特迪瓦就此模式进行了探索与实践。1983 年中国政府与科特迪瓦政府建立外交关系，之后就一直积极支持科特迪瓦农业的全面发展。1986 年中国和科特迪瓦签订的第一个国家援助项目就是在迪沃省格格杜开垦水稻种植田，该援助项目由辽宁国际合作集团承建。在长达 15 年的时间里，我国共进行了 7 期农业技术合作，先后派出十几名农业专家，经过不懈努力，格格杜垦区已由一片荒地变成了科特迪瓦南部农业水稻产业发展的聚集区。1997 年项目移交科特迪瓦后，辽宁国际合作集团一直与科特迪瓦各方面保持着紧密的合作关系。

腰果是世界著名的四大干果之一，2008 年科特迪瓦成为世界上腰果第二生产大国，年产腰果 33 万吨，但加工能力非常落后，加工生产率仅为 4.6%。[①] 2014 年科特迪瓦成为世界上腰果第一大出口国，年产腰果约 50 万吨，95% 的生腰果出口到印度和越南加工。科特迪瓦棉花和腰果委员会（CCA）的市场分析部经理马拉姆·伊内·萨诺戈（Malam ine Sanogo）称，加工应由科特迪瓦的工人来完成。[②] 在我国，腰果主要分布在海南、云南、广西、广东、福建等地。我国腰果（带壳）整体供不应求，2019 年缺口达 12804.6 吨，腰果仁主要从越南、印尼、柬埔寨等国家进口。[③] 因此，中国除了提供粮食种植方面的技术援助，还可在当地培育高产腰果并收购、加工、销售。经济作物的种植与加工可以增加科特迪瓦当地就业，促进其经济发展，同时，也可以促进中国企业在当地的可持续经营和发展。

① 郑莉:《科特迪瓦成为世界上第二大腰果生产大国》,《世界热带农业信息》2009 年第 3 期。
② 郑淑娟:《科特迪瓦成为世界腰果出口大国》,《世界热带农业信息》2014 年第 12 期。
③ 博雅数据研究中心:《2021—2027 年中国腰果市场分析与投资前景研究报告》，http://www.bosidata.com/report/501285ZH4H.html，访问日期：2022 年 1 月 8 日。

九、全产业链的农业合作发展模式

（一）主要内容

对非农业合作发展中，单独投资种植业、养殖业、农产品或畜产品的加工业等，都会面临上游产业的不可确定性而带来的风险，因此，采取全产业链进行投资，把外部风险内部化，是最有效的把风险控降到最低的方式。

（二）越美集团非洲棉花种植和加工项目

越美集团是浙江绍兴一家拥有自营进出口权的综合性企业，主要经营纺纱、织布、印染、刺绣等业务，其在非洲用了七年的时间，实现了贸易、设厂、建工业园区三级跳。2000 年越美集团在非洲尼日利亚最大港口城市拉各斯设立贸易公司；四年后开设生产型企业金美（尼日利亚）纺织品有限公司；至 2006 年底，创汇产值从 600 万美元跃升至 6000 万美元。2007 年越美集团在尼日利亚投资 6000 万美元成立中国境外首个纺织园区——“越美（尼日利亚）纺织工业园”，计划引进 15 ~ 17 家纺织类上下游配套企业，形成集纺纱、织造、针织、成品服装于一体的完整产业链，让更多的中国纺织企业跨出国门，开展国际贸易。

除尼日利亚外，越美集团还在塞内加尔、喀麦隆、马里、安哥拉等国家和地区设立了销售公司。同时，越美集团为了保持可持续发展，在掌控了非洲纺织品销售市场后，又开始寻求掌控低价的原材料资源。2012 年，越美集团向纺织品源头挺进，在西非马里以并购增资的方式投资 9920 万美元，收购马里国有棉花公司，设立越美（马里）棉花有限公司，目前，这一项目因马里局势动荡而暂时搁浅，如果这一项目完成后，越美集团就会控制该国 80% 的棉花种植和收购。2012 年 3 月，越美集团又出资 7000 多万美元，收购了坦桑尼亚友谊纺织公司，完成了从非洲西部到东南部的布局。

第二节 中非农业合作发展适用性布局

一、中非农业合作发展适用品种领域

中非农业合作发展在坚持“以粮为主”的同时，还必须实行“多种经营”，提高综合效益。具体说来，至少可以包括以下 6 个方面：

1. 粮食种植业合作适用品种

非洲粮食危机尤为突出。许多非洲国家粮食自给率在 20 世纪 60 年代初为 98%，70 年代末下降到 82%，80 年代再下降到 60% ~ 70%，90 年代只有 50% 左右。自 1980 年起，非洲成为农产品净进口大洲。2003 年，23 个非洲国家粮食短缺，进口粮食 3820 万吨。除玉米能基本满足地区需求外，45% 的小麦和 80% 的大米依赖进口。2006 年以来，撒哈拉以南非洲人均粮食产量只有 84 公斤，只及全球人均 339 公斤的 24.8%。非洲地区在全球粮食安全体系中处于薄弱点。①

木薯是非洲国家的主要粮食作物，广泛种植于非洲 40 多个国家。非洲是世界上最大的木薯产区，占世界木薯产量的近 55%。然而，非洲的单位木薯产量也是世界上最低的，每公顷产出木薯 10 吨左右。2021 年非洲木薯收获面积约为 2840.73 万公顷，占全球比重达 82.99%。尼日利亚是非洲也是全球木薯第一大国，莫桑比克、刚果（金）、安哥拉、加纳、贝宁、坦桑尼亚、马达加斯加、肯尼亚和乌干达等国近年来也已成为非洲木薯的主要种植国。非洲木薯产量中的 65% 用于食物，并成为当地低收入农户的重要食用作物。而中国木薯的品种和产量都优于非洲，如果根据非洲各国不同的地理情况来培育适合的木薯品种，并大范围种植，将会在很大程度上提高非洲木薯的产量，解决低收入农户吃饭问题。

随着全球木薯深加工技术的逐渐成熟，其已经在全球范围被广泛利用。在发酵工业方面，木薯淀粉或木薯干片可用于制作酒精、柠檬酸、木薯蛋白质、葡萄糖等，这些产品在食品、饮料、染布、造纸等方面有重要用途。此外，木

---

① FAO, “Crop Prospects and Food Situation,” https://www.fao.org/3/cb8893en/cb8893en.pdf，访问日期：2022 年 9 月 16 日。

薯也是潜力巨大的能源植物，是生物质能产业发展需要的重要物质之一。

另外，小麦、水稻、玉米也是非洲国家的主要粮食作物，而中国在这些粮食作物的种植和栽培技术上都有优势，尤其是水稻，目前三系水稻杂交种子在非洲的种植逐步扩大，使用非洲本土的水稻种子，每公顷单产 2 吨，而使用三系水稻杂交种子每公顷单产 7 吨，这种单产的优势将会吸引更多有条件种植水稻的国家，扩大本国水稻的种植面积。从世界大米进出口情况来看，全球大米贸易出口国主要是泰国、越南和缅甸，主要出口品种均属软米类型，非洲大米市场同样长期被泰国、越南等软米所占据。中国可抓住非洲国家进行经济结构、产业结构的调整，技术需求量大的良机，通过企业在境外试种中国具国际竞争力的水稻软米品种，大面积推广特种稻，并进行深加工和精加工，打造中国大米品牌，完成由生产到加工，再到市场销售的产业化经营。

2. 经济作物合作适用品种

非洲有许多种极具优势的经济作物，但是单产大都很低。例如棉花单产大约为中国的三分之一到一半，花生大致也是如此。单产的巨大差距意味着极大的潜力。

非洲经济作物品种繁多，投资机会很多，但从中国经济发展的需要及企业投资的现实需求综合分析，棉花、可可、橡胶、油棕、剑麻可以作为优先的选择；其次，许多非洲国家需要进口食糖，因此发展甘蔗生产也很有前途；另外，咖啡、腰果、花卉、香料、芝麻等，也是非洲国家很有优势的出口作物，中国企业选择此类经济作物的种植，可以获得不错的收益。长期的单一热带经济作物的畸形发展，尽管造成非洲各国经济结构的脆弱，但在客观上形成了特色经济和优势产业，这些经济作物在经济贡献率、解决就业、平衡外汇收支、培训熟练劳动力方面是其他农业部门无法比拟的。

腰果、橡胶、棉花、棕榈油、可可等经济作物在中国有较大的市场需求，中国国内生产能力不足，必须大量进口。目前这些农产品的收购、加工、销售大多掌握在欧美国家手中，尽管中国采购量较大，但在产品定价方面仍处于被动局面。目前，非洲国家希望通过发展经济作物振兴国家经济，中国企业可以充分利用这一优势，与非洲有关国家共同建立经济作物的生产和加工产业链，把中国经济作物加工技术与非洲当地热带经济作物有效结合，降低中国企业的生产成本，提高中国制成品的竞争力和质量，提高产品定价的话语权。

3. 畜牧业合作适用品种

畜牧业是非洲重要的经济部门之一。畜牧业大国埃塞俄比亚畜牧业产值约占国内生产总值的 20%，占农业总产值的 40%，南非畜牧业约占农业总产值的 42%，毛里塔尼亚和博茨瓦纳的畜牧业占其农业总产值的 80%，是国民经济的传统支柱之一，也是农民的主要收入来源。

非洲拥有良好的牧场资源，其永久性草地和牧场面积为 9.11 亿公顷，约占非洲总面积的三分之一，占世界牧场面积的 26.97%。① 茂盛的草地和丰富的牧业资源为非洲畜牧业发展提供了良好的自然条件。但是，深入分析非洲的生态环境特征，不难看出非洲生态环境相当脆弱，倘若农业开发利用不当，极易使生态环境恶化。

非洲牧场分布较为均匀，其中东非面积最大，是非洲最重要的牧业区，占非洲牧场面积的 26.23%，集中了非洲 1/2 的骆驼、2/5 的牛、近 1/3 的山羊、1/5 的绵羊。总体而言，非洲各国牧场的面积较为稳定，埃塞俄比亚国土面积 110.36 万平方公里，适牧草地面积占 50% 以上；马达加斯加全国牧场面积达 3405 公顷，占国土面积的 58%；莫桑比克草地面积 1200 万公顷，相当于该国可耕地面积的 34.3%。另外，畜牧业在农业中占主导地位的国家还有博茨瓦纳，畜牧业产值约占农业总产值的 3/4。博茨瓦纳发展谷物种植业的主要目的是为畜牧业服务。非洲主要牲畜及牧场资源分布情况见表 6–2。

表 6–2　非洲主要牲畜及牧场资源分布

牲畜分布	地域	国家	占非洲总数比（%）
牛	埃塞俄比亚高原、马达加斯加岛、萨赫勒地带、非洲南部的亚热带草原	埃塞俄比亚、索马里、苏丹、坦桑尼亚、南非、尼日利亚、肯尼亚、马达加斯加、博茨瓦纳	60
绵羊	北非、东北非、南非	南非、埃塞俄比亚、索马里、尼日利亚、摩洛哥、阿尔及利亚、苏丹	52.1
山羊	西非、中非、东非	尼日利亚、苏丹、索马里、埃塞俄比亚	48.1

数据来源：根据 FAO 数据整理得出。

① 张捷、周大启、任万鹏：《中非农业合作现状与建议》，《中国国情国力》2015 年第 1 期。

根据非洲畜牧业发展现状和非洲国家的地理和人文环境，中国企业在非洲投资品种可优先考虑牛、羊（包括绵羊和山羊）和鸡。牛、羊均为食草动物，非洲拥有良好的草地资源，为牛、羊养殖提供了自然基础。牛羊肉，尤其是牛肉也是非洲人的主要消费肉类，非洲大部分国家的牛羊肉供给存在缺口，因此饲养牛羊具有很大的发展空间。中国企业投资牛羊的养殖，既能利用当地的资源满足非洲居民的消费需求，还可为非洲及中国在非投资的加工业提供更多的原料，增加当地就业机会。

目前非洲家禽业发展基础薄弱，家禽产业所占经济比率较低。肉类消费中 37% 为鸡肉，[①] 随着收入水平的上升和城市化的推进，这一比例还将继续上升，鸡的饲养具有很好的市场前景。中国企业在鸡的饲养方面技术成熟，且鸡的饲养所需投资额相对较少、周期短，能够短期回流资金，风险相对也较小，所以中国企业投资非洲禽肉养殖及加工大有所为。

4. 渔业资源合作适用品种

在过去 30 年中，渔业在非洲国家经济发展中的战略地位日益突出。非洲濒临大西洋、印度洋和地中海，有漫长的海岸线和辽阔的海域，同时内陆地区的内湖资源也丰富，适合发展捕捞业和养殖业，渔业已经发展成为非洲国家出口创汇、改善民生的重要产业。渔业是全球最大的野生蛋白质提供者，近年来，非洲国家已逐步成为重要的鱼产品消费国。尽管非洲水产资源极为丰富，但是不少沿海国家因缺乏捕捞能力，水产品不能自给，需要进口，而未来水产养殖业将逐步成为非洲渔业发展的增长点，非洲大多数渔业资源丰富的国家，水产养殖业产量都比较低，而中国在水产养殖及水产品加工方面具有领先的技术，因此，中国与非洲在海洋捕捞与淡水产殖方面都可以进行深入合作。

非洲渔业资源遍布非洲大陆各区域，主要是因为大西洋、印度洋、地中海环绕非洲周边，而非洲内部河流、湖泊纵横，水产资源丰富。北部非洲渔业资源主要集中在摩洛哥、毛里塔尼亚、埃及等国家；西部非洲渔业资源主要集中在尼日利亚、加纳、塞内加尔等国家；东部非洲渔业资源主要集中在乌干达、坦桑尼亚等国家；中部非洲资源主要集中在刚果（金）等国家；南部非洲

① 《未来 10 年非洲禽肉生产增长强劲》,《饲料与畜牧》2016 年第 5 期。

渔业资源主要集中在南非和纳米比亚等国家，非洲渔业资源主要分布国家见表6-3。

表 6-3　非洲渔业资源分布区域和主要国家

区域	主要国家
北部非洲	摩洛哥、毛里塔尼亚、埃及
西部非洲	尼日利亚、加纳、塞内加尔
东部非洲	乌干达、坦桑尼亚
中部非洲	刚果（金）
南部非洲	南非和纳米比亚

非洲内湖是淡水鱼的主要产区：一是维多利亚湖，面积为6.8万平方公里，是世界第二大湖，维多利亚湖支撑着世界上产量最高的淡水渔业，年鱼产量超过 50 万吨，价值 6 亿美元。该湖由沿岸国家分享，其中肯尼亚占 6%，乌干达占 43%，坦桑尼亚占 51%。该湖的渔业以两种引进品种——尼罗河鲈鱼和尼罗河罗非鱼以及一种本地鲤科鱼类为主导。二是坦噶尼喀湖，非洲第二大湖、世界第二深湖，湖周围的国家包括布隆迪、刚果（金）、坦桑尼亚及赞比亚。此外，非洲的内湖还有纳鲁湖、乍得湖、马拉维湖，这些湖由坦桑尼亚、莫桑比克和马拉维等国家共享，有丰富的渔业资源。非洲淡水鱼主要品种包括鲤鱼、罗非鱼及混杂鱼。

大西洋渔业资源主要集中在西北非、西非及南部非洲地区，其中西北部非洲沿海地区盛产沙丁鱼、金枪鱼等；南部非洲海域盛产鲐、鲸、沙丁鱼等；西部非洲沿海盛产对虾、金枪鱼和鱿鱼等。而海水鱼养殖的主要品种为鲱鱼、鳕鱼、金枪鱼等。

印度洋渔业资源主要集中在非洲印度洋沿岸的 13 个国家，包括埃及、肯尼亚、坦桑尼亚、莫桑比克、马达加斯加、毛里求斯等。印度洋海洋资源丰富，按海域划分，阿拉伯海域主要盛产鲱鱼类和鲭科鱼类；亚丁湾主要盛产鲅鱼类和石斑鱼类；波斯湾主要盛产石斑鱼类、笛鲷鱼类和长鳍金枪鱼等；莫桑比克海域、马达加斯加海域主要盛产海鲂鱼类、平头鱼类、鲨鱼类。印度洋沿岸非洲国家水产养殖业起步较晚，加上缺乏先进养殖技术与资金支持，养殖产量不高。2012 年进口我国水产品的印度洋沿岸非洲国家按金额排名前五位为：南非、埃及、毛里求斯、坦桑尼亚、塞舌尔。我国进口印度洋沿岸非洲国家水产品按金额排名前五位为：南非、坦桑尼亚、毛里求斯、肯尼亚、莫桑比克。① 因此，这一区域也是今后中非渔业合作的重点区域。

5. 林业资源合作适用品种

非洲森林资源非常丰富，森林覆盖面积约为 6.5 亿公顷，约占非洲总面积的 23%，约占世界森林覆盖总面积的 17%（2019 年），是全球第二大热带雨林分布区。森林资源主要集中在中部非洲和南部非洲，据非洲木材组织统计，可开采木材量高达 100 亿 m^3，其中 90% 集中在非洲木材组织的 14 个成员国内。② 非洲木材出口到中国最多的两个国家是加蓬和赤道几内亚，两国出口木材贸易额占非洲出口中国木材贸易总额的一半以上。其他主要的木材出口国还有莫桑比克、喀麦隆、刚果（金）等国。非洲有很多珍贵树种，如红木、紫檀、红檀、桃花心木等，经济价值很高，极具开发潜力。

6. 蔬菜合作适用品种

中国应当把精耕细作的传统带到非洲，大力发展各种蔬菜的种植。非洲国家的蔬菜品种少，价格高，供不应求，因此在非洲发展蔬菜生产的前景十分广阔。所产的蔬菜，除部分供中国劳务人员自用及发展餐饮业外，大部分可供给当地市场或向欧洲市场出口。非洲自身得天独厚的自然条件，非常适合蔬菜的种植，有关蔬菜的适用品种，中国企业可根据所在国别消费群体的习惯来进行选择。

二、中非农业合作发展适用品种区域布局

非洲各国发展历史及自然条件各异，国民经济各部门发展不平衡，中国应该选择该国优势农业品种进行投资合作，通过该优势农业品种的种植（养殖）和加工带动连锁效应，逐步帮助非洲国家实现农业良性、可持续发展。

（一）粮食作物种植适用品种区域布局

如果非洲国家可以在水稻单产上有所突破，将会对非洲缓解缺粮问题产

---

① 张艳茹、张瑾：《海上丝绸之路背景下的中非渔业合作发展研究》，《非洲研究》2015 年第 2 卷。

② 鞠岩峰、张剑：《中国企业对非洲林业合作与投资调查分析》，《林业资源管理》2015 年第 4 期。

生重大意义。中国在粮食作物生产方面较非洲国家突出的优势是水稻杂交技术和旱粮稳产高产技术，中国水稻技术适合在莫桑比克、马达加斯加、喀麦隆、肯尼亚、尼日利亚、塞拉利昂、马里等这些传统种植水稻的国家中推广。2022年1月“帮助西非国家建立水稻种业体系”项目正式启动，该项目是在前期西非国家绿色超级稻推广的基础上，帮助西非国家建立水稻种业体系项目。

木薯的种植适合非洲绝大多数国家，但我们可优先选择尼日利亚、刚果（金）、加纳、马拉维、贝宁、乌干达等传统木薯种植大国和产量高的国家；非洲是全球玉米生产的重要区域之一，玉米既可以满足非洲国家居民的粮食需求，又是发展生物燃料乙醇的重要原料，但是目前非洲国家普遍不能满足自身粮食需求，在非洲利用玉米生产生物燃料乙醇在短期内不可行。在非洲最大的玉米生产国南非，政府虽然积极支持发展生物燃料和可再生能源，但为了保证自身粮食安全，还是坚决将玉米从可用来制造生物燃料的农作物名单中排除。所以中国企业在非洲进行玉米种植时，可结合畜牧业来进行区域布局，可优先考虑南非、尼日利亚、坦桑尼亚、赞比亚、埃塞俄比亚等玉米的主产区。这些地方适合大型国企农场进入，而私企可以作为辅助部门进入，开设养鸡场、养猪场、养牛场、养鱼场或从事蔬菜种植。

（二）经济作物种植适用品种区域布局

棉花种植在发达国家属于资本密集型产业，但在非洲不发达国家属于劳动密集型产业。在非洲种植棉花，除了要考虑棉花深加工外，还要考虑区域内棉花生产的潜力，西非、北非和南非过去一直是棉花的主产区，西非国家在棉花的生产、销售、定价、信贷中占据重要地位，但近年来东非地区棉花种植区域扩大较快。由于长期受计划体制的影响，西非国家棉花产业中存在隐性的体制性成本，但随着中国在当地棉花领域开展合作，尤其是中国在棉花种植方面的技术援助，使当地实现了棉花总产和收获面积的大幅增加，并增加了对中国的出口。东非的棉花生产国主要是采取市场经济体制，体制性成本大大降低。因此综合考虑下来在东非国家中可优先选择坦桑尼亚、莫桑比克、喀麦隆等；对于西非国家可选择自然条件适宜且与中国棉花贸易量大的国家，如马里、贝宁、乍得、布基纳法索等，可在适当的机会并入收购其国有棉田，使企业在短时间内利用其原有种植体系，扩大棉花的生产和产量。

非洲具有种植可可的优势，产量在国际上也具有相当的竞争力。但是，非洲可可加工业落后，可可产业链的营销、加工环节主要掌握在外资手中。因此，几乎所有非洲多数国家都在强调提高可可加工，谋求更大的经济附加值，中国企业进入非洲可可种植业，在种植可可的同时，要帮助其所在国建立起可可产品的深加工，拓宽以“可可饼”为核心的产业链，提高可可产业的附加值，顺应非洲可可产业发展的主要方向，才有可能进入此产业种植和加工的分工中去，并获得稳固的地位。非洲可可产业发展的主要潜力区域在西非，西非是非洲可可的主要产区，占据全球可可产量的 70%，尼日利亚、加纳、科特迪瓦、喀麦隆四个国家可可产量占非洲可可总产量的比重达 90%，[①] 因此这个区域应成为投资非洲可可产业的主要区域。

非洲的多哥、埃塞俄比亚、马达加斯加与美洲的古巴和巴西两大产糖国经纬度相近，非常适合甘蔗种植。中成股份已在多哥、埃塞俄比亚、马达加斯加这几个非洲国家种植甘蔗，并相应建立起糖厂，生产白糖和食用酒精。除了以上国家，从区域潜力来看还可以优先考虑非洲的莫桑比克、尼日利亚、喀麦隆、苏丹、埃及、肯尼亚、南非等。

非洲是全球第二大天然橡胶生产区，天然橡胶占全球的比重为 5%，生产天然橡胶的非洲国家达到26个，[②] 天然橡胶的主要产区是西非和中非，因此这个地区也是中国企业投资非洲橡胶的最佳区域。主要国别可以选择科特迪瓦、喀麦隆、尼日利亚、加纳、刚果（金）、加篷等。

撒哈拉沙漠以南非洲的腰果产量占世界总量三分之一，其主产区位于西非和东非地区，其中 80% 的非洲腰果出口到印度和越南等地进一步加工。因此中国企业适合在此区域进行腰果的种植和再加工。首选国别为莫桑比克、科特迪瓦、加纳、塞内加尔、坦桑尼亚、几内亚比绍、尼日利亚等。

非洲是全球芝麻的重要种植区，也是全球芝麻最大的出口区，东非是非洲芝麻产值最高的区域，因此也是投资的最好区域。国别可以考虑苏丹、埃塞俄比亚、乌干达、尼日利亚、尼日尔等。

部分非洲国家一直有把茶叶当饮品的传统，尤其是中非。中国对非洲绿

① 文云朝:《可可史话》,《世界农业》1981 年第 5 期。
② 莫业勇:《全球有 60 多个国家生产天然橡胶》,《中国热带农业》2014 年第 5 期。

茶出口主要市场为摩洛哥、毛里塔尼亚、加纳、阿尔及利亚、贝宁和塞内加尔，上述国家和地区占中国对非洲绿茶出口量的80%。但非洲茶叶种植主要集中在东非，从国别看最适宜种植茶叶的国家是肯尼亚和马拉维，其次还有坦桑尼亚、乌干达、卢旺达、布隆迪、津巴布韦等。

非洲烟草种植面积的90%集中在东非和西非地区，这一区域也是非洲最适宜种植烟草的地区，主要国家有津巴布韦、马拉维、坦桑尼亚、莫桑比克、乌干达等。种植剑麻最适宜的国家主要是坦桑尼亚，目前中农投已在坦桑尼亚建有剑麻农场。

（三）畜牧业适用品种区域布局

非洲的永久性草地和牧场约占其总面积的三分之一，茂盛的草地和丰富的牧业资源为非洲畜牧业的发展提供了良好的自然条件。投资区域可优先考虑东非，因为东非牧场面积最大，是非洲最重要的牧业区，东非各种禽畜品种的存栏量在非洲均占有较大比重，且东非各国总体经济发展较快，贸易和投资政策宽松，社会相对稳定，为投资提供了较好的环境。此外，西非和北非也具有较好的畜牧业资源，是可以考虑投资的第二选择。中部非洲和南部非洲的畜牧业则较薄弱，如果要投资，可考虑在博茨瓦纳、纳米比亚投资养牛业，在南非投资家禽养殖，因南非是非洲最大的禽肉生产国。

具体投资国别可优先考虑埃塞俄比亚、苏丹、尼日利亚、南非、坦桑尼亚、肯尼亚、马里等。这些国家都是非洲畜牧业大国。禽畜品种齐全，适宜投资的品种较多，拥有较好的畜牧业发展基础和资源，政局相对稳定，与中国关系友好，鼓励吸引外来投资并把畜牧业作为鼓励投资的一个重点领域，因此可以优先考虑。

（四）渔业资源养殖适用品种及捕捞分布品种区域布局

非洲西南、西北、东南地区近海域为全球几大寒暖流交汇处，海洋鱼类资源丰富，是世界著名渔场。中国企业可以探寻与沿岸非洲国家成立合资公司，并设立相应的渔业技术研发中心和船员培训机构，利用当地渔业资源开发新的渔业产品，并带动中国渔业技术和渔业设备的出口。

淡水鱼捕捞和养殖区域主要在非洲的几大内湖区，如维多利亚湖、坦噶尼喀湖、纳库鲁湖、乍得湖、马拉维湖等，主要国别为乌干达、坦桑尼亚、肯尼亚、刚果（金）、尼日利亚、莫桑比克和马拉维等。

海水渔业捕捞应当优先发展西非渔业市场。西非紧临大西洋，海洋资源和内水资源丰富，经过20多年的发展，部分中资企业已经在西非地区的几内亚比绍、塞内加尔、塞拉利昂、几内亚、加纳、冈比亚、尼日利亚等国站稳脚跟并扩大战果。因此，在未来，中国对非渔业投资要合作的产业选择是优先鼓励发展养殖业和加工业；优先支持中资巩固西非市场，发展东非市场，开拓南非市场。

加快发展东非渔业市场。东非地区紧邻印度洋，渔业资源丰富，这是中资布局的薄弱区域。东非地区的养殖场发展落后，养殖资源潜力巨大。因此，中资企业应加快发展东非养殖渔业市场。

创造条件进入南部非洲市场。南部非洲位于大西洋和印度洋的交汇区域，渔业资源十分丰富，并以南非和纳米比亚两国的渔业资源最为丰富。目前，中国尚未与纳米比亚签署渔业协议。而纳米比亚严格控制渔权、配额及新渔业企业审批，暂时不再向外国或合资企业发放渔权及配额。建议中国政府加强与纳米比亚有关部门沟通，加大推动双边渔业投资合作洽谈力度，启动与纳米比亚的渔业政策对话及交流，尽早签署双边渔业合作协定，为中资企业进入南部非洲渔业市场创造良好的政策环境。

主要国别一是大西洋沿岸国家，包括摩洛哥、几内亚、毛里塔尼亚、安哥拉、南非；二是印度洋沿岸的东非及东南非国家，包括马达加斯加、塞舌尔、肯尼亚、莫桑比克、坦桑尼亚等；三是地中海沿岸的国家，包括埃及、突尼斯等。

（五）林业资源区域布局

非洲有很多珍贵树种，如红木、紫檀、红檀、桃花心木等，经济价值高，极具开发潜力，但非洲本地的木材加工业相当落后。根据法制完善程度或森林法的相关规定，可以把这些国家分为两种类型：一类国家是安哥拉、赤道几内亚等法制极不健全，资源开发政策多变，随意性很强的国家。在这些国家可以开展“短、平、快”的森林资源项目合作，如原木开采后直接出口，尽量避免由政策变动所带来的麻烦和损失；还有一类国家如喀麦隆、赞比亚等国，这些国家环保意识逐渐增强，加之为鼓励本国木材加工业发展及增加出口附加值，纷纷限制原木出口，可在这些国家进行木材深加工业项目。因为与原木相比，加工产品在出口运输时可大大节省海运费用，同时，木材深加工更加受到非洲国家的欢迎。

从事森林资源开发的中国企业，可以考虑到中部非洲的刚果（金）、喀麦隆、赤道几内亚、加蓬等国家进行投资合作。此外东南非的莫桑比克也是世界人均占有森林面积较多的国家，森林资源开发潜力巨大，也是投资首选地。

表 6–4 中非农业合作发展适用作物及首选国家

适用作物	首选国家
水稻	莫桑比克、马达加斯加、喀麦隆、肯尼亚、尼日利亚、塞拉利昂、马里
木薯	尼日利亚、刚果（金）、加纳、马拉维、贝宁、乌干达
玉米	南非、尼日利亚、坦桑尼亚、赞比亚、埃塞俄比亚
棉花	坦桑尼亚、莫桑比克、喀麦隆、马里、尼日利亚
甘蔗	多哥、埃塞俄比亚、马达加斯加、莫桑比克、尼日利亚、喀麦隆、苏丹、埃及、肯尼亚、南非
天然橡胶	科特迪瓦、喀麦隆、尼日利亚、加纳、刚果（金）、加篷
腰果	莫桑比克、科特迪瓦、加纳、塞内加尔、坦桑尼亚、几内亚比绍、尼日利亚
芝麻	苏丹、埃塞俄比亚、乌干达、尼日利亚、尼日尔
茶叶	肯尼亚、马拉维、坦桑尼亚、乌干达、卢旺达、布隆迪、津巴布韦
可可	尼日利亚、加纳、科特迪瓦、喀麦隆
烟草	津巴布韦、马拉维、坦桑尼亚、莫桑比克、乌干达
剑麻	坦桑尼亚
畜牧业	埃塞俄比亚、苏丹、尼日利亚、南非、坦桑尼亚、肯尼亚、马里
淡水鱼捕捞和养殖	乌干达、坦桑尼亚、肯尼亚、刚果（金）、尼日利亚、莫桑比克和马拉维
海水渔业捕捞	一是大西洋沿岸国家，包括摩洛哥、几内亚、毛里塔尼亚、安哥拉、南非；二是印度洋沿岸的东非及东南非国家，包括马达加斯加、塞舍尔、肯尼亚、莫桑比克、坦桑尼亚等；三是地中海沿岸的国家，包括埃及、突尼斯等
林业	刚果（金）、喀麦隆、赤道几内亚、加蓬、莫桑比克

第七章
中非农业合作发展具体政策建议

非洲国家具有良好的资源和条件，农业发展潜力巨大，中国的农业发展经验、农业技术以及资金能力等可以为非洲的农业发展提供强有力的支持，因此，加强中非农业合作发展是中国和非洲国家未来进行战略合作的重要内容。为了促进中非农业合作发展的进一步推进，现就政府层面、企业层面、金融层面提出不同的政策建议。

第一节　政府层面的政策建议

西方国家之所以能培育出有实力的跨国农业企业，在某种程度上是与国家的大力支持分不开的。西方一些国家通过签订双边自由贸易或植物检疫协议等多种渠道来开拓国际市场，为了促进本国的农产品出口，世界主要农产品出口大国还建立专门的农产品出口服务组织，如美国农业部海外农业局（FAS）、加拿大小麦局（CWB）、法国食品协会（SOPEXA）、澳大利亚小麦局（AWB）等有计划、有目的地推销本国农产品。因此，中国政府也需要从国家政策层面采取切实可行的措施鼓励中非农业合作发展，推动中国农业企业在非洲进行国际化经营。

一、制定促进中国农业投资非洲的各种管理措施和优惠政策

中国政府应在资金、通道、技术等方面提供政策支持，确保中国企业能顺利地投资非洲农业。其中包括：对投资非洲农业提供财政金融支持并完善

汇率保障机制。汇率的稳定是企业稳步投资非洲的重要保障，因为农业投资周期长，汇率的剧烈波动会对农业跨国经营产生较大冲击，使企业容易遭受巨大的汇兑损失。其次，对投资非洲农业的企业提供投资保险，这些企业在非洲经营比在国内经营要承担更多的压力和风险。保险机构应在政府指导下建立一套优惠保险体系，可由政府提供保费补贴。同时，针对农业企业在非洲国家投资可能遇到的风险，设立特殊保险险种来帮助企业规避在非洲国家可能遇到的风险，加大投资非洲农业企业抵御风险的能力，保护这类企业的投资积极性。

国家应对海外农业投资制定优惠政策，使海外农业投资项目在进出口、外汇管理、关税上享有政策优惠。此外，针对海外农业投资周期长的特点，专门设立贷款期限相对宽松的海外农业或者是非洲农业发展基金，给企业提供可靠的资金援助，来增强我国农业企业的国际竞争力，保证国有海外经济实体的利益。同时，通过银行设立专项贷款扶持国内企业发展海外农业。

由于农业项目的独特性，在资金方面，要放宽对非洲农业开发项目的优惠贷款条件，并参照国际惯例，适当安排一定数额的技术援助赠款，以解决项目前期准备费用的问题。建立补贴制度，在财政预算中，设立农业“走出去”专项发展经费，作为企业开拓国际市场的各种补贴、贴息和紧急援助等。

二、加强中非政府间的信息沟通与交流

中非政府只有在双方互通互信，共同为双方所开展的各种形式的农业合作发展保驾护航，才能实现中非农业合作的可持续发展。在世界贸易组织框架下，中国与非洲国家要加强沟通、磋商，用一致的行动、集体对话的方式，对国际贸易现有规则的制定和农业协议的形成施加影响，共同维护发展中国家的利益。

中国和非洲国家应开展高层交往、共同协商，加强中非国家间政府协调，达成共识。中非双方还应在商务、海关、农业等相关方面加强沟通与协调，降低潜在的风险，为中国企业在非洲农业开发提供强有力的外交支撑，并保障中国企业和中国公民在非洲的各种合法权益。充分发挥驻外使（领）馆经商机构的作用，加强他们对各自驻在国农业市场和投资环境的调研及信息收集功能，完善非洲国家农业发展信息渠道。同时，中国驻非洲重点国家的大使馆可配备

懂得农业和对外经贸业务的专职农业官员，加强对非洲国家在农业合作发展方面的指导、协调和沟通。

三、完善中非税收优惠政策

中国和非洲政府间应建立相应的法律文件和相关税收优惠政策，来保障中国企业对非农业投资，如中国应与非洲国家签订双边投资保护协定、避免双重征税协定等。境外农业投资企业在还没有与中国签订避免双重征税协定的非洲国家和地区已缴纳所得税、法人税的，在中国国内应对其缴纳税额予以扣除。

同时，调整农产品出口退税机制，尤其是对国内供需缺口较大的战略性、资源性农产品，在返销国内市场时应给予免征进口环节税费的优惠政策，享受与国内农产品同等待遇。对农业“走出去”项目所需国内的设备、物资等，应提供便利的通关条件，减免在出口环节交纳的税费，同时，在所得税、进出口税等税种上出台税收优惠条例，避免重复征税。此外，还应制订相关海外投资法及相关鼓励对非农业投资的优惠政策，保护在非投资者的切身利益，激发投资者的投资热情并让投资者有法可依。国家发改委、财政部、商务部、海关总署等部门应加强协调合作，对赴非农业开发的企业进行税收优惠等政策支持，尽早出台援非农机产品补贴、农产品运回政策等，让赴非农业企业享受与国内农业开发同等的补贴、财税政策等待遇。

四、培养中非农业合作发展人才

目前，影响中非农业进一步合作的最重要因素之一就是投资与经营人才短缺，而此类人才的培养，宏观上需要国家教育体系的配合。中国政府教育部门和机构应有针对性地在语言、企业并购、跨文化运作等学科领域加强培养，使培养出来的人才既懂外语和农业专业知识，同时还熟悉跨国经营管理。近些年来，中国政府也逐渐重视跨国经营人才的培养，如 2009 年中国商务部举办了第一期跨国经营人才培训班，此后，包括江苏、浙江在内的一些省市也推出了由政府主导的类似培训。①

---

① 陈姝彤、周海川:《中国农业“走出去”的成功条件与核心要素》,《世界农业》2014 年第 3 期。

政府有关部门要加大力度，采取灵活的方式支持、鼓励企业及教育界有针对性地加大对非洲人才的培养，大力培养适合我国对非洲农业投资业务的非洲本地人才。跨国企业的本地化，也是跨国企业走向成功的必经之路，在此过程中，需要更多非洲本地的人才。我国的企业要想快速适应和融入非洲当地环境和社会氛围，就需要熟悉非洲的中国人才和适合企业发展的非洲本地人才。但这些人才仅仅依靠企业自身的培养是不够的。中国和非洲政府应该在这方面有所作为，根据农业科研和开发的需要，有计划有方向地培养适合中非农业合作的人才。

国家应在政策方面鼓励中国农业科技人员参加援非农业工作。经选派参加援非农业重大建设项目的农业科技人员，在专业技术职务评聘、职务晋升、工资调整等方面，与原单位同类人员享有同等待遇，[①] 甚至优先晋升。还应为其办理人身意外伤害保险，为农业技术人员解决后顾之忧。这些人员都是今后中非农业合作中不可或缺的人才，应为此类人才建立人才库，在对非援助或企业投资时，优先选择录用。

五、派遣驻非洲农业参赞或农业官员

因为对非农业投资信息服务严重不足，许多企业不能及时获得非洲国家的项目信息和有关法规政策信息，这种信息不对称会给企业投资带来潜在风险。中国政府可效仿发达国家相关做法，建立风险预警机制，如美国在驻非大使馆中大多数设有农业参赞，为相关投资企业提供大量详实可靠的农业信息。中国也可在驻非洲重点国家使馆设专职农业参赞或农业官员，一方面，跟踪相关非洲国家法律法规的调整，另一方面，收集农产品市场信息，进行相关信息分析和预测，为已经和将要对非农业投资的中国企业提供各种信息资料。

六、加强中非农业技术交流与合作

国家要把与非洲国家开展技术交流与合作作为中非农业合作发展的重点，在农业技术示范、人力资源开发、农业科研等方面继续加强合作。采取“请进

① 蒋和平:《中非农业合作发展的思路与政策建议》,《农业科技管理》2008 年第 12 期。

来”与“走出去”的方式，把中国农业发展经验介绍到非洲国家，以“南南合作”农业项目、援非农业技术示范中心、援非的50个农业技术组等为载体，为非洲国家培养农业技术人员。加强与非洲国家间的横向互动交流，通过不定期地举办跨地域、跨国界的示范推广会、农资农机推介会、技术培训班、成果展示会等活动，向非洲当地农民和农业技术人员传授、推广中国先进实用的农业技术、作物栽培技术和家禽渔业的养殖技术，提升非洲国家农业科研水平和科技创新能力，帮助非洲国家增强造血功能，并将农业技术的示范、推广和培训工作长期化，发挥农业专家和农业示范中心辐射、指导和带动作用，进一步健全技术支持、服务体系，从而推动非洲农业和经济的持续良性发展，保障粮食安全水平。

七、推动中非农业多边项目合作

继续推动“南南合作”农业项目在非洲的落实，中国将紧密围绕“一带一路”倡议和联合国2030年可持续发展议程，坚持“平等互信、合作共赢、团结协作”的原则，深入贯彻落实习近平主席在联合国宣布的推进全球发展事业的一系列重大举措，加强与联合国各机构共同推动“南南合作”农业项目在非洲的落实。根据非洲各国自身的特点，强化“南南合作”项目，发展具有相对优势的农作物和养殖业项目，在技术、资金、环保上不断深化合作。最终达到互惠互利，实现非洲经济的繁荣与发展，增强非洲社会的和谐程度。

同时，推动基于世界银行、国际农业发展基金等平台的农业多边项目合作，并以粮食安全与营养、减贫和农业可持续发展为重点，为非洲国家培养不同层次的农业技术人员和管理人员，同时也将中国适用的农业技术和管理模式推广到非洲国家，促进当地农业生产水平和管理水平的提高。世界银行、国际农业发展基金等国际组织与中国政府在农业领域有着长期且富有成效的合作，中国可借鉴多年管理国际组织在华农业项目的经验，与国际组织共同开展涵盖农业基础设施建设、农产品价值链建设、产业发展规划等在内的非洲国家农业投资规划研究、项目可行性分析研究等基础性工作，一方面积极参与国际组织在非洲的农业投融资项目，另一方面也为吸引更多的中国企业到非洲开展农业投资活动创造条件。

八、评估与完善现有中非农业援助项目

对中国政府部门、中资企业、农业科研机构在非洲已开展的农业合作发展援助项目的基本状况进行系统性评估，了解这些项目的现状、存在的问题和发展状况等，并由此形成系统的评估报告，为今后制定中非合作相关政策、完善参与主体合作机制等提供参考。对参与人员开展非洲国家国情、法律法规制度等方面的培训，加强中非合作参与机构的能力建设。同时，加强对中方参与机构的政策干预与宏观指导，对中方参与机构的合作过程进行有效的监督，建立援非农业项目管理和监测评价机构，加强对各参与方的政策干预和约束政策指导，健全援非农业项目实施单位的资格审查机制及事后责任监督机制。

九、完善中非农业合作发展机制与保障

农业合作发展机制是中国与非洲国家农业合作发展的基础，是保障中非双方合作健康发展的法律依据，为中国和非洲国家定期交流和沟通提供了制度上的保证。在此方面，中国与东盟的农业合作发展机制值得借鉴。中国已与东盟国家签署了 30 多项双边农业合作协议，与其中 8 国建立了农业联委会工作机制，并根据双边农业合作发展协议，成立了双边农业合作发展工作组或联委会，定期召开会议，确定农业合作发展重点领域，制订中国和东盟国家双边农业交流合作计划。[①] 鉴于此，中国政府应尽快建立和完善与非洲国家的多、双边合作机制，与更多的非洲国家、非洲联盟和非洲次区域共同体组织等建立农业合作发展机制，交流各自情况，探讨农业合作发展的重点，共同推动中非农业合作发展。

政府应组建专门海外农业投资促进与协调机构，强化政府农业主管部门的海外合作与协调职能。这个机构还应具有协调国内市场需求、协调与管理国内企业海外有序竞争等职责。要从组织体系上明确中非农业工作职能和责任，进而协调或解决好涉非的投资、关税、融资、保险、外汇等部门之间的关系，使农业对非投资程序简化、效率提高，为企业到非洲发展农业提供有效的支持

① 李嘉莉:《中国与非洲农业合作的形态与成效》,《世界农业》2012 年第 12 期。

与保障。

十、建立非洲农业发展基金

农业在发达国家一直是一个高补贴的行业，在我国国内，农业生产也是享受补贴的，尤其是农业支持保护补贴（农作物良种补贴、种粮农民直接补贴、农资综合补贴）和农机购置补贴，但是在非洲，农业生产是不享受任何补贴的，由于农业基础设施缺乏，为避免天气因素的影响，前期就要投入大量资金进行灌溉系统等基础设施的修建及维护。为了保障已在非农业企业和将要去非洲投资的农业企业的利益，国家应建立非洲农业发展基金，在企业遭遇恶劣天气等变故，或由于前期基础设施投入太多影响后续投入生产时，可由非洲农业发展基金注入资金，保证农业生产的可持续性。①

十一、政府应注重舆论加大宣传

尽管中国在对非洲农业援助和农业合作发展方面做了大量工作，但国际媒体在此方面的积极报道不多，相反，“中国威胁论”“中国非洲屯田论”等负面报道时有出现，这与我们宣传工作不够有关。中国政府应在提高硬实力的同时，加大对外宣传力度，以提高中国在国际舞台上的软实力。例如，在非洲当地举办农业宣传节目，为非洲当地民众量身定做与中国农业成果和技术有关的英文广播稿、电视片、宣传单页、文字材料及推广材料，并邀请非洲国家相关政府、企业、学术机构、农业领域的重要官员、知名专家、有影响的企业家，就各自擅长的领域进行辩论及宣讲，同时邀请非洲国家的报纸、广播电台、电视台、网络等媒体对相关活动及中国在非农业合作发展项目进行报道，避免误导造成的偏见，为中非农业合作发展营造良好的外部环境。

十二、积极开展中非粮食合作

实现粮食安全既是联合国 2030 年议程的首要目标，也是实现其他议程目标的基础。建议中国政府与世界银行、国际农业发展基金等多边组织加强农业

---

① 张哲、高君：《中莫农业产能合作研究——基于莫桑比克农业调研分析》，《浙江师范大学学报》（社会科学版）2017 年第 4 期。

基础设施合作，协助非洲国家积极改善投资环境，为包括中国企业在内的私营部门提供公共产品，吸引私营部门投资非洲粮食生产领域。同时在政策上积极推动双边农业合作机制建设，开展双边农业产业园区合作，组织引导有意愿有能力的中国企业投资非洲农业生产，以农产品加工为核心，推动农业产业链完善和价值链的提升，辐射带动非洲农业生产发展，增加农民收入，为改善非洲国家粮食保障能力做出贡献。

第二节 企业层面的政策建议

从 20 世纪 90 年代中期起，中国政府鼓励和支持中国企业进入非洲，鼓励以企业为主体的中非农业合作发展。为加快中非农业合作发展步伐和合作力度，政府不仅鼓励大中型国营企业进入非洲，还鼓励民营企业和私人企业进入非洲，共同促进中非农业合作发展。当前应充分发挥中国农垦企业、国家重点龙头企业和远洋渔业企业在中非农业合作发展开发中的作用，此外，民营企业在对非农业投资合作中所占的比例也逐年增长。因此，不管是国有企业还是民营企业在进入非洲农业领域投资或援助时，应充分考虑以下建议：

一、企业进入非洲市场时应做好市场调研

非洲情况远比想象中的要复杂，相对亚洲、东欧等新兴市场而言，非洲仍然是高风险地区，中国企业在赴非投资农业之前一定要组织团队，去非洲进行实地商务考察，做好充分的市场调研和风险评估，充分了解投资中可能遇到的风险，并做好相应地投保工作，切不可盲目投资。如山西一个民营考察团前往肯尼亚奈瓦沙鲜花基地考察后，取消了之前预计的投资计划。肯尼亚是非洲最大的鲜切花出口国，这个考察团的民营企业家在考察后认为，肯尼亚鲜切花工业远比想象中要先进得多，而全世界最大的鲜切花企业都集中在这里，鲜切花的产业配套已经非常成熟，投资 1000 万美元以下的工厂根本无法与之竞争。这个例子可以说明，非洲国家的农业产业并非都是落后的，如果盲目进入必然遭遇损失。

另外，中国企业在全面认识非洲市场的具体状况后，还要突出调研重点，

加强农业产业调研分析和预测。在进行非洲农业产业投资分析时，不仅要考虑到农业产业选择的基本准则，而且要深入系统研究投资国农业产业发展政策，按照比较优势和市场需求状况选择投资项目是中国企业走进非洲的基本取向。中国企业在投资时，最好选择中国政府曾经提供过农业援助的国家，像坦桑尼亚、几内亚、塞拉利昂等，因为这些非洲国家的当地人普遍对中国人友好。

二、实现企业本地化经营尊重非洲当地风土人情

中国与非洲各国历史、文化不同，因而，在经营模式、价值观等方面往往存在较大差异。中国企业进入非洲，就应入乡随俗，尊重非洲本地人的生活习惯和风俗习惯，要善于与非洲当地人交流沟通。高高在上的态度，易使非洲当地人产生抵触情绪。打算到非洲投资的中国企业一方面要坚持文化先行，考察投资所在地区的风土民情和安全问题；另一方面通过交流，破除我们自身对非洲所固有认识的一些误区，正确理解不同非洲国家的政治经济和社会文化情况。

在本土化经营中要尽量做到以下几点：一是人才的本土化，积极招募非洲当地人担任中低层管理者，甚至是部分高层领导者；二是管理的本土化，要尊重当地民族的风俗习惯，探索有效的管理模式；三是渠道的本土化，和非洲当地的供应商、经销商保持良好密切的关系；四是市场的本土化，无论是种植业、农产品加工业还是畜牧业等，都要更好地满足当地居民的消费需求。[①]

三、企业应具有国际化人才战略

企业跨国经营发展需要依靠高素质的人才。调查显示，在非企业的人力资源管理，为经营与发展中最突出的问题。在进入非洲投资过程中，企业员工的组成也在不断发生变化，从最初的国内派遣到本土员工雇用，最后到全球化的专业人才管理，企业都需要一整套系统性的并支持企业全球化的薪酬管理体系和福利体系。在此过程中，要注重对国际化人才的培养，建设一整套的国际化人才培养及培训体系。人是决定企业经营项目成败的关键性因素。不论是经

① 徐玲:《中国跨国公司投资非洲产业选择研究》,《产业与科技论坛》2008 年第 2 期。

营种植业、养殖业，还是农产品加工，都需要专业对口、高素质的管理人员和技术队伍。因而，在吸引和培养国际化人才方面除了政府的努力外，企业也应该有所作为。大型企业可以通过招聘和培养两种方式来建立自己的国际化人才体系。在积极招聘其他农业跨国企业和知名高校培养出来的懂贸易、懂外语、懂管理的复合型人才的同时，农业企业也应自己培养具有企业责任感和归属感的高级复合型国际化人才，建立企业的人才培养体系，加速培养中国的“非洲通”和非洲的“中国通”人才。

四、通过境内外并购重组实施企业多元化发展战略

制约农业企业对外投资的主要因素之一是产业集中度低以及企业规模小。通过对一些大型农业跨国企业的成长经历研究发现，并购是企业发展壮大的重要手段。当前中国农业企业数量众多，但规模都较小、单个企业市场占有率低、产业竞争能力弱，在与国外跨国公司竞争时，国内农业企业往往处于被动局面。所以，应鼓励和支持优秀企业强强联合和农业企业兼并重组，将它们整合成经营更加多元化、规模更大的企业集团，使其发展成为具有自主研发实力的龙头企业，承担整个产业链条中最核心的研发和生产业务。中国农业发展集团有限公司就是很好的典范，它由原中国牧工商（集团）总公司与中国水产（集团）总公司于2004年重组而成，集团境内外上市公司4家，海外员工1万多人，在世界四十多个国家（地区）建立了分支机构或基地，与八十多个国家（地区）保持经贸往来。①

同时，企业应充分利用自有资金、援外资金、出口信贷等多种资金渠道。从土壤改良、农田整治入手，加大对非洲农业生产上游领域的投入，改善非洲当地农业生产条件。同时，充分利用非洲当地的农业资源优势，开发附加值高、适销对路的农产品，逐步形成种植养殖、仓储、加工、销售为一体的现代农业生产经营体系。

① 陈伟：《中国农业“走出去”的现状、问题及对策》，《国际经济合作》2012年第1期。

五、构建农业企业国际合作联盟

大多数想投资非洲农业的企业，往往缺乏充足资金、人才、资源和跨国经营管理经验，因而组成农业合作联盟是实现投资非洲农业的一种较为理想模式。农业合作联盟一直是企业国际化的重要模式，通过各类企业优势资源的重新组合，共同组建大型农业合作联盟，能更好地发挥各自的比较优势，增强企业在非洲农业投资经营的竞争力。在共同的农产品市场上，面对共同的竞争对手，中国企业如能组成合作联盟共同合作，也可以在某种程度上抑制企业在跨出国门后的自我恶性竞争。2012 年中国境外农业开发产业联盟成立，是由我国十九家国内知名的从事全产业链的农业企业联合发起成立的民间组织。境外农业开发产业联盟成员企业所从事的专业涵盖农业生产全过程，包括农业科研、勘探规划、设计、生产、工程建设、仓储、物流、金融等各个领域。① 目前在非洲有四个项目：安哥拉家禽畜牧养殖项目、津巴布韦农业技术示范项目、塞拉利昂橡胶种植项目、安哥拉马兰热农业项目。

六、确定对非农业投资国别和重点投资领域

非洲是目前投资回报率最高的地区，随着非洲经济的不断发展，非洲的投资环境也在不断改善。中国企业应该选择一些政治形势相对稳定、投资环境相对较好的非洲国家作为对非农业投资的首选地。非洲各国都会实施一定的吸引投资、鼓励行业发展的政策和措施，但国与国之间的政策、法规和保障措施水平参差不齐，因而投资的企业需要比较各国差异进而发挥企业投资的优势。另外，拟投资国的社会安定性也是中国企业必须要考虑的因素。开展农业合作发展一定要选择政局相对稳定、法制健全、市场容量大的非洲国家，这是保证合作项目成功的前提。但有的非洲国家社会治安秩序较差，经济发展潜力却较大，了解其社会不安定因素并懂得如何去规避可能的风险，将会保证企业在这些国家的投资利益。

企业在投资时也不应局限于传统的种植业上，要根据非洲国家的市场需

---

① 马铮：《走进非洲　遨游蓝海——农机伴随农业走出去是必然选择》，《农机市场》2016 年第 7 期。

求与特点，进行多方面的合作，如经济作物种植业、畜牧业、渔业等方面的开发与合作。非洲国家和中国开展农业合作发展方面的需求也是多种多样的，除以上提到的几个产业外，还包括农产品加工、节水灌溉、桑蚕产业、水产养殖、沼气利用、治理水土流失与土壤沙漠化等众多领域。[①]例如，肯尼亚希望与中国开展园艺领域的合作；突尼斯愿意继续同中国开展打井、节水灌溉等方面的合作；埃及希望利用中国技术发展桑蚕养殖产业和水产养殖业。

七、企业对非农业投资与合作应注意规模适度

企业对非农业投资时，首先要综合调研农业用地租用成本与农业基础设施建设投入成本。当前，中国国内媒体及农业投资项目推荐会，都会以“非洲国家可耕地面积多，实际已开垦面积少”为亮点，大力鼓励中国企业到非洲进行大面积粮食作物种植与投资，却没有考虑非洲国家自身农业与市场需求的特点。事实上，大多数非洲国家可耕地面积虽然很多，但有灌溉系统的耕地面积却很少，且大多有灌溉系统的土地归私人农场所有。因此，中国企业到非洲进行农业投资，所面临的农业基础设施环境与国内完全不同。一般情况，非洲国家农业用地租金极其便宜，但需要投入巨大的资金进行农业基础设施建设。企业一旦贪图租金便宜而租用大面积土地，就会影响其后续资金的投资。其次，充分调研投资所在国及所在区域的农业需求问题。非洲国家粮食生产不能自给，是粮食进口国，但非洲国家人口绝大多数是贫困人口，粮食消费支付能力较低，尤其是大米。因此，中国企业投资非洲农业时要针对可控的目标市场与客户群体，不能贪大，以免增加仓储成本。此外，非洲国家道路交通基础设施普遍差，运输成本高。在非农业投资要着眼于所在国某个区域的市场消费需求，最多可扩大到考虑所在国的市场消费需求。[②]因此，对非农业投资与生产一定要和投资所在区域及所在国的需求相匹配，进行适度规模的农业生产。

① 熊发礼、李世婧、董相男：《我国对非洲农业投资的对策研究》，《农业经济》2011 年第 1 期。

② 张哲、高君：《中莫农业产能合作研究——基于莫桑比克农业调研分析》，《浙江师范大学学报》（社会科学版）2017 年第 4 期。

八、企业应积极履行当地社会责任

我国企业在非洲投资经营面临着复杂的国际关系，涉及不同国家间的利益博弈，需要承担更多的社会责任来平衡国家之间、企业之间及企业与社会间的利益。[①] 在非投资的农业企业，作为跨文化背景的企业，要想在当地获得成功，必须承担与能力相对等的社会责任，在追求自身盈利的基础上，不断提升企业形象，以人为本，有责任在农业开发中保护当地的生态环境。中国商务部曾在2007年8月28日召开了关于改进中企对非洲工作座谈会，号召在非洲所有中资企业积极承担企业社会责任，回报当地社会，发出了关于“树立责任意识，创建和谐共赢的中非关系”的倡议。[②] 2021年9月，中国在非企业社会责任联盟正式启动。投资非洲农业的企业除了开展正常的农业项目外，应在当地进行免费性质的农业技术培训，扩大在非洲当地的影响，与当地政府建立良好的合作关系，展示良好的企业形象，从而赢得更多的支持。

此外，在非洲当地捐建学校，也是企业履行社会责任的一种方式。中国青少年发展基金会与世界杰出华商协会于2010年12月18日正式发起了“中非希望工程”，旨在让中国的希望工程走进非洲，以非洲最不发达国家为重点国家，为非洲捐建了1000所希望小学。[③] 中非希望工程是中国民营企业家的国际慈善工程，众多中国民营企业家对该工程充满热情，踊跃捐款。迄今为止，认捐资金接近3亿元人民币。[④] 2011年6月，在卢旺达、肯尼亚、布隆迪3国启动了中非希望工程，由中国爱心企业捐建的希望小学在当地正式落地。

九、注重农机设备及技术推广

不管是政府的援非农业项目，还是企业投资的农业项目都不能脱离实际，

① 韩秀申:《中国企业在非洲的发展及其社会责任》,《国际经济合作》2007年第7期。

② 李伟涛:《我国新时期对非洲投资的策略建构》,《学习月刊》2010年第5期下旬刊。

③ 王志章:《非洲反贫穷的困境与中国扶贫模式植入的路径》,《上海师范大学学报》(哲学社会科学版)2013年第2期。

④ 王玉飞:《世界杰出华商协会关于“中非希望工程”事件的公告》, http://jingji.cntv.cn/20110823/117264.shtml，访问日期：2022年6月27。

目标定位太高。在非洲，大多数农民是文盲、半文盲，我们的农业技术再好，如果学不到手，也不能让非洲百姓受益。因此援非农业项目更要考虑技术推广的适用性和该技术在非洲推广的可能性。另外，在农机设备的推广上，也要适合非洲国家目前的生产水平，应以小型农机设备为主。

十、用完善的制度调动员工生产积极性

从目前的情况来看，制约中国在非农业项目发展的主要障碍是管理机制的问题。而好的管理机制可以调动员工的积极性。今后在制定管理机制时，要考虑农业合作发展的特点，在加强管理上做文章，在项目实施管理、激励机制、产权和分配制度等方面下功夫，建立责、权、利关系明确的经营管理机制，提高管理效益，充分调动员工的生产积极性，从而保障在非农业项目员工的稳定性及项目的可持续性。

十一、改革国企、央企绩效考核机制

对非农业投资周期长，尤其是经济作物的投资时间更长，而国企、央企的决策层往往受考核的制约，不能在恰当的时机加大对非农业投资，导致丧失有效的市场，影响企业在非农业投资的可持续性发展。因此，改革国企、央企考核机制是影响对非农业合作可持续性的关键因素之一。当下对非农业投资依然是以国企、央企为主，因此，要发挥考核机制对在非农业投资的正向刺激作用。

第三节　金融机构层面的政策建议

资金缺乏、规模小、竞争力低是我国农业企业的最普遍问题。有关数据统计，发达国家企业单项对外投资规模平均为 600 万美元，发展中国家平均为 450 万美元，而我国平均只有 220 万美元，而相对农业投资项目我国就更低，平均只有几十万美元左右。[①] 由于企业规模普遍偏小，境外融资能力弱，受银

---

① 董倩、兰天:《我国企业跨国并购现状分析》,《时代金融》2010 年第 4 期。

行抵押担保条件限制和一些历史性原因的影响很难获得国内贷款，资金不足成为严重制约我国农业投资非洲的重要因素。由于缺乏完善的政策保险制度，农业相关企业对非投资，要承担更多的风险和压力。美国、欧盟等国家和地区对涉及农业投资项目都有一套优惠的保险体系，由政府承担一部分保费补贴。我国尽管已经有一些相关政策与险种，帮助我国企业规避对非农业投资的风险，但与农业项目有关的险种覆盖面还是很小。针对以上情况，今后我国金融机构在支持中非农业合作发展方面应做好下几点：

一、拓宽企业对非农业投资的融资渠道和融资条件

金融机构应制订和出台一系列比较完整的配套融资政策，扶持和鼓励中国企业对非投资，为中国企业走进非洲提供资金保障。所有融资政策的制订都应最大限度地降低中国企业在非洲从事农业合作发展的风险和成本，为中国企业提高市场竞争力和实现可持续发展创造条件。同时，要放宽农业开发项目的优惠贷款条件，参照国际惯例，适当安排一定数额的技术援助赠款，以解决农业项目前期所需费用。

中非发展基金、国家开发银行、进出口银行等金融机构应对中国企业对非农业投资开发提供必要的融资支持，鼓励银行向此类农业企业提供优惠贷款，支持对各类企业尤其是对中小企业的贷款；并针对非农业投资企业的特点，修改担保标准和创新担保形式，帮助涉非农业企业解决融资困难的问题。鼓励和允许具有条件的中国企业，在境外发行债券和股票，直接进行国际资本市场的融资。建议推动设立“中非农业合作发展基金”或“中非粮食安全专项资金”，指导和推动国家金融机构制定相关管理和审批制度，为中国农业走进非洲提供强有力的资金支持。[①]

二、建立和完善海外投资保险体系

与获得贷款相比，如何分散和减小投资非洲农业的风险对于中国企业来说更加重要。在此方面，可以参照美国的做法，设立一个由国务院直属的专

---

① 徐继峰、秦路：《中非农业合作的现状、问题和建议》，《世界农业》2011 年第 8 期。

门机构，通过这个专门机构提供一般商业上所得不到的金融保险服务，来帮助中国企业扩大在非洲的农业投资。这些服务包括长期政治风险担保，以及追索权有限的项目融资，全部以政府信用来做担保。该专门机构可以通过销售此类服务来获取收入，实现自身的自负盈亏，从而避免给政府带来额外的经济负担。[①]

此外，将农产品出口特别险的承保环节从出口报关阶段延伸到生产养殖阶段，扩大承担范围，进一步加大保费补贴比例，减少企业风险段。在风险应对机制的建立方面，可考虑设立对非农业投资风险基金，或通过与世界银行、国家主权财富基金等国际组织开展合作，共同建立风险防范机制和警示管理体系，帮助涉非农业投资企业规避政治风险和商业性风险，为中国在非农业投资开辟保险渠道，提供保障。同时保险行业应设立专门针对农业对外投资的保险险种，进一步降低企业在非洲投资农业的成本和风险，为海外农业投资企业提供全方位的金融保险服务。

三、金融机构应加强与国际农业组织和非洲次区域组织的合作

中国金融机构应在对非农业投资与发展方面加强与国际农业发展基金会（IFAD）、国际农业研究磋商组织（CGIAR）、世界粮食计划署（WFP）和联合国粮农组织（FAO）等的合作，这些组织在各自领域都极大地促进了世界农业的发展。未来世界农业问题的解决，也必定要依靠这些农业机构。目前中国金融机构与这些组织已建立了良好的合作关系，在谈判、技术、资金等方面都获得了这些国际组织的相关支持。除此以外，中国金融机构还应加强与非洲地区和次地区机构的合作，而不仅仅局限于与非洲国家的双边合作。近年来，非洲地区经济一体化进程加快，形成了不同区域的经济合作组织和关税同盟。在这些区域性的共同市场之间，产品出口关税降低或实行零关税制度。为帮助非洲发展，发达国家也为非洲产品出口提供各种优惠条件。中国金融机构与非洲次区域组织的合作，可以帮助中国在非农业企业利用这些优惠条件，扩大农产品向非洲其他国家和发达国家的出口。

---

① 彭红英:《民营企业投资非洲的现状分析及金融政策建议》,《华北电力大学学报》(社会科学版)2011 年第 4 期。

四、金融机构应以市场为导向支持企业为主体的投资模式

为加快农业合作发展步伐和农业合作发展力度，政府不仅鼓励大中型国营企业进入非洲，还鼓励民营企业和私人企业进入非洲，共同促进中非农业合作发展。为有效推动中非农业合作发展，促进中国对非洲国家农业投资的发展，应实现以企业为主体的投资模式。金融机构应在政府指导下，与各部委联合出台对非洲农业投资企业的鼓励措施，如政策上鼓励、投资上担保、财政上支持等，以逐步引入竞争机制和激励机制，最终实现中非农业合作发展的互利双赢。

第四节　国家开发银行层面的政策建议

一、加强对非投资农业宣传

利用国家开发银行的招商渠道，大力宣传走进非洲的意义，让中国企业和民众重新认识非洲、感受非洲。加强对非农业投资重要商机的宣传，帮助企业走出认知误区，加强对非农业投资成功企业的宣介，带动更多企业去非洲投资农业项目。同时，可以组织非洲政府招商部门来中国考察，宣传非洲自身招商便利及优势，让更多中国企业了解非洲。积极向非洲有关国家和地区介绍中国经济发展的良好情况，为中国农业企业"走进非洲"营造良好的国际舆论环境。

二、利用国家开发银行规划咨询平台展开对非业务

国家开发银行规划局及各个分行的规划处目前正对非洲一些国家和地区进行国别规划，农业也是主要的规划产业，因此，结合非洲各国自身条件设计可行的中非农业合作发展模式，有利于中国企业投资非洲时，在适合的国家使用适合的农业合作发展模式进行投资。利用国家开发银行在非洲的分行及工作组，收集整理非洲各国的农业资源、农业基础设施现状及中长期农业发展规划，收集整理 50 年来的中非农业合作发展项目资料。在此基础上，编制出国

家开发银行对非农业合作发展支持的中长期规划、年度规划，并建立项目库，以便国家开发银行在中非农业合作发展规划项下对国内从事中非农业合作发展的企业进行放款支持，配合国家对非政策，实施中非农业合作发展项目。

三、进一步加强投、贷、援协作机制

企业在对非农业投资时，有三部分资金可以使用，一是自有资金，二是银行贷款资金，三是国家的援助资金。国家开发银行在对非农业企业进行贷款时，可以帮助企业合理利用这三种资金。这就需要国家开发银行与中国国家国际发展合作署及农业部相关部门进行协调，制定相关协作机制，引导各级各有关部门用全球的视野、长远的眼光，抓住企业"走出去"带来的机遇，积极稳妥地推进中国农业企业开拓非洲，努力在"走出去"中实现又好又快的发展。

同时，利用中非发展基金和非洲中小企业发展专项贷款产品等各类融资工具，充分发挥"投、贷、债、租、证"综合优势对重大农业项目的撬动作用，配合我国政府、企业和投资者对非洲农业项目的重点开发合作。

四、对在非农业龙头企业搞整体规划

当前市场竞争已经不仅仅是单个企业的竞争，而是整个企业集群、产业链的竞争。建议设立中国企业农业示范区，引导龙头企业向农业优势产区集中，由单个龙头企业带动向龙头企业集群带动转变，再同金融机构合作，采取投资、并购、租赁、重组等多种方式，在非洲实现农业现代化布局、专业化生产、规划化建设、系列化加工，形成种植、产供销、农工商、农科教一体化的经营体系，改变企业单兵作战竞争力弱的局面，发挥集群集聚效应，培育区域整体优势。在这一过程中，一方面可利用国家开发银行在非工作组及中非基金在非代表处项下的龙头企业，鼓励这些龙头企业在非洲延伸产业链，构建完整的产业布局；另一方面加大龙头企业的影响力，对有意向走进非洲的国内农业企业进行有效引导，积极带动更多中国农业企业对非投资，开拓非洲市场。此外，对在非农业龙头企业进行详细调研，在此调研基础上做一个整体规划，一来便于在非农业龙头企业互享对方信息，二来便于后期进入非洲的农业企业有选择性地进入，与先期进入非洲的农业龙头企业进行项目上的互接。

五、加强国家开发银行驻非工作组的服务功能

国家开发银行驻非工作组对所驻国家和地区的政治、经济情况比较了解，因此可以给企业提供翔实数据及信息，帮助其尽早熟悉投资国市场、少走弯路，发挥其组织协调的作用；同时，企业通过国家开发银行工作组的指导和服务，可以较快融入当地社会，加强安全防范意识，提高应变能力，降低进入成本。同时，发挥开发性金融市场引导作用和融资融智优势，通过支持帮助非洲各国政府和合作企业建设发展能力，在非洲构造以中非合作为主体的区域利益共同体。

六、召开项目对接会

建议国家开发银行各分行在各省定期召开对非农业项目对接会，请省内相关企业详细介绍所在项目国家的经济、政治、法律等一系列详细情况，使相关企业形成合力对非投资，在投资的过程中，如果本省不能达成全产业链模式，可以组织区域范围内更多省份的企业参加。项目对接会可与各省商务厅及农业厅一起举办，共同搭建对非农业投资平台，推动企业开拓非洲农业市场。在对接会上，为参与非洲农业合作的企业提供政策支持、法律咨询、融资服务、技术支撑、安全保障等多种服务，为企业走进非洲铺平道路。

七、加强对非经济合作研究

为了指导和引领更多的中国企业投资非洲农业产业，国家开发银行不仅加强自身对非洲的研究，还可与其他科研机构合作，共同加深对非经贸合作的研究。

（1）深入开展非洲国别资料研究，一是展开对非洲市场需求、产业结构、市场容量、利润空间等研究，深入研究符合非洲市场的投资需求，为企业对非农业投资提供较为准确的方向和定位，避免企业在投资过程中的失误；二是立足非洲，从历史文化、民族、宗教习俗、语言等多角度进行研究，建立一整套完整的非洲国别资料库，帮助企业对非洲各国深入了解，以便其更好地“入乡随俗”，使对非农业投资取得事半功倍的效果；三是长期坚持对非洲各国政

治体制法律法规的研究，时刻关注非洲各国的时政动态，为企业走进非洲提供信息支持，帮助企业更深入了解非洲当地的投资环境，提高企业在非投资的成功率。

（2）加强和科研机构的合作，形成合力，推动中非农业合作发展。一是加深与专业研究院的合作。以国内非洲研究机构为依托，着力构筑合作发展的平台。把对非研究机构建设作为加强企业与科研院所合作的切入点，加大工作力度，采取积极措施，打造企业与科研院所联合研究。创建一批具有较高层次、较强示范带动作用用的对非研究示范园区，使之成为技术引进、成果转化的载体，以及培养、培训对非专业人员的平台；二是加强与大专院校的合作，充分发挥学校和企业的各自优势，共同培养对非农业投资所需要的人才。校企双方互相支持、互相渗透、双向介入、资源互用、优势互补、利益共享，推动实现教育现代化以及对非农业合作可持续发展。坚持以人才培养、项目合作为纽带，注重建立长期稳定的合作关系，实现科研院所、高等学校与企业的“双赢”局面。① 全国越来越多的高校和研究机构开始重视对非研究，势必推动对非经济政治的更全面更细化的研究。

八、中非农业合作发展要紧紧围绕《非洲农业发展计划》

目前，国家开发银行已经参与非洲农业开发领域的投融资工作，并取得了一定的成果。今后，国家开发银行可以在非洲综合性农业发展项目下开展对非农业合作，该项目旨在通过农业的增长帮助非洲国家实现经济增长。同时，还可对核心农场进行投融资，这是一种全新的产业结构，有助于帮助非洲小农场提高生产力。具体操作是，一些经验丰富的农场主来经营 50 公顷大小的农场，帮助周边地区的小农场主提高产量，并拓展对外市场。此外，国家开发银行还可为仓库整合商和高效运营的农业合作发展社提供融资。所谓仓库整合商，就是能够配送肥料和种子以及储备粮食的仓库企业家。此外，国家开发银行还可为食品制造商和零售商提供融资，延长农业投融资产业链。

国家开发银行金融支持中非农业合作要紧紧围绕《非洲农业发展计划》

① 张哲、高君:《中莫农业产能合作研究——基于莫桑比克农业调研分析》,《浙江师范大学学报》(社会科学版）2017 年第 4 期。

（CAADP）的主要内容。作为非洲国家自己制定的规划，《非洲农业发展计划》与其他国家发展计划的不同之处在于，该计划制定了 4 个重点发展领域及其牵头机构。第一领域为改善土地和水资源管理，促进其可持续利用，该领域的牵头机构为赞比亚大学和撒哈拉以南地区国家抗旱常设委员会（CILSS）。第二领域为改进农业基础设施和改革农产品贸易政策，以提高市场准入和对外贸易能力。该领域的牵头机构是中西非国家农业部长大会（CMAWCA）。第三领域为加强食品安全、促进灾害管理。主要增进小农户生产能力、提高对食品危机的反应速度、增进区域内食物供应并减少饥饿。该领域的牵头机构是南非祖鲁—纳塔尔大学和撒哈拉地区国家间抗旱常设委员会。第四领域为推动农业研究、促进农业技术推广。该领域的牵头机构是非洲农业研究论坛（FARA）。① 这四个领域的机构为各成员国提供技术支持，在规划制定过程中起着重要作用，主要包括框架文件、政策和投资规划的制定及实施，并通过对关键问题、实施方法和联盟模式的分析，促进《非洲农业发展计划》顺利进行。

① 林海、张海森、曹慧：《非洲农业综合发展计划对中国农业“走出去”战略的借鉴意义》，《世界农业》2010 年第 12 期。

参考文献

专著：

[1] 孙同全，周太东．对外援助规制体系比较研究［M］．北京：社会科学文献出版社，2015.

[2] 周德翼，常瑞甫，肖运来．中非农业合作发展模式创新研究［M］．北京：中国农业科学技术出版社，2011.

[3] 陈宗德．非洲各国农业概况（一）［M］．北京：中国财政经济出版社，2000.

[4] 陈宗德．非洲各国农业概况（二）［M］．北京：中国财政经济出版社，2000.

[5] 文云朝．非洲农业资源开发利用［M］．北京：中国财政经济出版社，2000.

[6] 何秀荣，王秀清，李平．非洲农产品市场与贸易［M］．北京：中国财政经济出版社，2000.

[7] 姜忠尽．非洲农业图志［M］．南京：南京大学出版社，2012.

[8] 陆庭恩．非洲农业发展简史［M］．北京：中国财政经济出版社，2000.

[9] 丹比萨·莫约．援助的死亡［M］．王涛，杨惠，等，译．北京：世界知识出版社，2010.

[10] 托马斯·G. 帕特森，等．美国外交政策［M］．李庆余，译．北京：中国社会科学出版社，1989.

[11] 本杰明·巴顿，门镜．中国、欧盟在非洲［M］．李靖堃，译．北京：社会科学文献出版社，2011.

[12] 李小云，齐顾波，唐丽霞，等．小农为基础的农业发展：中国与非洲的比较分析［M］．北京：社会科学文献出版社，2010.

[13] 卢良恕，王健．粮食安全［M］．杭州：浙江大学出版社，2007.

[14] 丁韶彬．大国对外援助——社会交换论的视角［M］．北京：社会科学文献出版

社，2010.
[15] 周弘．对外援助与国际关系［M］．北京：社会科学文献出版社，2002.
[16] 杨生茂．美国外交政策史 1775—1989［M］．北京：人民出版社，1991.
[17] 卢肖平，张海森，等．非洲农业与中非农业合作基础研究系列丛书［M］．北京：中国农业出版社，2010.
[18] 宋玉华，江振林，等．新兴大国——历史性崛起的博弈与前景［M］．北京：人民出版社，2004.
[19] 李小云．国际发展援助概论［M］．北京：社会科学文献出版社，2009.
[20] 王逸舟．中国对外关系转型 30 年（1978—2008）［M］．北京：社会科学文献出版社，2008.
[21] 张哲．中非经贸关系发展研究［M］．杭州：浙江人民出版社，2014.
[22] 商务部国际贸易经济合作研究院．中国对外经济贸易白皮书 2003［M］．北京：中信出版社，2003.
[23] 中国对外经济贸易年鉴编辑委员会．中国对外经济贸易年鉴 1984［M］．北京：中国对外经济贸易出版社，1984.
[24] 中国对外经济贸易年鉴编辑委员会．中国对外经济贸易年鉴 1985［M］．北京：水利电力出版社，1985.
[25] 中国对外经济贸易年鉴编辑委员会．中国对外经济贸易年鉴 1986［M］．北京：中国展望出版社，1986.
[26] 中国对外经济贸易年鉴编辑委员会．中国对外经济贸易年鉴 1990［M］．北京：中国财经出版社，1990.
[27] 中国对外经济贸易年鉴编辑委员会．中国对外经济贸易年鉴 1991［M］．北京：中国社会出版社，1991.
[28] 中国对外经济贸易年鉴编辑委员会．中国对外经济贸易年鉴 1996［M］．北京：中国经济出版社，1996.
[29] 中国对外经济贸易年鉴编辑委员会．中国对外经济贸易年鉴 2000［M］．北京：中国对外经济贸易出版社，2000.
[30] 中国对外经济贸易年鉴编辑委员会．中国对外经济贸易年鉴 2001［M］．北京：中国对外经济贸易出版社，2001.
[31] 中国对外经济贸易年鉴编辑委员会．中国对外经济贸易年鉴 2002［M］．北京：中国对外经济贸易出版社，2002.
[32] 中国国际贸易促进委员会．亚非国家对外经济贸易协定摘要［M］．北京：中国国际贸易促进委员会，1958.

[33] 中华人民共和国对外贸易经济合作部. 中国对外经济贸易白皮书 2001 [M]. 北京：中国金融出版社，2001.

[34] 中华人民共和国外交部，中共中央文献研究室. 周恩来外交文选 [M]. 北京：中央文献出版社，1990.

[35] 艾周昌，沐涛. 中非关系史 [M]. 第 1 版. 上海：华东师范大学出版社，1996.

[36] 陈玉来，肖克. 中国非洲关系大事记：1949 年 10 月 1 日—1984 年 12 月 [M]. 北京：中国社会科学院西亚非洲研究所，1986.

[37] 黄泽全. 投资非洲 [M]. 北京：京华出版社，1998.

[38] 吉佩定. 中非友好合作五十年 [M]. 第 1 版. 北京：世界知识出版社，2000.

[39] 林毅夫，塞勒斯汀·孟加. 战胜命运：跨越贫困陷阱　创造经济奇迹 [M]. 张彤晓，顾炎民，薛明，译. 北京：北京大学出版社，2017.

[40] 舒运国，张忠祥，刘伟才. 非洲经济评论（2020）[M]. 上海：上海三联书店，2021.

[41] 袁立，李其谚，王进杰. 助力非洲工业化——中非合作工业园探索 [M]. 北京：中国商务出版社，2020.

[42] 张宏明，安春英. 非洲发展报告 No.23（2020 ~ 2021）[M]. 北京：社会科学文献出版社，2021.

[43] Christopher Stevens. Food Aid and the Developing World: Four African Case Studies [M]. New York : St. Martin's Press, 1979.

[44] John Cathie. The Political Economy of Food Aid [M]. New York: St. Martin's Press, 1981

[45] Ghosh, Pradip K. Foreign Aid and Third World Development [M]. London: Greenwood Press, 1984.

[46] United States General Accounting Office. Foreign Assistance: U.S. Anticorruption Programs in Sub-Africa Will Require Time and Commitment [M]. Washington, D.C. DIANE Publishing, 2007.

[47] OECD. the Development Effectiveness of Food Aid—Does Tying Matter? [M]. Paris: OECD Publishing, 2006.

[48] DEBORAH B. The Dragon's Gift: The Real Story of China in Africa [M]. New York: The Oxford University Press, 2009.

[49] Arkebe Oqubay. Made In Africa: Industrial Policy in Ethiopin [M], New York: Oxford University Press, 2015.

[50] Dambiss Moyo. Dead Aid [M], London: Penguin Group Press, 2009.

[51] Deborah Brautigam. The Dragon's Gift The Real Story Of China IN Africa [M], New York: Oxford University Press, 2009.

[52] Deborah Brautigam. Will Africa Feed China? [M], New York: Oxford University Press, 2015.

[53] Irene Yuan Sun. The Next Factory Of The World: How Chinese Investment Is Reshaping Africa [M], Brighton: Harvard Business Press, 2017.

期刊：

[1] 何晨青. 政党外交搭建中非农业合作之桥——中非农业合作论坛侧记 [J]. 当代世界, 2010 (9): 20–22.

[2] 许孟水. 后金融危机时代的中非经贸合作 [J]. 国际经济合作, 2010 (4): 28–30.

[3] 李小云, 武晋. 中国对非援助的实践经验与面临的挑战 [J]. 中国农业大学学报(社会科学版), 2009 (4): 45–54.

[4] 唐丽霞, 李小云, 齐顾波. 中国对非洲农业援助管理模式的演化与成效 [J]. 国际问题研究, 2014 (6): 29–40.

[5] 郧文聚. 中非合作开发农业的战略选择 [J]. 中国软科学, 1998 (12): 96–102.

[6] 舒运国. 试析中非经贸关系的特点 (1949 ~ 2000 年) [J]. 上海师范大学学报 (哲学社会科学版), 2001 (4): 101–107.

[7] 李嘉. 加强中非农业合作发展的若干思考 [J]. 世界农业, 2005 (5): 11–14.

[8] 郧文聚. 21 世纪的中非农业合作 [J] . 西亚非洲, 2000 (5): 38–42.

[9] 张忠祥. 中非合作论坛框架下的农业合作——兼论“中国海外屯田说”[J]. 国际展望, 2009 (2): 95–105.

[10] 陆庭恩. 关于深入开展中非农业投资与合作的几点看法 [J]. 西亚非洲, 2003 (1): 9–13.

[11] 安春英. 中非粮食安全共同体的应然逻辑与实践路径 [J]. 中国非洲学刊, 2022 (3): 34–51.

[12] 徐继峰, 秦路. 中非农业合作的现状、问题和建议 [J]. 世界农业, 2011 (8): 32–36.

[13] 郧文聚. 从国际援助的发展看中国对非农业援助 [J]. 西亚非洲, 2000 (2): 17–23.

[14] 贾焰, 徐继峰, 秦路, 等. 有关境外农业援助项目的监测评价分析与建议 [J]. 世界农业, 2015 (9): 58–63.

［15］徐鸣．基于“资本三要素”视角的中非农业合作发展分析［J］．国际经贸探索，2010（9）：46–50.
［16］刘晓燕．论中非农业合作发展［J］．沧桑，2009（5）：40–48.
［17］刘少鲁．中非农业合作发展的探索与思考［J］．农业经济，2007（10）：40.
［18］蒋和平．中非农业合作的思路与政策建议［J］．农业科技管理，2008（6）：5–7.
［19］王淼．中地海外：探索中非农业合作新路径［J］．中国投资，2020（Z2）：45–47.
［20］周琪．新世纪以来的美国对外援助［J］．世界经济与政治，2013（9）：23–51.
［21］张春，赵娅萍．美国对非洲政策的战略指向及未来走势［J］．西亚非洲，2021（2）：3–25.
［22］曹文芳．美国对非洲农业援助的发展历程、特点及经验［J］．世界农业，2018（7）：149–155.
［23］宋懿琛．美国对外教育援助的战略与实践［J］．世界教育信息，2009（10）：21–23.
［24］李靖堃．“全球英国”理念下英国对非洲政策的调整［J］．西亚非洲，2019（2）：111–138.
［25］赵慧杰．法国对非洲政策的调整及其战略构想［J］．西亚非洲，1999（1）：31–36.
［26］徐国庆．巴西与非洲的农业合作探析［J］．西南科技大学学报（哲学社会科学版），2014（6）：6–14.
［27］杨恕，张茂春．“争常”失败后日本与印度的非洲政策比较［J］．西亚非洲，2008（11）：25–29.
［28］张春．土耳其对非洲地区的经贸合作［J］．阿拉伯世界研究，2012（2）：86–99.
［29］李淑芹，石金贵．全球粮食危机与非洲农业发展［J］．世界农业，2008（10）：1–2.
［30］刘曰峰，刘曙光．中非农业合作发展研究综述［J］．西亚非洲，2010（11）：66–69.
［31］唐丽霞，赵丽霞，王海民．非洲能从中国的农业发展中学习什么［J］．中国农业大学学报，2011（4）：21.
［32］唐丽霞，赵文杰，李小云．中非合作论坛框架下中非农业合作的新发展与新挑战［J］．西亚非洲，2020（5）：3–20.
［33］安春英．“一带一路”背景下的中非粮食安全合作：战略对接与路径选择［J］．亚太安全与海洋研究，2017（2）：93–105.
［34］郭淑红．中非农业合作发展潜力分析与策略研究［J］．世界农业，2005（9）：

32–33.
[35] 姜菲菲. 赞比亚农业发展及中赞农业合作前景[J]. 国际经济合作，2012(6)：72–75.
[36] 万鹏飞，谢良商. 赞比亚农业及生物能源投资环境考察报告[J]. 中国热带农业，2012(11)：46–49.
[37] 张忠祥. 中非合作论坛框架下的农业合作发展——兼论“中国海外屯田”说[J]. 国际展望，2009(2)：95–104.
[38] 卢肖平. 抓住机遇，积极探索，深化中非农业合作发展[J]. 农业经济问题，2010(1)：7–10.
[39] 徐鸣. 基于“资本三要素”视角的中非农业合作发展分析[J]. 国际贸易探索，2010(9)：46–50.
[40] 夏吉生. 从“非洲农业发展综合规划”看当前非洲农业方针[J]. 亚非纵横，2004(4)：62–66.
[41] 李继东. 一个历史性战略失误——非洲国有化重评[J]. 西亚非洲，2000(4)：19–23.
[42] 安春英. 对合作开发非洲土地资源的思考[J]. 西亚非洲，1999(5)：61–62.
[43] 徐国彬. 赞比亚主要农作物生产现状、问题及对策[J]. 世界农业，2010(12)：66–70.
[44] 周建军，王强. 新形势下对非洲农业援助的探讨[J]. 国际经济合作，1997(3)：9–11.
[45] 唐正平. 前景广阔的中非农业合作发展[J]. 西亚非洲，2002(6)：13–17.
[46] 徐秀丽，徐莉莉. 国际发展话语的重塑——中国与非洲国家农业合作发展的方式与反思[J]. 中国农业大学学报(社会科学版)，2011(4)：26–33.
[47] 韩燕. 发展互利共赢的中非农业合作[J]. 国际经济合作，2011(5)：33–37.
[48] 盛夏. 共垦非洲[J]. 农经，2010(Z1)：16–23.
[49] 张哲，高君. 中莫农业产能合作研究——基于莫桑比克农业调研分析[J]. 浙江师范大学学报(社会科学版)，2017(4)：44–50.
[50] 竹藤中心. 非洲竹资源概况[J]. 世界竹藤通讯，2012(2)：42.
[51] 中国驻埃塞俄比亚经商参处. 埃塞俄比亚的皮革及皮革产品市场[J]. 中国牧业通讯，2007(16)：60–61.
[52] 郑莉. 科特迪瓦成为世界上第二大腰果生产大国[J]. 世界热带农业信息，2009(3)：9.
[53] 郑淑娟. 科特迪瓦成为世界腰果出口大国[J]. 世界热带农业信息，2014(12)：

25.
[54] 张捷，周大启，任万鹏. 中非农业合作现状与建议[J]中国国情国力，2015(1)：71-73.
[55] 未来 10 年非洲禽肉生产增长强劲[J]. 饲料与畜牧，2016(5)：7-8.
[56] 张艳茹，张瑾. 海上丝绸之路背景下的中非渔业合作发展研究[J]. 非洲研究，2015(2)：226-239.
[57] 鞠岩峰，张剑. 中国企业对非洲林业合作与投资调查分析[J]. 林业资源管理，2015(4)：13-23.
[58] 文云朝. 可可史话[J]. 世界农业，1981(5)：39-42.
[59] 莫业勇. 全球有 60 多个国家生产天然橡胶[J]. 中国热带农业，2014(5)：75-76.
[60] 唐正平. 前景广阔的中非农业合作发展[J]. 西亚非洲，2002(6)：15-17.
[61] 陈姝彤，周海川. 中国农业"走出去"的成功条件与核心要素[J]. 世界农业，2014(3)：17-24.
[62] 李嘉莉. 中国与非洲农业合作的形态与成效[J]. 世界农业，2012(12)：8-12.
[63] 徐玲. 中国跨国公司投资非洲产业选择研究[J]. 产业与科技论坛，2008(1)：32-34.
[64] 陈伟. 中国农业"走出去"的现状、问题及对策[J]. 国际经济合作，2012(1)：32-37.
[65] 马铮. 走进非洲　遨游蓝海——农机伴随农业走出去是必然选择[J]. 农机市场，2016(7)：57-59.
[66] 熊发礼，李世婧，董相男. 我国对非洲农业投资的对策研究[J]. 农业经济，2011,(1)：6-8.
[67] 彭红英. 民营企业投资非洲的现状分析及金融政策建议[J]. 华北电力大学学报(社会科学版)，2011(4)：20-24.
[68] 韩秀申. 中国企业在非洲的发展及其社会责任[J]. 国际经济合作，2007(7)：18-20.
[69] 李伟涛. 我国新时期对非洲投资的策略建构[J]. 学习月刊，2010(5)：17-19.
[70] 王志章. 非洲反贫穷的困境与中国扶贫模式植入的路径[J]. 上海师范大学学报(哲学社会科学版)，2013(2)：110-120.
[71] 董倩，兰天. 我国企业跨国并购现状分析[J]. 时代金融，2010(4)：109-111.
[72] 林海，张海森，曹慧. 非洲农业综合发展计划对中国农业"走出去"战略的借鉴意义[J]. 世界农业，2010(12)：34-36.

[73] A. de Janvry, E. Sadoulet. Agriculture for Development in Africa: Business-as-Usual or New Departures? [J]. Journal of African Economies, 2010(2): 117-119.

[74] Chris Ackello-Ogutu.Managing Food Security Implications of Food Price Shocks in Africa [J]. Journal of African Economies, 2011(20): 126.

网页:

[1] 联合国粮食及农业组织网站. FAO. [EB/OL]. (2001-12-19)[2022-08-03]. https://www.fao.org/countryprofiles/lifdc/zh/.

[2] 中非合作论坛网站. 中非论坛—北京行动计划(2007—2009)[EB/OL]. (2006-11-5)[2022-08-11]. http://www.focac.org/zywx/zywj/200909/t20090917_8044399.htm.

[3] 中非合作论坛网站. 中非合作论坛—约翰内斯堡行动计划(2015—2018)[EB/OL]. (2015-12-25)[2022-08-11]. http://www.focac.org/zywx/zywj/201512/t20151224_8044410.htm.

[4] 中非合作论坛网站. 中非合作论坛—沙姆沙伊赫行动计划(2010—2012)[EB/OL](2009-11-12)[2022-08-11]. http://www.focac.org/zywx/zywj/200911/t20091112_7875842.htm.

[5] 中华人民共和国外交部网站. 外交部非洲司司长谈对非旱灾粮援和中非农业合作发展[EB/OL]. (2011-08-16)[2012-08-11]. http://www.fmprc.gov.cn/chn/pds/wjdt/sjxw/t848889.htm.

[6] 陈亮. 中非基金对非农业投资逾 5700 美元[EB/OL]. (2012-06-01)[2022-08-16]. http://news.sohu.com/20120601/n344637682.shtml.

[7] 中华人民共和国农业部网站. 首届中非农业合作论坛在三亚召开[EB/OL]. (2019-12-9)[2020-10-12]. http://www.gjs.moa.gov.cn/gzdt/201912/t20191211_6333118.htm.

[8] 中华人民共和国农业部网站. 首届中非农业合作论坛成果丰硕[EB/OL]. (2019-12-12)[2021-05-18]. http://www.moa.gov.cn/xw/zwdt/201912/t20191212_6333166.htm.

[9] 中非合作论坛网站. 中非合作论坛北京峰会后续行动落实[EB/OL]. (2008-5-1)[2012-07-11]. http://www.focac.org/chn/hxxd/fhhxxd/t459447.htm.

[10] 刘曼. 中国杂交水稻扎根非洲"授人以渔"助非消饿减贫[EB/OL]. (2019-6-20)[2021-09-14]. https://www.chinanews.com/gn/2019/06-20/8870081.shtml.

[11] 中非农产品贸易额 20 年增长超 11 倍[EB/OL]. (2021-9-27)[2021-10-01]. https://baijiahao.baidu.com/s?id=1712063685524651791&wfr=spider&for=pc.

［12］DFID. DFID's 2005 Agriculture policy：An Interim Evaluation［EB/OL］.（2007-05-19）［2019-07-06］. http://www.oecd.org/derec/unitedkingdom/39369464pdf.
［13］日本外務省．第3回アフリカ開発会議における小泉総理大臣基調演説［EB/OL］.（2003-09-29）［2021-11-20］. https://www.mofa.go.jp/mofaj/press/enzetsu/15/ekoi_0929.html.
［14］JICA SHEPを通じた小規模農家100万人のより良い暮らしを目指す共同宣言［EB/OL］.（2019-08-29）［2022-06-19］. https://www.jica.go.jp/activities/issues/agricul/approach/shep/about/ku57pq000021x8xf-att/declaration_jp.pdf.
［15］JICA．エチオピア一村一品促進プロジェクト案件別事後評価（内部評価）評価結果［EB/OL］.（2019-12-01）［2022-12-11］. https://www2.jica.go.jp/ja/evaluation/pdf/2018_0800833_4_f.pdf.
［16］African nations offering land for free to Indian farmers，The Economic Times website［EB/OL］.（2011-01-28）［2018-02-21］. http://economictimes.indiatimes.com/news/economy/agriculture/African-nations-offering-land-for-free-to-Indian-farmers/articleshow/6293149.
［17］谢艺观．中国2022年末外汇储备规模超3.12万亿美元［EB/OL］.（2023-1-7）［2023-02-08］. https://www.chinanews.com.cn/cj/2023/01-07/9929836.shtml.
［18］Africa's agricultural productivity is the lowest in the world—in part because of the underuse of irrigation［EB/OL］.（2011-01-28）［2018-02-21］. http://www.infrastructureaica.org/key-msg/sector/africa%E2%80%99s-agricultural-productivity-lowest-world.
［19］FAO. The State of Food Insecurity in the World［EB/OL］.（2016-08-12）［2019-09-14］.http://www.fao.org /publications.
［20］FAO. Crop Prospects and Food Situation［EB/OL］.（2022-03-12）［2022-09-16］. https://www.fao.org/3/cb8893en/cb8893en.pdf.
［21］中华人民共和国商务部.撒哈拉以南非洲2020年经济增速持续下调［EB/OL］.（2020-07-01）［2020-09-06］. http://www.mofcom.gov.cn/article/i/jyjl/k/202007/20200702979176.shtml.
［22］USDA Foreign Agricultural Service［EB/OL］.（2022-02-12）［2022-12-16］. https://apps.fas.usda.gov/psdonline/app/index.html#/app/advQuery.
［23］中非棉业发展有限公司．公司简介［EB/OL］.（2019-10-20）［2022-11-8］. http://www.ca-cotton.com/aboutus/a/.
［24］中华人民共和国中央人民政府．国务院办公厅关于促进中国热带作物产业发展的

意见［EB/OL］（2010-10-15）［2020-10-19］. http://www.gov.cn/govweb/zwgk/2010-10/15/content_1723676.htm.
［25］根据 FAOSTAT 数据得出［EB/OL］.（2022-01-15）［2022-11-28］. https://www.fao.org/countryprofiles/lifdc/zh/.
［26］博雅数据研究中心. 2021—2027 年中国腰果市场分析与投资前景研究报告［EB/OL］.（2021-01-21）［2022-01-08］. http://www.bosidata.com/report/501285ZH4H.html.
［28］非洲家禽产业现状［EB/OL］.（2020-08-11）［2022-08-11］. https://m.163.com/dy/article/FJPBN2420528CJEP.html.
［29］王玉飞. 世界杰出华商协会关于"中非希望工程"事件的公告［EB/OL］.（2011-08-23）［2022-06-27］. http://jingji.cntv.cn/20110823/117264.shtml.

报纸：

［1］邹松. 非洲努力谋求粮食安全［N］. 人民日报，2023-2-14（17）.
［2］陈辉，陈颖. 积极探索农业"走出去"的途径——关于促进和扩大中非农业合作发展的思考［N］. 人民日报，2007-3-7（11）.
［3］苏航. 中企对苏丹农业技术援助每年带动当地 5000 户农户实现脱贫——"只要辛勤劳动，就能过上幸福生活"［N］. 人民日报，2019-7-24（3）.
［4］吕强. 非洲多国全力保障农业生产［N］. 人民日报，2020-11-12（9）.

学位论文：

［1］程伟华. 中国对非洲智力援助：理论、成效与对策［D］. 南京：南京农业大学，2012：72.
［2］施勇杰. 中非农业合作模式创新研究［D］. 石河子：石河子大学，2009：85、89.
［3］于若颖. 中英两国政府对非洲农业援助的比较研究［D］. 上海：上海社会科学院国际问题研究所，2017：25.
［4］刘威西. 安倍政府对非洲的农业援助政策研究（2012—2020）［D］. 长春：吉林大学公共外交学院，2022：17-19.
［5］王陆华. 埃塞俄比亚农产品加工与农机发展［D］. 长沙：湖南农业大学，2021：28.
［6］王瑞. 中英在非洲的发展合作研究——以农业合作为例［D］. 沈阳：辽宁大学，2019.

[7] 张悦. 发展经验的嵌入：援助实践的叙事 [D]. 北京：中国农业大学，2015.
[8] 赵文. 中国对非洲农业（技术）援助论析—中外比较的视角 [D]. 北京：外交学院，2017.

报告：

[1] 商务部国际贸易经济合作研究院. 中国与非洲经贸关系报告 2013 [R]. 2013.
[2] ReSAKSS Regional Strategic Analysis and Knowledge Support System. Annual Trends 2008: Monitoring Agricultural Sector Performance [R]. Growth and Poverty in Africa. Washington, DC: International Food Policy Research Institute (IFPRI). 2008.
[3] AUC. 2007 Draft Survey Report (with 34 Respondent Countries) [R]. Department of Rural Economy and Agriculture, 2008.
[4] WDR 2008: Agriculture for Development [R]. 2009.
[5] L You, C Ringler, G Nelson, et al. What is the Irrigation Potential for Africa? A Combined Biophysical and Socioeconomic Approach [R]. IFPRI Discussion Paper 00993, 2010.